存真書齋仙道經典文庫〔修訂版〕

主編 蒲團子　副主編 三一子 張莉瓊

李涵虛仙道集

修訂版

〔清〕李涵虛 撰述
蒲團子 編訂
三一子 參編
張莉瓊 參編

心一堂

書　名：李涵虛仙道集（修訂版）
系　列：存真書齋仙道經典文庫（修訂版）
作　者：李涵虛
編　訂：蒲團子　三一子　張莉瓊
責任編輯：陳劍聰
出　版：心一堂有限公司
通訊地址：中國香港九龍旺角彌敦道610號荷李活商業中心十八樓05-06室
深港讀者服務中心：深圳市羅湖區立新路六號羅湖商業大廈負一層008室
電話號碼：(852)90277110
網　址：publish. sunyata. cc
電　郵：sunyatabook@gmail. com
網　店：http：//book. sunyata. cc
淘寶店地址：https：//shop210782774. taobao. com
微店地址：https：//weidian. com/s/1212826297
臉　書：https：//www. facebook. com/sunyatabook
讀者論壇：http：//bbs. sunyata. cc
版　次：二〇二二年六月初版
平裝
定　價：港　幣　二百四十八元正
人民幣　一百九十八元正
新臺幣　九百八十元正
國際書號：ISBN 978-988-8582-26-6

中國香港發行：中國香港聯合書刊物流有限公司
地　址：中國香港新界大埔汀麗路三十六號中華商務印刷大廈三樓
電話號碼：(852)2150-2100
傳真號碼：(852)2407-3062
電　郵：info@suplogistics. com. hk
臺灣發行：秀威資訊科技股份有限公司
地　址：臺灣臺北市內湖區瑞光路七十六巷六十五號一樓
電話號碼：+886-2-2796-3638
傳真號碼：+886-2-2796-1377
網絡書店：www. bodbooks. com. tw
臺灣秀威書店讀者服務中心
地　址：臺灣臺北市中山區松江路二〇九號一樓
電話號碼：+886-2-2518-0207
傳真號碼：+886-2-2518-0778
網絡書店：www. govbooks. com. tw
中國大陸發行
零　售：深圳心一堂文化傳播有限公司
地　址：深圳羅湖區立新路六號羅湖商業大廈負一層008室
電話號碼：(86)0755-82224934

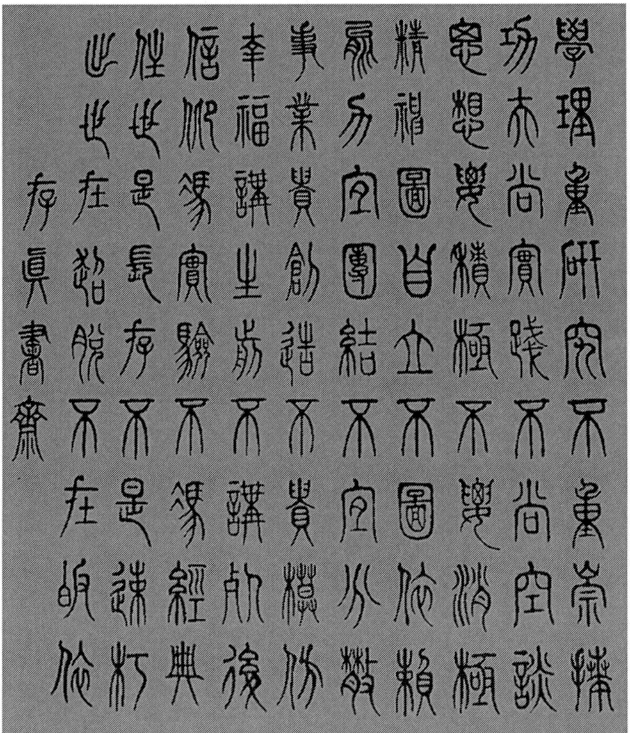

善的十條真義

學理重研究不重崇拜
功夫尚實踐不尚空談
思想要積極不要消極
精神圖自立不圖依賴
能力宜團結不宜分散
事業貴創造不貴模仿
幸福講生前不講死後
信仰憑實驗不憑經典
住世是長存不是速朽
出世在超脫不在皈依

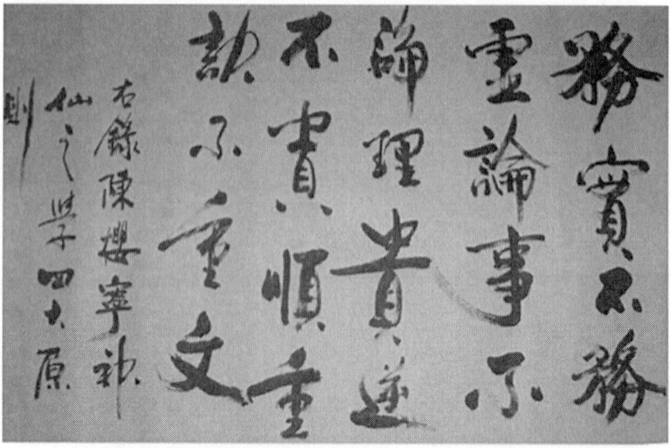
務實不務
虛論事不
論理貴逆
不貴順重
訣不重文
右錄陳攖寧神
仙之學四大原
則

神仙學術四大原則

務實不務虛
論事不論理
貴逆不貴順
重訣不重文

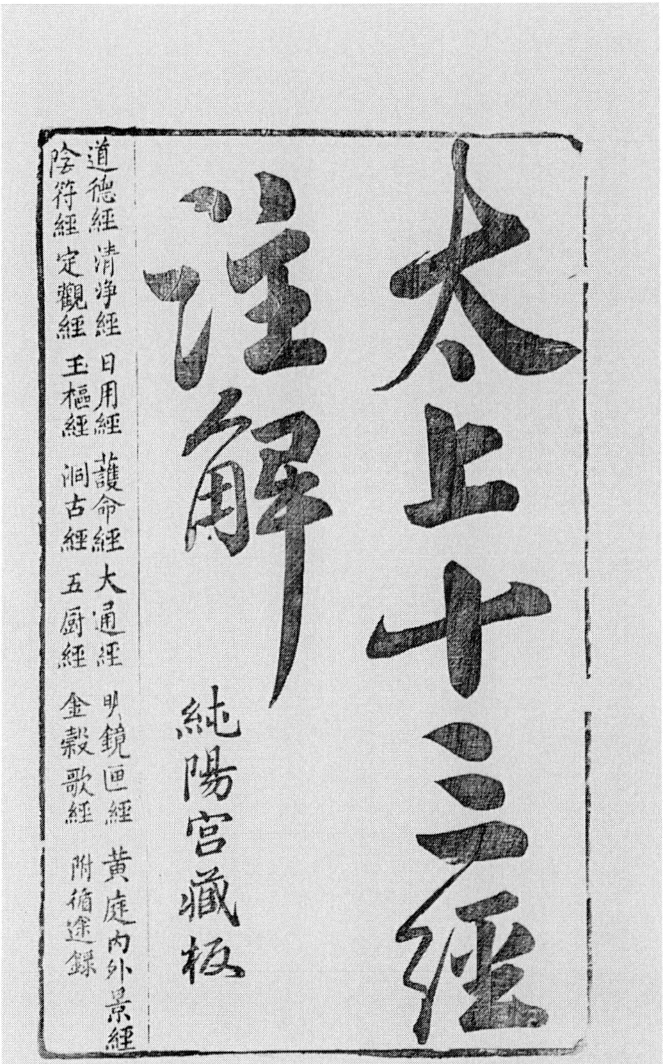

太上十三經

注解

純陽宮藏板

道德經 清淨經 日用經 護命經 大通經 明鏡匣經 黃庭內外景經

陰符經 定觀經 玉樞經 洞古經 五廚經 金穀歌經 附循途錄

純陽宮藏板太上十三經註解書影一

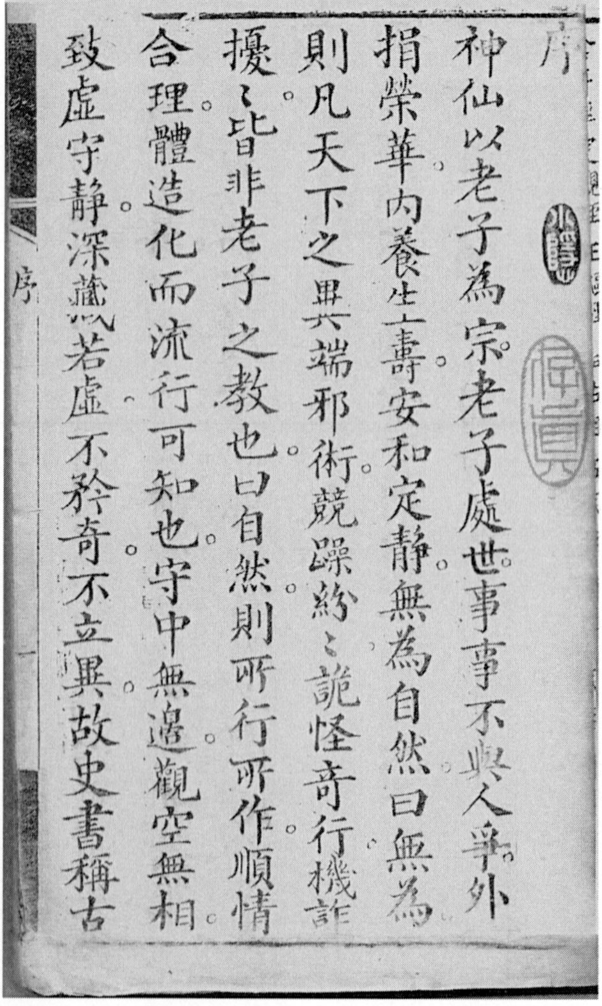
序
神仙以老子為宗老子處世事事不與人爭外
捐榮華內養生壽安和定靜無為自然曰無為
則凡天下之異端邪術競躁紛紛詭怪奇行機詐
擾擾皆非老子之教也曰自然則所行所作順情
合理體造化而流行可知也守中無邊觀空無相
致虛守靜深藏若虛不矜奇不立異故史書稱古
序　一

純陽宮藏板太上十三經註解書影二

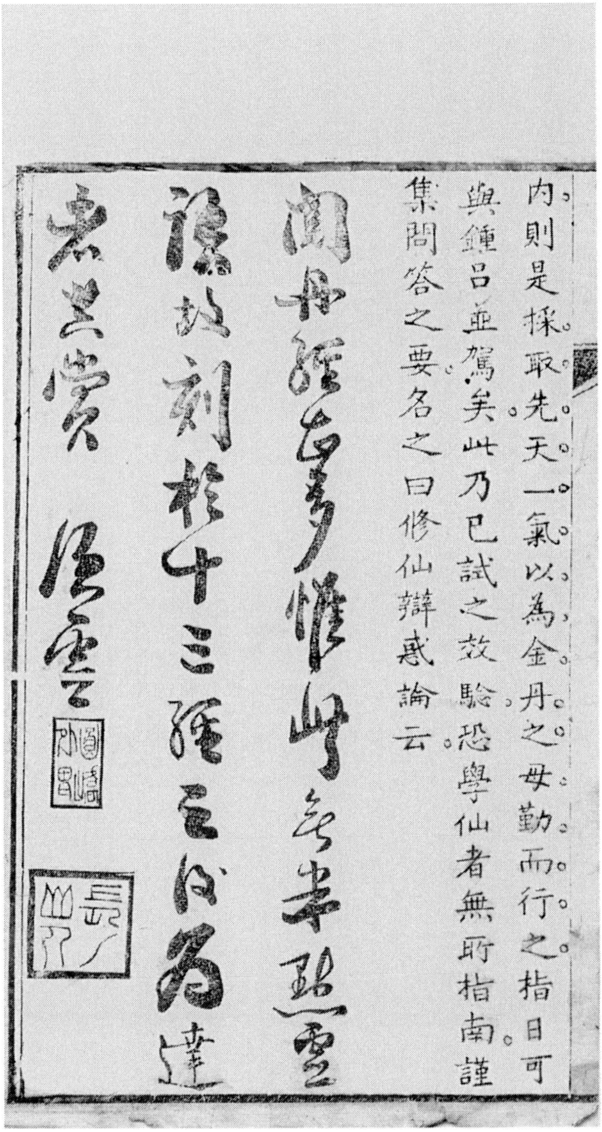

内則是採取先天一炁以為金丹之母勤而行之指日可
與鍾呂並駕矣此乃已試之效驗恐學仙者無所指南謹
集問答之要名之曰修仙辯惑論云

閱丹經最多惟此為[illegible]點[illegible]
[illegible]以刻於十三經之後名達
[illegible]之賞　風雲

純陽宮藏板太上十三經註解書影三

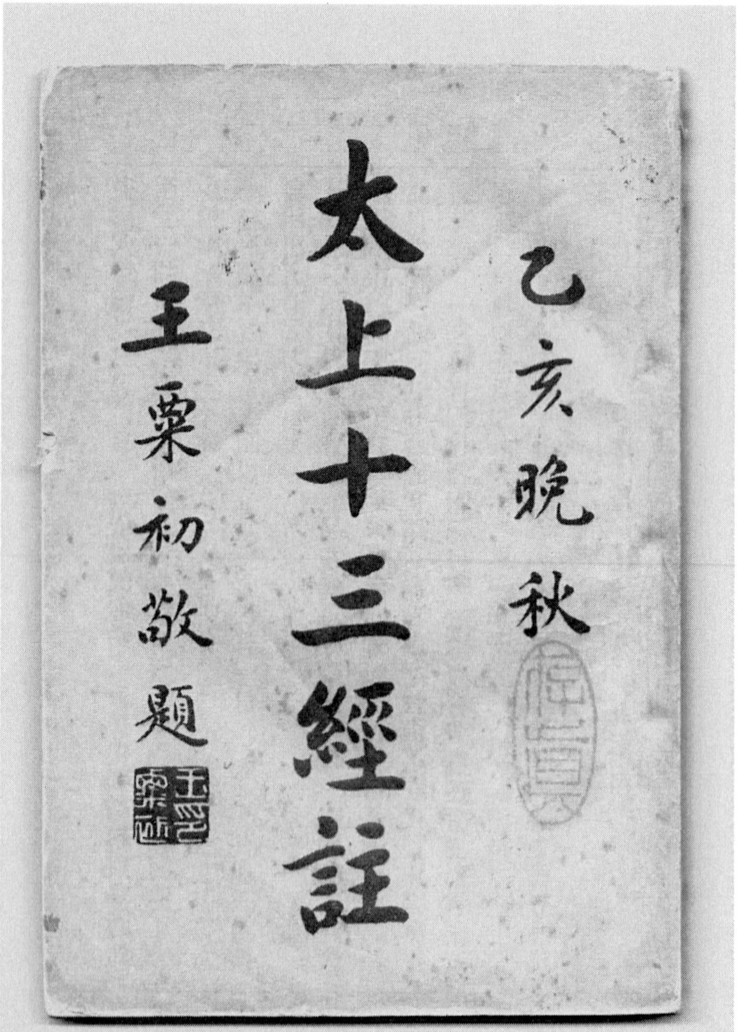

民國年間鉛印本太上十三經註書影

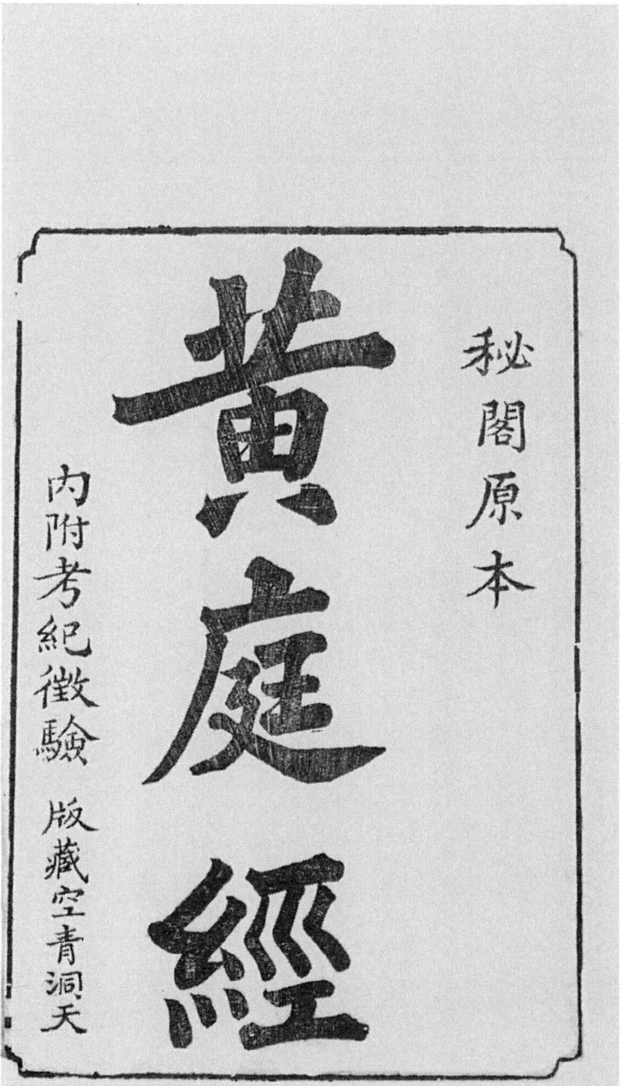
秘閣原本

黃庭經

內附考紀徵驗

版藏空青洞天

秘閣原本黃庭經書影

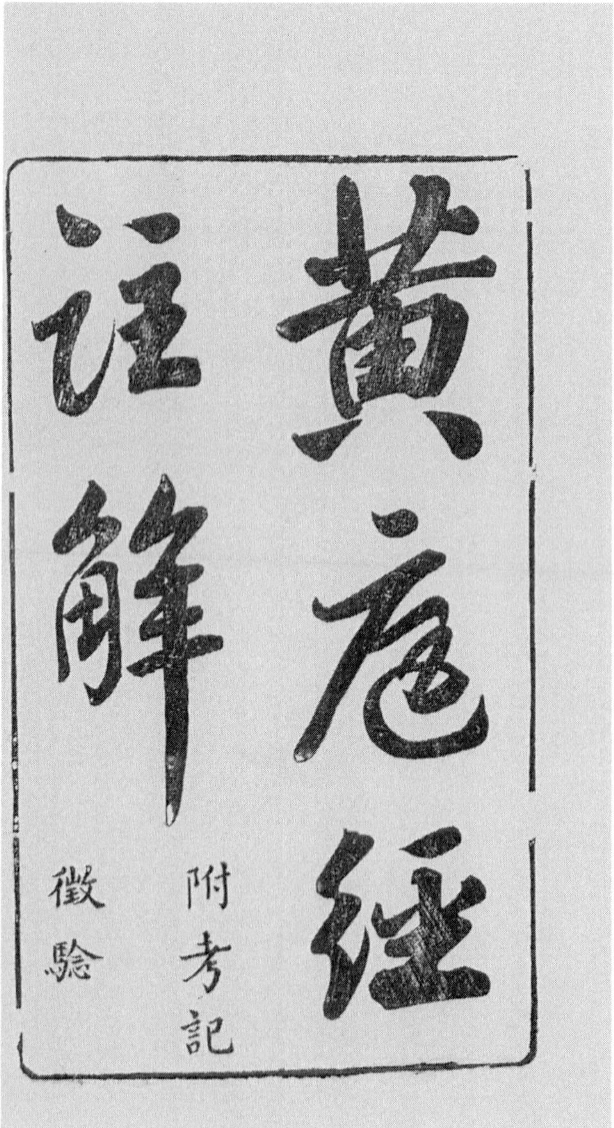
黃庭経
註解
附考記
徵驗

黃庭經註解書影

空青洞天寫刻本無根樹二註書影一

序

天台悟真發明內外二藥。返還大事。當時淺識無知。惑疑為爐火採戰之書。葉文叔不明返還。又復以清淨浮言。附驥行世。翁葆光見而笑曰。此不知金丹者也。遂為註以匡正之。陸子埜陳上陽。更加發揮。悟真三註出。而葉注遂湮。遼陽張三丰先生。天

空青洞天寫刻本無根樹二註書影二

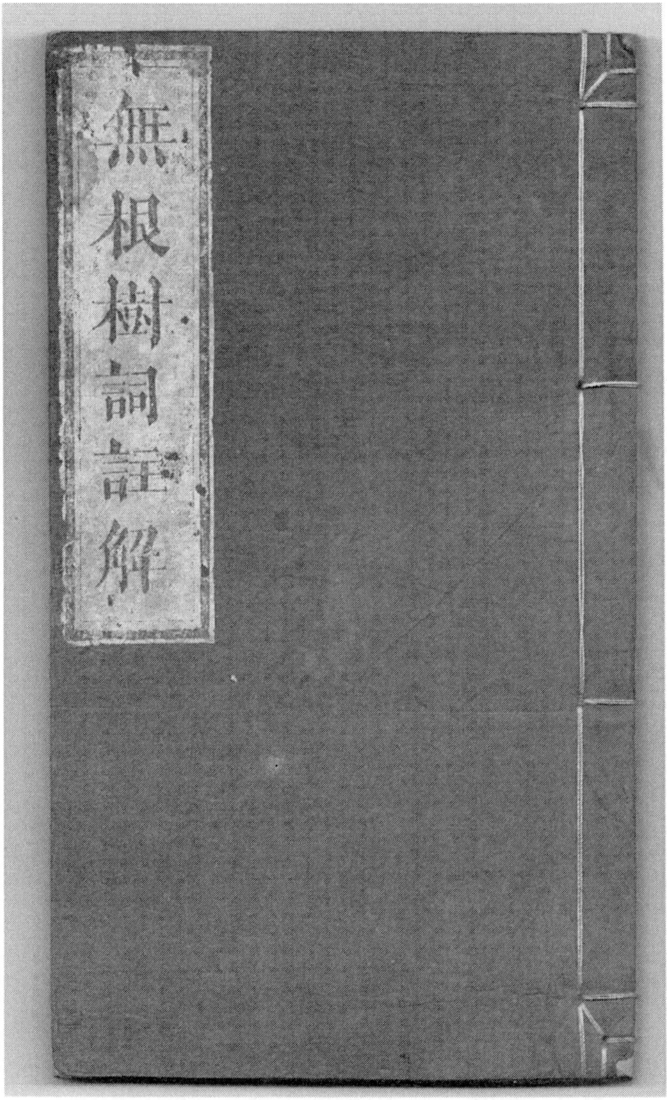

空青洞天小開本無根樹二註書影一

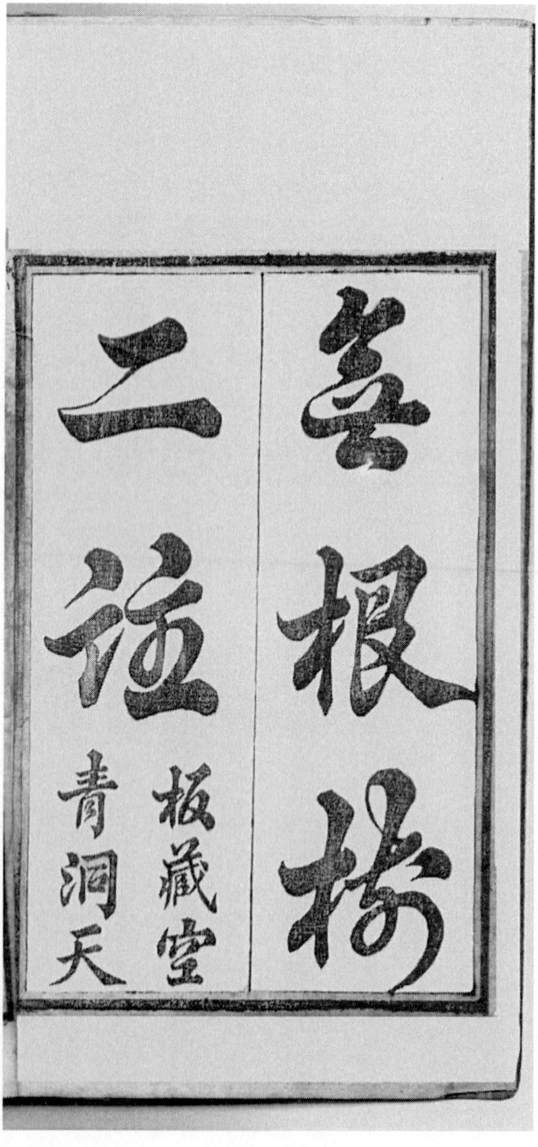

空青洞天小開本無根樹二註書影二

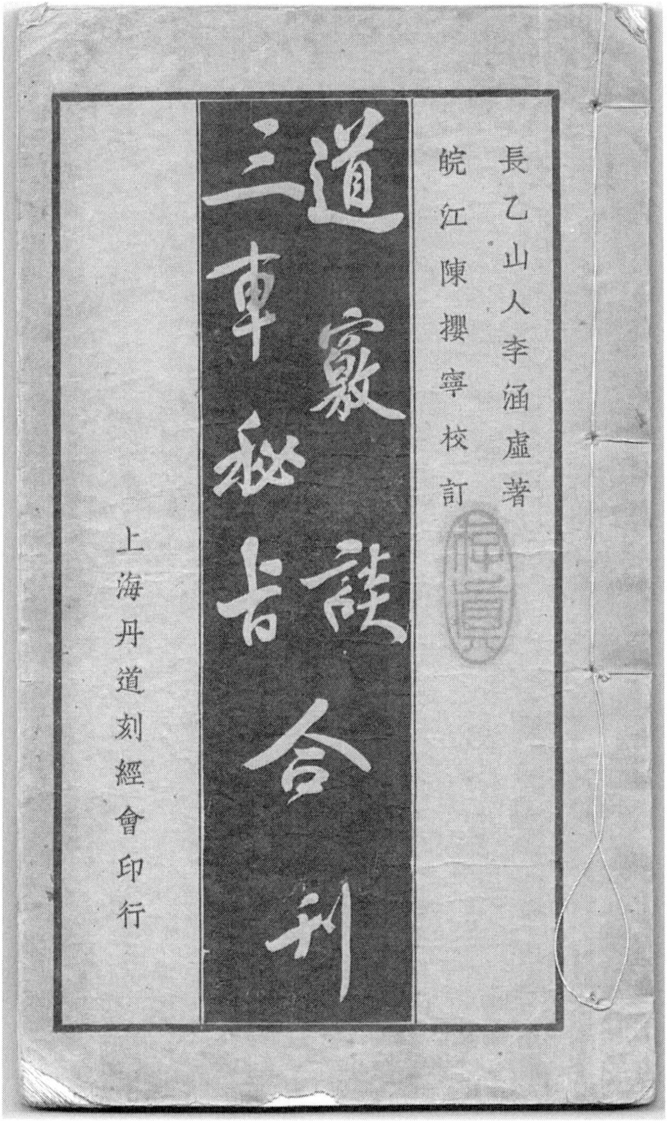

道竅談三車秘旨合刊書影

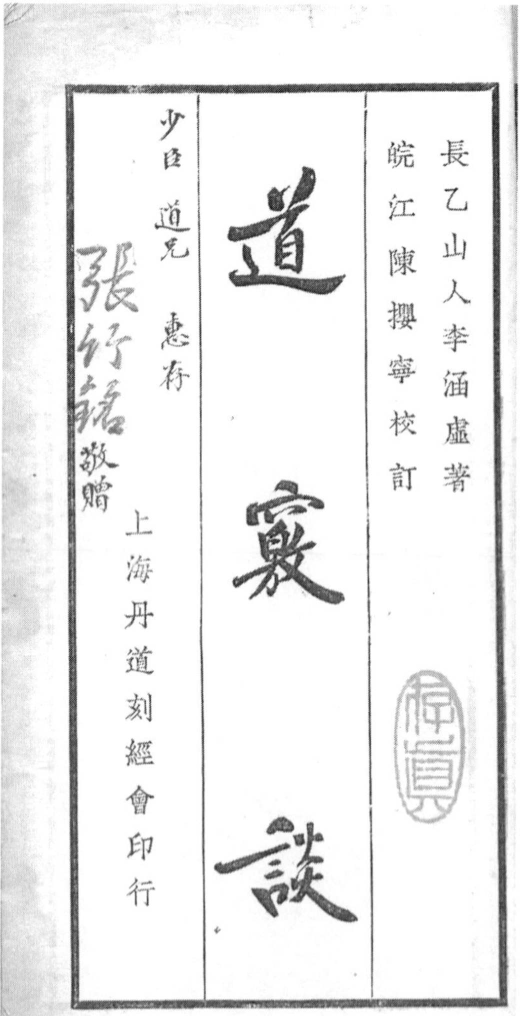

長乙山人李涵虛著
皖江陳攖寧校訂

道竅談

上海丹道刻經會印行

少臣道兄惠存
張竹銘敬贈

道竅談書影

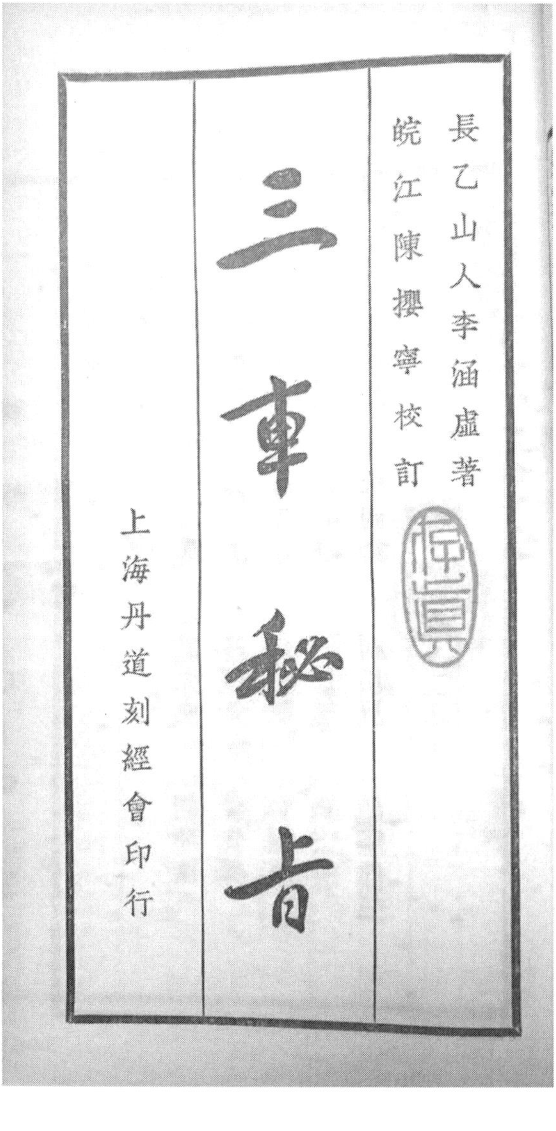
長乙山人李涵虛著
皖江陳攖寧校訂

三車秘旨

上海丹道刻經會印行

三車秘旨書影

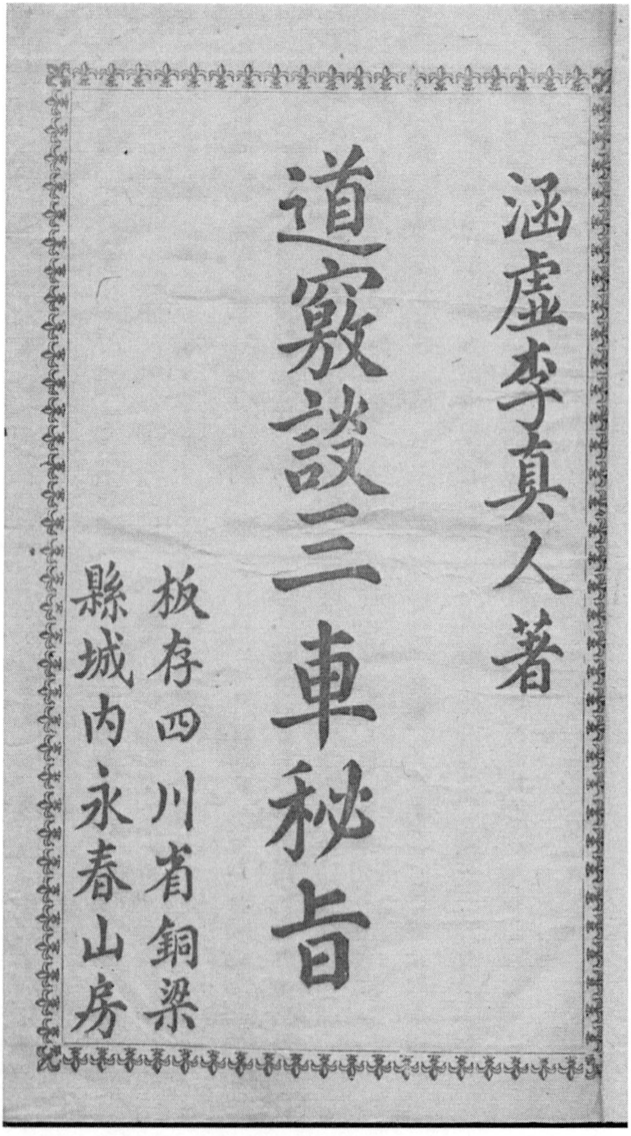
涵虛李真人著

道竅談三車秘旨

板存四川省銅梁
縣城內永春山房

永春山房藏板道竅談三車秘旨書影

存真書齋仙道經典文庫緣起

仙道學術，淵遠流長，自軒皇崆峒問道，至今已歷數千年。然歷代仙道大家之經典著述，由於時代之變遷，或埋於館藏，或收於藏海，或佚於民間，或存於方家，若欲覓之，誠爲不易。故對一些孤本要典進行重新編校整理，以免其失落，實屬必要。存真書齋仙道經典文庫之編輯，即由此而起。

存真書齋仙道經典文庫之整理計劃始於二〇〇四年，雖已歷五年，然由於諸多原因，公開出版頗費周折，文庫之第一種道言五種僅以自印本保存，流通之願難以得償。香港心一堂出版社社長陳劍聰先生，雅好道學，嘗以傳播中華固有之傳統文化爲己任。在得知存真書齋仙道經典文庫出版之困難後，遂致電於愚，願將文庫公開出版，以廣流通。善莫大焉。

存真書齋仙道經典文庫之整理出版，意在保留仙道文化之優秀資料，故而其所入選者，以歷代具有代表性的仙道典籍或瀕於失傳之佳作爲主，內容皆須合乎正統仙道之原則，不涉邪僞。凡不合乎於此者，縱爲珍本，亦不在整理之列。

本文庫之整理出版，得到了胡海牙老師的大力支持，及存真書齋諸同仁的通力協助，在此謹致以衷心的謝意。另外，還要特别感謝心一堂出版社陳劍聰先生對文庫出版所提供的方便，及張莉瓊女士、王磊龍靈老弟、劉坤明先生爲文庫的整理、出版所付出的努力與關心。

願文庫之出版，能爲仙道文化資料之保存小有裨益，則愚等之願遂矣。

己丑夏日蒲團子於存真書齋

修訂版序

存真書齋仙道經典文庫是我與三一子先生等人，在十多年前開始籌劃整理的。此前曾做過兩種自印本，但無論是印刷還是裝訂，都很難做到讓人滿意。二〇〇九年的某一天，心一堂出版社的陳劍聰先生打電話給我，希望能合作出版一些書籍，而我也正與中華書局談圖書出版事宜。我當時無法預估商談結果，遂將存真書齋仙道經典文庫的第一種，清代陶素耜撰著道言五種交給中華書局，請出版社審核研究，而將第二種李涵虛仙道集、第三種女子道學小叢書交由心一堂出版。這樣既可保證所出書籍的印製質量，也讓我們不必爲發行費心，能將更多的精力放在仙道經籍的收集與整理上。由於那時候心一堂出版社也剛剛起步，而仙道典籍的讀者羣又不廣，故發行量一直不理想，李涵虛仙道集、女子道學小叢書的發行情況，並沒有達到我們的預期，以至於我在以後的一段時間內，每整理完一種書，都要先問一問陳劍聰先生還能不能出版。就這樣，我們與心一堂出版社合作了十多年。不僅出版了存真書齋仙道經典文庫十五種不含道言五種，還出版了胡海牙文集兩個版本，一爲單冊，一爲上下冊、陳攖寧仙學隨談壹、貳、叁、龍虎三家丹法「析判」、陳攖寧文集全十一册等。從二〇二〇年開始，我們所有的圖書出版交由柱下文化（北京）有限公司，繼續與心一堂合作出版。雖然在經濟利益上所獲甚微，但我們與心一堂出版社合作出版的圖書，能經常得到同道之稱贊，也甚爲欣慰。

存真書齋仙道經典文庫從二〇〇九年由心一堂出版社出版，至今已有十多年，由於當時的整理水平及資料等所限，已出版書籍中的失誤與錯漏也時有發現，故很有必要進行一番修訂。結合我們已發現的問題，及一些朋友提出的意見與建議，本次修訂，除了修正文字、調整版式、對部分圖片和書影進行修飾外，還對部分内容進行了重新整理。比如將道言五種納入存真書齋仙道經典文庫，重新校勘，並加入少量陳攖寧先生批註内容；如李涵虛仙道集中無根樹二註，將選用更好的版本重新校訂；如當初整理女子道學小叢書時，選用的版本以青城山常道經書社寫刻翻印本爲主，此次將以民國年間上海翼化堂书局木刻原版進行整理，並加入全本道學小叢書等。

對錯漏及不足的修訂，是爲了讓圖書更爲完善。與此同時，存真書齋仙道經典文庫系列叢書的整理工作依然在繼續。希望閱讀文庫的朋友，能多提寶貴意見。

二〇二一年一月二十六日農曆庚子年臘月十四日蒲團子於玄玄居

修訂版編輯大意

一　李涵虛仙道集是存真書齋仙道經典文庫第二種，初版收錄西派李涵虛著作太上十三經註解、無根樹二註、道竅談、三車秘旨四種。書末附拙作李涵虛的西派及相關著述一文。本次修訂時删除李涵虛的西派及相關著述一文，增錄陳攖寧先生擬定吕祖仙跡詩詞合刊目錄一篇。

二　李涵虛，四川嘉定府樂山縣李家河長乙山人，初名元植，字平泉或作平權，後改名西月，字涵虛，又字團陽，著述署有長乙山人、圓嶠外胄、堯舜外臣、涵虛子、火西月、紫霞子等多個名號。生於清嘉慶丙寅年即嘉慶十一年，公元一八〇六年八月初四日寅時，卒於咸豐丙辰即咸豐六年，公元一八五六年五月初八寅時，世壽五十歲。西派創始人。

三　太上十三經註解的版本，愚親見者不止七種，本次整理，以純陽宫藏板爲底本，凡純陽宫板無而他本有者，視其有價值者收入，並附說明；無價值者不收，不做說明。

（一）太上十三經註解中之道德經註釋，又名東來正義，原題署「圓嶠山紫霞洞主人涵虛生薰沐敬註，奉道弟子朱道生、李道育校刊於岳陽樓」。

（二）太上十三經註解中之黃庭經註解，外界少有流傳。李涵虛註解所採用黃庭經本文，爲空青洞天藏本，又稱之爲「秘閣原本」，與普通傳本有別。

四 無根樹二註，初版所採用底本爲小開本空青洞天藏板，校本採用中原書局刊印三丰全書中所附無根樹二註。修訂版底本則採用空青洞天寫刻本。以「空青洞天藏板」爲名者，至少有三個版本，有一種錯誤極多。

五 道竅談、三車秘旨二書，所採用版本爲上海丹道刻經會於民國二十六年即公元一九三七年所刊印之道竅談三車秘旨合刊。

六 呂祖仙跡詩詞合刊目錄，係陳攖寧先生擬定，汪伯英先生手寫，爲陳攖寧先生整理李涵虛所編海山奇遇呂祖年譜、純陽先生編年詩集兩種之計劃。

七　李涵虛的著作中，除本輯所收錄者外，尚有圓嶠内篇、大洞老仙經發明二書，已佚。另有李涵虛輯著張三丰全集及海山奇遇呂祖年譜、純陽先生編年詩集三種，亦將整理出版。

八　本輯整理過程中，得到了陳劍聰先生的大力支持，及張莉瓊女士、三一子先生的鼎力相助，特此致謝。

二〇二一年十二月三日辛丑年十月二十八日蒲團子於玄玄居

存真書齋微信公眾號

柱下文化微信公眾號

目錄

太上十三經註解　李涵虛

無根樹二註　劉悟元　註　李涵虛　增解

道竅談

李涵虛　著　陳攖寧　校訂

三車秘旨

李涵虛　著　陳攖寧　校訂

呂祖仙跡詩詞合刊目錄

李涵虛 著

太上十三經註解

圓嶠山紫霞洞主人涵虛生薰沐敬註

道德經註釋

東來正義

序

神仙以老子爲宗。老子處世，事事不與人爭，外捐榮華，內養生壽，安和定靜，無爲自然。曰無爲，則凡天下之異端邪術，競躁紛紛，詭怪奇行，機詐擾擾，皆非老子之教也；曰自然，則所行所作，順情合理，體造化而流行可知也。守中無邊，觀空無相，致虛守靜，深藏若虛，不矜奇，不立異，故史書稱「古隱君子」。

道德五千言，援古語以立論，治世修身，皆可用也。吾儕平日讀道德經，雖不解其義蘊，而存心操品，竊願學焉。深山窮谷之間，同心二三人爲侶，出入煙霞，攜杖而歌聖化，不識不知，順帝之則，以是爲藏拙云耳。一日，遊道觀間，見有圓嶠外史數函，講論延年之學，不失老子之道，其中有十三經註解，皆老子書也。道德一註，最爲精詳。末附循途九層，更爲切近淺顯。因詢黃冠曰：「樹下先生何人也？」曰：「隱於農者也。」乃訪先生於卷山，許爲巢由同調，授以真機。退而刊十三經，存於書肆，以著先生婆心；外將道德、九層印送琳宮梵宇。

是書也，簡編少而真訣全，我數人便於行習。成己成人，其在斯乎。並念受書爲徒之語，各依道派，自立世外閒名，以爲大江之行潦溪澗焉。紫霞受教於回翁，吾等繼派於紫霞，有淵源也。

嗟乎！天地間事，如愚數人者，皆不必爭，且不能爭也。道育年七十矣，道生亦近古稀矣，道龢亦非年少矣，山林之內，有何可樂？惟佩此道德一註，九層一篇，長歌崖壑，響遏溪雲，各忘其姓氏甲子而已矣。

道光柔兆敦牂律中南吕之月蜀山三隱者識

自序

道德一經，五千餘言，其稱「五千」者，舉大數也。顧其言，自函關東來，以傳於文始，而歷代寶之，諸家註之，此經書之至貴也。先輩云：「老子之書，内可理身，外可理國，其實以理國喻理身也。」然以理國喻理身，即可以理身喻理國，一切喻詞，均詳註内，執柯伐柯，其則不遠，天下之理皆可喻言乎。今即其理國之言思之，更不作帝王以下語。「不尚賢而民不爭，不貴貨而民不盜」，非所謂「汝惟不矜，莫與爭能，苟子不欲，雖賞不竊之政」乎？「不矜」「不欲」，非即「我無爲而民自化，我好靜而民自正，我無事而民自富，我無欲而民自樸」之經義乎？又安得以無爲爲非哉？

東周而可爲也，則孔氏之大道，必無有出於此者。八十一章，其合五經四書者，在在皆是，未可更僕數矣。太上生當盛商之會，隱居亳邑而道成，既而觀風西岐而知周之王也，遂無仕進之心，乃抱其仁義與禮，知不必自用於天下，仍歸於道以用之。被褐懷玉，隱於柱下河濱，蓋亦商周之素王也。和光同塵，往來開闡，混混乎歎天下之莫我知而道愈貴。孔子曰：「天下有道，某不與易。」及退老尼山，不見知而不悔，刪定贊修，功歸於道，以傳後世，對及門而歎「莫我知」，蓋著著與太上相同，非虛言也。於戲！太上之道，放之則彌六合，卷之則退藏於密。退藏於密者，清靜自然之修也。翼傳曰：「易無思也，無爲也。」無思即清靜，無爲即自然也。先儒謂老子之學，合易經陰陽變化之理，故世間老、易並稱；又言，老子之書多引古語，有述而不作、信而好古之風。龜山謂夫子比老、彭，彭指籛鏗，老即指老子也。汪兮其此經也哉，大無不包，細無不入，南華、參、悟諸書，皆本此以立言，而有輔翼於經典。

僕也性愚，少好元修，每讀仙經，輒照字面行持，毫無寸效。幸而天憫其微，聖師賜教，乃得透觀經諦。集益羣言，只願恒河沙眾，咸修功德，道岸同登。如欲有用於時，請以此經治世之法，參以儒書，必能堯舜其君、堯舜其民也。即或無用於天下，則爲好士庶，即是忠也；爲好子弟，即是孝也。忠孝兩全，天真發慧，以觀修身之道，必能智燭深微，其登峯造極，有如拾梯而已。

堯舜外臣長乙山人

純陽先生序

老君道德，無爲爲也；正義註箋，不作作也。道祖傳之，道裔述之，大道於此益明。則如有涵虛子者，仙才也，金書入夢，生於樹下人家，世居卷山，代傳淳厚，載錫之璋，固其宜也。幼而絕悟，長而元修，嘗讀方壺外史，竊欲登真入化，與陸子左右吾側。予聞而訪之，托名吾山道士，攜潛虛相隨，以觀其志氣。僻居在峨峯東崦，閒靜少言，不樂榮利，常以一琴適其志而已。予與相見後，復相俱者有年，時以重玄語之，言下輒悟，乃奮其才力，作圓嶠外史，蓋陸子之對峙也。是故陸有玄膚論，此即有道竅談；陸有就正篇，此即有循途說：是皆清真之文也。而其最妙者，道德一註，尤足爲萬古明燈，名之曰東來正義，與陸子南華副墨相埒。若二子者，乃可謂善談老莊者也。

夫註此經者，有五惡，有三美。五惡者，偏於言治世，一也；偏於言治身，二也；或知道包身世，而語無印合，終入旁歧，三也；不識至道功修，先要民安國富，乃克無爲，若下筆即談清靜，必至流於空寂，四也；不識至道德力，總要歸根復命，乃算有爲，若下筆即談聖神，必致同於贊偈，五也。三美者何？道合內外，註分正副，越顯經義含宏，此一美也；鬥筍接脈，找補照應，務使經義貫通，此二美也；胸有真參，口無禪障，能令經義宣昭，此三美也。

吾嘗慨道德之旨不明於天下，欲飛筆而註解之，至於今猶歉然也。兹見涵虛所述，有三美而無五惡，使其早出千年，則諸家可以不註，道人亦不必再饒舌也。爰樂舉而評點之，藏之名山，傳之志士。所以評點者，亦以借此註之真義，補吾之未註，而示於評點間也。

蒲團子按　純陽宮版、味腴齋版太上十三經註解均無純陽序，據民國鉛印本補入。

道德經註釋

呂純陽先生評點

東來正義

圓嶠山紫霞洞主人涵虛生薰沐敬註

第一章

道可道，非常道；名可名，非常名。

道也者，內以治身，外以治世，日用常行之道也。道之費隱不可道，道之發見則可道，統發見於費隱之中，至廣至微，故道爲非常之道也。名在無極不可名，名在太極則可名，生太極於無極之內，能靜能動，故名爲非常之名也。**頂批** 從不可道、不可名之中發出可道、可名，窮源溯本，補腦添精，覺下文之「無名」「有名」、「觀妙」「觀竅」、「同出異名」，皆是由微之顯。元乎元乎！開講已一以貫之矣。

集補 人所共由則曰道；可道者，可述也；非常之道，斯爲大道也。欲著其狀則曰名；可名者，可擬也；非常之名，斯無定名也。

無名天地之始，有名萬物之母。

無名，即無極也；有名，即太極也。無變爲有，真無定名也。無極渾然之初，無兆無形，本無聲臭之可擬，道所以在天地之始也；太極判然之後，有生有育，即有造化之可徵，道所以爲萬物之母也。萬物者，統天地而言之。先天地而有此道，則生天生地生人生物，不啻一大父母也。言母而父在其中矣。

故常無欲以觀其妙，常有欲以觀其徼。「徼」同「竅」。永樂大典無「故」字，一本無「常」字。

妙即無名之物，故凝常靜以觀之；徼即有名之物，故運常應以觀之。無欲有欲，常靜常應也。以無欲觀無名，以有欲觀有名。丹家以元關爲有無妙竅者，蓋本於此。

此兩者，同出而異名，同謂之玄。玄之又玄，眾妙之門。

兩，即「妙」「竅」也。有生於無，故同出；無轉爲有，故異名。然雖異而仍同也。「有」「無」「妙」「竅」，皆一玄也。於無欲以觀其妙，已得一玄；於有欲以觀其竅，又得一玄。二玄總歸一玄，一玄兼賅眾妙，眾妙之門，統乎此矣。

第二章 河上公註本作養生章，一本作美善章。

天下皆知美之爲美，斯惡已；皆知善之爲善，斯不善已。故有無相生，難易相成，長短相形，高下相傾，音聲相和，前後相隨。高喻上，傾喻反復也。節內「形」字，各本皆作「形」，王弼註本作「較」。**蒲團子按** 「音聲」，一本作「聲音」。

已，止也。廣韻：「去也。」

夫美與惡，最屬相懸，知美之爲美，斯其惡之必止矣；善、不善，極爲相遠，知善之爲善，斯不善之必去矣。吾人先天之真，皆「美」「善」耳；至染於後天之人欲，乃有此「惡」與「不善」者焉。然不可不去其人欲，而求其天真也。惟先以虛靈爲體，變動爲用，以故有生無，無生有，先難後易；長形短，短形長，上下反復。同類相求，如同聲之相應；子馳於後，旋復午降於前也。此治身之道也。

是以聖人處無爲之事，行不言之教，萬物作焉而不辭，生而不有，爲而不

恃，功成而弗居。夫惟弗居，是以不去。辭，一作「離」。

是承上文治身之事言之。

聖人治身之事，無爲之事也；治身之教，不言之教也。處以求其志，行有得於心，萬物羣起而望之，以待聖人平治，而聖人不辭也。豈惟不辭，並且有生民之功，聖人不以爲有；有爲政之功，聖人不以自恃。大功克成，即行休息，如黃帝之訪道崆峒，虞帝之倦勤陟位。後世英雄俊傑，功成勇退，皆弗居也。弗居者，弗戀也。夫惟弗戀其功，是以復求其治身之道，守身不去，而成至人也。治身可以治世，成己可以成物者，如此。誰謂老子之道悉尚寂滅也哉？

頂批 中庸云：「知所以修身，則知所以治人；知所以治人，則知治天下國家。」大學云：「君子不出家而成教於國。」本學、庸以立註，此不刊之論也，儒與道何分焉！

第三章

河上公註本作安民章，彭本作無爲章。

不尚賢，使民不爭；不貴難得之貨，使民不爲盜；不見可欲，使心不亂。是以聖人之治，虛其心，實其腹，弱其志，强其骨，常使民無知無欲，使夫知者不敢爲也。爲無爲，則無不治。

上章末節，既言聖人治世，功成弗居，反求治身之道。然即以聖人之治世言之，其爲治道也，不以賢能之心與民相尚，則名心已淡，而民不爭矣；不以貨財之心與民相貴，則利心已絕，而民不盜矣；不見可欲而欲之，則慾心已除，民心以如是而不亂，聖人之心亦已如是而不亂也。**頂批** 此是黃、農之治，比之治身，一未發之氣象也。治世之善，皆緣治身之善也。是以聖人之治身，雖無爲，而無不治焉。名、利、慾皆無，惟守中以虛其心；名、利、慾皆淨，惟養氣以實其腹。而且志氣和柔，以弱爲用；骨理堅剛，以强爲體。使其身恬然澹然，與世人相安於無事，故其民亦無知無欲，而抱其渾渾噩噩之真，使天下之智者不能爲，亦不敢爲也。

聖人無爲之治，如此。

第四章

河上公註本作無源章。**蒲團子按** 純陽宮本無此小註，據他本補。

道冲而用之，或不盈，淵兮似萬物之宗。挫其銳，解其紛，和其光，同其塵，湛兮其若存。吾不知誰之子，象帝之先。

聖人無爲之道，總在虛而用之耳。

冲，虛也。道以虛爲用，其量包天下國家而不見其盈，淵淵乎若萬物之統宗。挫世銳而不損，解世紛而不勞，以其虛消銳紛也；和世光而不掩，同世塵而不污，以其虛忘光塵也。只覺其冲然之體，常凝湛然之性，若有存而實無所存，問誰子而不知誰子也，其名象在天帝之先乎。蓋所謂無始之始，太初之初，先天之天也。

第五章 河上公註本作虛用章，彭本作守中章。

天地不仁，以萬物爲芻狗。

天地無心於爲仁，以適萬物之需用，而萬物各爲其所需，自爲其所用。不仁，實仁之至也。若待仁以生育之，將物物要天地施惠，而生育乃通，此必難周之勢也。惟不與獸生其芻，而獸自食芻，不與人飼其狗，而人自飼狗，則仁量愈廣大焉。頂批 或註謂：「使天地不仁，而以萬物百姓視爲芻狗，何以包含徧覆於無已乎？」意是而語直，不若此之宛合語氣也。言芻狗，而果菜雞豚之類可推矣。

聖人不仁，以百姓爲芻狗。

聖人與天地合德，亦使百姓之各爲其生育，自爲其生育而已。所謂無爲而成也。

天地之間，其猶橐籥乎。虛而不屈，動而愈出。多言數窮，不如守中。

天地聖人，不與萬物百姓造食用，而萬物百姓自得其食用者，以虛中之體，普涵育之量也。天與地分爲兩間，兩間之中則空空洞洞，猶橐之無底，籥之相通，一氣往來，無爲自然。是故虛而能涵，不窮屈於萬物，其中能容；動而默運，益推出其全量，其中無盡。天地不言也，聖人亦不言也，若使多言，將言有數，而數即可以窮之，故不如守中而已。**頂批** 以虛中之體，普涵育之量，然後知天地聖人不必見其仁，實仁之至也。

第六章 河上公註本作成象章，彭本作谷神章。

谷神不死，是謂玄牝。玄牝之門，是謂天地根。綿綿若存，用之不勤。

聖人守中以治身，以中之能養谷神也。谷神者，元性也。谷以喻虛，神以喻靈。性體虛靈則不昧。**頂批** 儒家之「虛靈不昧」，即道家之「谷神不死」，謂「顏曾思孟至今存」可也。不昧者，即不死也。夫谷神也，而復謂爲玄牝，何也？蓋以玄天也，牝地也。天地合而玄牝成，其間空空洞洞，儒家號「隱微」，此中有不睹不聞之境；釋家名「那箇」，此中有無善無惡之真。聖人治身，即借空洞之玄牝以養虛靈之谷神，故以谷神之名名玄牝，此因用取名之義也。**頂批** 「因用取名」，將丹家千百器用，一語道破焉矣。

一玄一牝，一乾一坤，孔子曰「乾坤其易之門耶」，參同云「乾坤者，易之門户」，所謂「兩孔穴法」「金氣相胥」，即此玄牝之門也。陰陽來往於其內，坎離交媾於其中，男女媾精之房，日月交光之所，聖人顛倒之則爲生門，凡人順用之則爲死户。地天交泰，不外乎此，故又稱爲「天地根」，言天地互藏之根也。天地之根，乃返本還元之地，煉氣化神之區。

綿綿若存，即是調養谷神，自然胎息也；用之不勤，即是外爐增減，自然符火也。不勤者，不勞也。

第七章

河上公註本作韜光章，彭本作無私章。

天長地久，天地所以能長且久者，以其不自生，故能長生。是以聖人後其身而身先，外其身而身存。非以其無私耶，故能成其私。

天長地久，長生之道也。然天地之所以能長且久者，以其靜專動闢，靜翕動闔，大生廣生，覆載無私，而後得此長生耳。頂批 潛虛曰：「『致中和，天地位焉，萬物育焉』，於此益見。」使天地私有其生，將物命不暢，天地即傷其和；物性不貞，天地即殘其中。萬物之傷殘，即天地之傷殘也。惟不自私其生，而以衆生爲生，衆生之生生不已，即天地之長生也，故能長生也。**頂批** 以衆生之生生不已爲天地之長生，議論正大。

聖人者，法天地者也。是以聖人養身，以柔以弱，似後其身以求生，漸充漸滿，實先其身以得生也；守中制外，似外其身以無生，先忘後存，即存其身以有生也。然此皆不私有其道者，乃聖人恬澹而民性亦復淳良，聖人期頤而民命亦復壽考。大道無私，至是而聖人亦若私有其生者，無私反成其私也。至矣！

第八章 河上公註本作易性章，彭本作上善章。

上善若水，水利萬物而不爭，處衆人所惡，故幾於道矣。居善地，心善淵，與善仁，言善信，政善治，事善能，動善時。夫惟不爭，故無尤。

道貴謙卑，下而能上，故曰「上善」。其上善也，比德於水焉。水之善，能利萬物之生，而使萬物皆足，無有所爭。但水性下流，多處衆人之所惡。人雖惡之，究於水無損也。利人而不有其功，以弱爲志，水蓋幾於道矣。

人性之善也，當如水性之善焉，秉性謙下，斯舉動皆善，無所爭心。擇居善地，藏心善淵，交與善仁，喜言善信，政稱善治，事稱善能，動合善時，在在處處，柔善不爭，夫惟不爭，故無怨尤加之。以視水下，猶有人惡，人則有下有上，是更神於道、靈於水矣。頂批　圓足。

第九章

河上公註本作運夷章，彭本作持盈章。

持而盈之，不如其已；揣而銳之，不可長保。金玉滿堂，莫之能守；富貴而驕，自遺其咎。蒲團子按　如，一本作「知」。

持，得也；揣，探也。人既得其氣，而復有求盈之念，此招虧損之端也，故不如其已也；人始探其寶，而遽有英銳之情，此必退敗之兆也，故不可長保也。然則可已而不已，即如金玉滿堂，莫之能守乎；當保而不保，即如富貴而驕，自遺其咎乎。人之道如此。

功成名遂身退，天之道。弼本作「功遂身退」。

且更以天道言之。天不言功名，而以生成邑遂為功名，物育功成，時行名遂，天地於焉退移，藏身冬令，以畜陽生之德。人亦曷觀天道哉！頂批　以「生成邑遂」為天之功名，奇絕。

第十章　河上公註本作能爲章，彭本作玄德章。

載營魄抱一，能無離乎；專氣致柔，能如嬰兒乎；滌除玄覽，能無疵乎；愛民治國，能無爲乎；天門開闔，能無雌乎；明白四達，能無知乎。生之畜之，生而不有，爲而不恃，長而不宰，是謂玄德。

載，即車載之載；營，即營衛之營。衛屬陽而營屬陰，營魄即陰魄也。或曰：「營，魂也。」以營爲魂，未免錯解。不知言陰魄而陽魂即在其内。頂批　諸家解不到此。八月十五，日魂盡注於月魄，月乃滿而爲純乾。聖人當此，即運河車以載之，乾金遂爲我有，經所謂得一而萬事畢者矣。既得其一，則必不失其一。聖人載魄而返，抱一而居，則「地魄擒朱汞」矣，故能無離也乎。

十月温養，内火天然，暖氣常存，嬰胎自長。聖人專氣致柔，即内火也，故能如涵育嬰兒乎。

玄覽者，内觀也。滌除玄覽，清淨内觀也。清淨内觀，心無疵累，所謂「觀空亦空，空無所空；所空既無，無無亦無；無無亦無，湛然常寂」也。

愛民者安民，治國者富國，民安國富，乃能行無爲之政乎。治身以精定爲民安，鉛足爲國富。煉己則精定，還丹則鉛足。煉己還丹，始可行抱一無爲之道，亦如是也。

治身以守雌不雄爲功夫，調神養胎不能不守雌也。至於天門冲破，陽神出入，開闔自如，乃能無守雌之苦也乎。

治身以知識爲内擾，聖體成而知識之神化爲正等正覺，明明白白，四達不悖，乃能無知識也乎。

且更有生子生孫之功，換鼎分胎也；有畜福畜德之量，立功濟世也；然雖生而不有其生，虛空粉碎也；有爲而不恃其爲，慈悲廣大也。護國佑民之心，千劫萬劫，長長如是，而不誇天上主宰，是真謂之玄德也已。

頂批　層層妙合，足抵萬論千經。

第十一章　河上公註本作無用章，彭本作利用章。

三十輻共一轂，當其無，有車之用；埏埴以爲器，當其無，有器之用；鑿户牖以爲室，當其無，有室之用。故有之以爲利，無之以爲用。

輪輻三十六，以象日月之運行。然轂在車之正中，衆軸所貫，轂空其内，輻湊其外，故轂本無也，而有車之用焉。

埏，水和土也；　埴，黏土也。　陶瓦之工，謂之摶埴。　爲埏爲埴之時，本無器也，一經摶煉，而即有器之用焉。

室有户牖，室乃光明。　未鑿户牖，若無室也。　一經雕飾，而即有室之用焉。

故以有之爲利，無之爲用也。　有生於無，大率類此。

第十二章　河上公註本作檢欲章，彭本作爲腹章。

五色令人目盲，五音令人耳聾，五味令人口爽，馳騁田獵令人心發狂，難得之貨令人行妨。是以聖人爲腹不爲目，故去彼取此。

爽，失也；　狂，放也。　奇珍玩好，人所共奪，故珍好隨身，行亦妨也。　色、聲、味、獵、貨五者之損人如此，是以聖人賤之，獨守内寶，輕視外物，故能去彼取此焉。

第十三章　河上公註本作厭耻章，彭本作寵貴章。

寵辱若驚，貴大患若身。

寵若驚，則必深藏美玉；　辱若驚，則必重立根基：　此潛心奮志之象也。　貴若身，則必樂道安榮；　患若身，則必和光彌謗：　此抱元守真之法也。

何謂寵辱若驚？寵爲下王弼與各本俱作「寵爲下」，彭好古作「寵辱下」**，得之若驚，失之若驚，是謂寵辱若驚。**

寵爲下者，猶言榮寵無定，每爲下移之物，以故得失難憑也。得之若驚，失之若驚，或得或失，隨時謹凜，隨時奮勉，此之謂寵辱若驚也。

何謂貴大患若身？吾所以有大患者，爲吾有身，及吾無身，吾有何患？故貴以身爲天下者，則可以寄於天下；愛以身爲天下者，乃可以托於天下。

此節詮「貴」「患」，而先講明有患者，以有患須歸無患也。然有大患之故，亦因色身現在，故可以患加之；及其脫殼存神，則不可以患加之也。抑或留形住世，真氣內含，韜光晦跡，又何大患之能撓哉？故當貴重其身，以身爲天下所寄命，而不敢自輕其千金之軀者，則可以寄身於天下，黃石公之所以教子房也；保愛其身，以身爲天下所托賴，而不可自露其曠世之器者，則可以托身於天下，張九齡之所以誡鄴侯也。**頂批**　兩證極確。

善保身者乃善治身，善治身者乃善治世。孔子曰：「龍蛇之蟄，以存身也；利用安身，以崇德也。」君子藏器於身，待時而動，何不利之有？

第十四章

河上公註本作讚玄章。　蒲團子按　純陽宮本無此小註，據他本補。

視之不見名曰夷，聽之不聞名曰希，摶之不得名曰微，此三者不可致詰，故混而爲一。其上不皦，其下不昧，繩繩兮不可名，復歸於無物，是謂無狀之狀，無象之象，是謂恍惚。迎之不見其首，隨之不見其後。執古之道，以御今之有。能知古始，是名道紀。蒲團子按　摶，一本作「搏」；混，一本作「渾」。

不見不聞之地，希夷門也。希夷之門，性情所寄，夷藏性，希藏情，故視不見，聽不聞也。而又有真意來往其間，摶之而不可得，更名曰微。此三者，不可分門窮詰，故當混而爲一，使彼三家相見焉。

其上其下，契云「上閉」「下閉」也；不皦不昧，所謂「若有若無」也；繩繩，戒懼也。猶言上閉下閉、若有若無，戒慎乎其所不睹，而不可名其端倪，恍兮惚兮，其中有物，復歸於無物，是所謂「無狀之狀，無象之象」也。無狀無象，是所謂恍惚時也。恍惚之真，不見首尾，其即元始之炁耶。頂批　上不皦、下不昧，天地冥合之際，其中端倪不可名狀，以契之「上閉稱有」「下閉稱無」參之，真得聖人秘旨。

古道者，元始之體；今有者，現前之用。古今不同，要可執古以御今，無生有也。能知元始以前，推及元始以後，是爲道之紀曆也。紀年紀月，紀日紀時，並紀一符一刻，皆道紀也。

第十五章　河上公註本作顯達章，彭本作保盈章。

古之善爲士者，微妙玄通，深不可識。夫惟不可識，故强爲之容。豫兮若冬涉川，猶兮若畏四鄰，儼兮其若客，渙兮若冰之將釋，敦兮其若樸，曠兮其若谷，渾兮其若濁。孰能濁以澄，靜之徐清？孰能安以久，動之徐生？保此道者不欲盈，夫惟不盈，故能敝，不新成。

從古修士，知此治身之道，微妙玄通，至淵深而不可測識，遂不敢妄行測識，即有形容，不過强爲形容耳。章中「若」字七句，即皆形容之詞。其所形容者，物景也，物象也。

孰能於重濁之内靜待其輕清？孰能以安敦之神久候其徐生？待之候之，不敢求有餘也。保此道者不欲盈，即不求有餘也。夫惟不求有餘，是以能守故常；不爲新創，則不與真道相違也。魏伯陽云「臨爐定銖兩，五分水有餘；二者以爲真，金重如本初；其三遂不入，火二與之俱」，此即不求有餘，能守故常之道者也。頂批 陽證明確。雲牙子之參同契，其亦體太上之道德經，而不爲新創者歟。

第十六章 河上公註本作歸根章，彭本作虛靜章。

致虛極，守靜篤，萬物並作，吾以觀其復。夫物芸芸，各歸其根，歸根曰靜，靜曰復命，復命曰常，知常曰明。不知常，妄作，凶；知常，容。容乃公，公乃王，王乃天，天乃道，道乃久。没身不殆。

致，委置也；虛，空器也；極，畢其道也；守，居也；靜，無爲也；篤，謹慎不失也；萬物並作者，凡物皆有始生也；吾，種物之主人也；觀，待也；復，返也。修身人，委置元神於空器之中，則得其道，既得其道，當居閒靜無事之所，謹慎而不失其道。俟空器之生物，而吾又待其返本也。故一往一來，而生變化神明焉。知此，則七返之道備矣。頂批 金丹大要之論引而註此，妙甚。

彼萬物之芸芸而並盛者，由無作而有作，由有作而復還無作，尚能隨化機以出入也。是故春生夏榮，秋斂冬藏，復枯落而還歸其根。物還其根，動而復靜矣，故曰「靜」；靜則復返於無物，而還造化矣，故曰「復命」；復命，則知真常之道矣；常靜者能常應，寂然者更湛然，故「知常曰明」也。

世人不知真常之道在乎歸根復命，一概經營造作，沉着於有爲名象之中，耗損精神，故妄作招凶也。若是夫，人不可不知常乎？知常則能容。

容，涵也；公，大也；王，貴也；天，尊也；道，虛無之極也。猶言涵其元於靜泰之中，乃能大其造化，而入乎至聖至神之域，以還乎至虛至無之真也。體合虛無，長久不壞。

没者，無也。有神無身，則水火不能害，金石不能殘，虎兕不能噬，刀兵不能斬，何危殆之有哉？

第十七章　河上公註本作淳風章，彭本作太上章。

太上，下知有之。

太上，聖人也。聖人居衆人之上，故曰太上。或曰：「太上，上理也。」亦通。聖人處無爲之事，行不言之教。不矜能，使下民不爭；不好利，使下民不貪；不愛欲，使下民不亂。不爭、不貪、不亂，太上有之，下民亦有之也。

下知者，下民也。

其次，親而譽之；其次，畏之；其次，侮之。信不足焉，有不信焉。猶兮其貴言，功成事遂，百姓皆謂我自然。

其次者，道之次也。太上之道，無爲而成，不言而治；其次者，不能無爲，不能無言，則親愛而獎譽之以興化焉；又其次，不能以親愛獎譽興化，則必以法令畏之而服之焉；又其次，不能以法令畏服，則必以智巧侮之而馭之焉。言道而至於智巧，風斯下矣，其餘不足觀也已。故復言根心之信。

上好信，則民莫敢不用情。上之信足，下即以真情信之；信有不足，下即有不信者焉。而聖人必以信爲治理也。

貴言者，慎言也。人主躬行實政，優游感孚，不詣令而民情服，故必謹慎其令言。功成事遂，百姓皆不識不知，順帝之則，咸謂我之自然也。

愚按 此章經義，可以論治世，亦可以證治身。上德以清淨爲修，六根皆定，無爲而無以爲也；其次，以愛敬爲修，感而遂通，無爲而有以爲也；又其次，以法功控馭；又其次，以智巧察求，所謂術也，有爲而有以爲之道也。其極妙者，莫如信。信，屬土也。金丹始終，純以意土爲妙用，要皆自然而然也。富哉言乎，可以治世，可以治身也。**頂批** 即合自然，並非强解。

第十八章 河上公註本作俗薄章，彭本作大道章。

大道廢，有仁義；智慧出，有大僞；六親不和，有孝慈；國家昏亂，有忠臣。

此章言治世隆污之道，然亦可悟治身之理。玆兩舉之：失無爲之事，遂有慈惠之政，猶之失渾淪之體，遂有返還之功也；用明用術以察求，民情益深掩蔽，猶之用巧用機以探取藥物，愈善互藏也；在庭有孝慈，所以和六親之不和，猶之入室修泰定，所以靜六根之不靜也；國家有忠臣，所以救昏亂，猶之玄門有真金，所以救衰憊也。然後歎上世渾穆之政，與上德無爲之修，其風之邈也久矣。**頂批** 兩兩發明，天衣無縫。

第十九章 河上公註本作還淳章，彭本作三絕章。

絕聖棄智，民利百倍；絕仁棄義，民復孝慈；絕巧棄利，盜賊無有。

此三者，以爲文不足，故令有所屬，見素抱朴，少私寡欲。

絕，大也，又至也。至聖不用智，風盡敦龐，民多利益矣；至仁不用義，俗盡親睦，民歸孝慈矣；至巧不謀利，謀利者皆機巧之徒，上無機巧，下無盜賊矣。聖不足於智，仁不足於義，巧不足於利，「聖」「仁」「巧」三者，若有質而無文也，渾渾噩噩，一道同風，故使民各有攸屬，亦從其質實而已。見素抱朴，少私寡慾，民之文亦不足也，然而美矣。

第二十章

河上公註本作異俗章，彭本作絕學章。

絕學無憂。唯之與阿，相去幾何？善之與惡，相去何若？人之所畏，不可畏畏。弼本作「不可不畏」，故其註亦大舛謬。

絕學者，道全德備也。道德全備，何憂之有？以聖人視眾人，猶之唯甚直而阿甚諛，善可愛而惡可惡，不知相去幾許也。聖人無憂，即無畏也。人之所畏者，畏其絕學之難也，豈可畏人之畏，而不求其絕學乎？故曰：「不可畏畏。」**頂批** 行道之人，皆可為聖賢仙佛，切勿畏人之畏也。此解可為學者座右銘。

荒兮其未央哉！眾人熙熙，如享太牢，如登春臺；我獨泊兮其未兆，

若嬰兒之未孩。乘乘兮若無所歸，眾人皆有餘，而我獨若遺，我愚人之心也哉。沌沌兮，俗人昭昭，我獨昏昏；俗人察察，我獨悶悶。忽兮其若晦，寂兮似無所止。眾人皆有以，我獨頑且鄙。我獨異於人，而貴求食於母。

先天大道，如洪荒之未開，無爲而成，不言而治，故眾人皆臻淳厚之化，熙熙然相安相樂也。共食其德，如享太牢，同遊其宇，如登春臺，此雖華胥風俗，無以加焉。聖人曰：「我獨澹泊恬靜，杳無朕兆，若嬰兒之未成孩也。」乘乘者，與道相乘，故曰「乘乘」。上下升降，箇中運行不息，若無所依歸者然。故眾人皆有餘地可求，而我獨於此中，獨如遺世特立者然。則眾人皆智，我獨若愚也哉！夫亦大巧若拙也。

沌沌兮，未判之象也。俗人皆尚昭察，我獨守其昏悶。昭昭察察，皆指的然；昏昏悶悶，皆言闇然也。

忽兮如天地之冥晦，飂兮覺往來之無定。由此觀之，是眾人皆有所用，而我獨昏悶飄然若愚頑而鄙樸者。人不與我同，我亦與人異也。

一粒陽丹，號爲母氣，我獨求而食之，以致長生。是眾人之不如聖人，即如唯阿善惡之相去也。此聖人之所以獨鳴其絕學也歟。

第二十一章

河上公註本作虛心章，彭本作孔德章。

孔德之容，唯道是從。道之爲物，惟恍惟惚。惚兮恍，其中有象；恍兮惚，其中有物；窈兮冥兮，其中有精，其精甚真，其中有信。自古及今，其名不去，以閱衆甫。吾何以知衆甫之然哉？以此。

孔，空也，大也。至空至大之德器，其中能容妙物，故大道從此入焉。

道之爲物也，恍惚無定，以言離性本無象也。乍恍而乍惚，無象者若有象焉；乍惚而乍恍，無物者已有物焉。

或謂「惚兮恍」是合「象」韻，「恍兮惚」是合「物」韻，而不知聖人立言，字法顛倒，即寓道法顛倒也。惚兮恍，是性之本象；恍兮惚，是性所種之物。以男下女，交媾成精，一物也，實連二物也。故「有象」在上句，「有物」在中句，「有精」在下句。句法又寓道法也。**頂批** 體貼入微，是謂善讀經者，且有合於丹旨。

夫精爲性火下照相感而生，乃能露出坎情，然實微妙難測，故曰「窈兮冥兮」。窈冥之精，乃是真精，欲得真精，須知真信，故其中先有信焉。浩浩如潮生，溶溶如冰泮。修士於此，候其信之初至，的當是精，即行伏之擒之，時刻無差，金仙有分矣。

一名真金，一名首經，一名真水，一名神水，一名真鉛，一名鉛氣，一名白虎，一名虎氣，而不出乎真精也。所以自古及今，此真精之名，諸經不能拋去。於是以一物之真，觀萬物之理，無非重此初氣者。以閱眾甫，即察眾物之初也。故又曰：「吾何以知眾甫之然哉？以此。」

補註　章內四舉「其中」，可知一孔玄關，大道之門，造鉛得丹，不外乎此也。

第二十二章　河上公註本作謙益章，彭本作全歸章。

曲則全，枉則直，窪則盈，弊則新，少則得，多則惑。是以聖人抱一爲天下式，不自見故明，不自是故彰，不自伐故有功，不自矜故長。夫惟不爭，故天下莫能與之爭。古之所謂曲則全者，豈虛言哉？誠全而歸之。

曲則全，以減爲增也；枉則直，以柔制剛也；窪則盈，謙則受益也；弊則新，剝則有復也；少則得，知足不辱也；多則惑，貪欲自迷也。此太上以前之古語，所說治身之要道也。是以聖人治世，必抱一爲天下式則焉。

抱一者，不自見，不自是，不自伐，不自矜。王註以此四句頂「曲則全」四句說，殊屬妄解，而不知「故明」「故彰」「故長」「故有功」，本句以解本句也。

或問：「古之句復引『曲則全』者何故？」余曰：「此太上引古人治身之語，以起治天下之理，故曰『豈虛語哉』。人能敬守一誠，則天下亦必全歸其式也已。」

第二十三章 河上公註本作虛無章，彭本作自然章。

希言自然，故飄風不終朝，驟雨不終日。孰爲此者？天地。天地尚不能久，而況於人乎？故從事於道者，道者同於道，德者同於德，失者同於失。同於道者，道亦樂得之；同於德者，德亦樂得之；同於失者，失亦樂得之。信不足焉，有不信焉。

希言，無聲也，又無爲也。入道者，無爲自然爲宗。無爲則泰定，自然則恒漸，否則如飄風驟雨，雖天地之所爲，亦不能久也，況於人乎？故凡從事道途者，修德行道，均皆自然，乃能與道德爲一。失即無爲也。無爲而爲，自得無爲之事。道也，德也，失也，俱樂此自然無爲也。信行不足，必有不信自然者在其先也。

第二十四章

河上公註本作苦恩章，彭本作跂跨章。蒲團子按：恩，一本作「思」。

跂者不立，跨者不行，自見者不明，自是者不彰，自伐者無功，自矜者不長。其在道也，曰餘食贅行，物或惡之，故有道者不處也。

跂，望也；跨，趨也。跂則首仰，不能久立；跨則足病，不能久行。自見、自是、自矜、自伐，皆是不信自然之輩，終無所成者也。以此論行道之法，有如喫飯太飽，走路太多，必不能做工夫。比之於犬，過飽則病；比之於牛，過勞則困。故曰「物或惡之」也，而況於人乎？故有道者不處此也。

第二十五章

河上公註本作象元章，彭本作混成章。

有物混成，先天地生。寂兮寥兮，獨立而不改，周行而不殆，可以爲天下母。吾不知其名，字之曰道，强爲之名曰大。大曰逝，逝曰遠，遠曰反。故道大，天大，地大，王亦大，域中有四大，而王處一焉。人法地，地法天，天法道，道法自然。

混成，未破也，又無名也。鴻濛始氣，混混無名。無名者，先天地而生者也。寂，清也；寥，虛也。獨立乎清虛之境，而不改變其真常，無非此混成而已。一物周流，全乎萬物而不危殆，是可爲天下母也。道祖自開闢以來，已知混沌之前，有此母氣，生天生地，生人生物，皆於母氣胎之。有問其名者，不知其名，先以「道」字字之。「道」從「首」「辵」，先天地而行生者也。因字强名，又得「一」「大」。「大」從「一」「人」，先庶物而首出者也。由此以及萬世，皆稱爲「大道」焉。**頂批** 「首」「辵」爲「道」，先天地而行生；「一」「人」爲「大」，先庶類而首出。如此釋文，可呼爲東來第一測字道人。

大則無所不行，上乾下坤，逝將去汝；逝則無所不到，北坎西兑，遠亦致之。是道也，窮極必返，或可出乎震，齊乎巽，見乎離，成乎艮乎。**頂批** 道人又會安排八卦。

大哉！道與天、地、王，同爲域中四大哉！無道不知天，天大也；無天不覆地，地大也；無地不載王，王亦大也。王居其一，一人首衆人也。王爲人主，不離乎人，人在地上，故法地；地在天上，故法天；天在道内，故法道；道莫妙於自然，故法自然。

第二十六章 河上公註本作重德章，彭本作重靜章。

重爲輕根，靜爲躁君，是以君子終日行，不離輜重。雖有榮觀，燕處超然，奈何以萬乘之主，而身輕天下，輕則失臣，躁則失君。蒲團子按 輜重，一作「輕重」。

重者，水也；輕者，火也。水中生火，故以重爲輕之根。靜者，定也；躁者，慧也。定中使慧，故以靜爲躁之君。嘗觀才德出眾之君子，終日游行，不離輜重，欲使施用輕快也。蒲團子按 才德出眾，一本作「才德並重」；輜重，一本作「輕重」。雖有榮觀，燕處超然，不以紛華擾靜也。奈何絳宮主人，尊若萬乘者，遽以身輕天下而忘之，全不持重養輕，全不守靜制躁。吾恐一派輕，則失腎中之真水，而火無根矣。火生於水，水爲火之用，故曰「臣」。一派躁，則失心中之真定，而慧無君矣。慧發乎定，定爲慧之主，故曰「君」。頂批 水火爲用，妙解。

第二十七章 河上公註本作巧用章，彭本作要妙章。

善行無轍迹，善言無瑕謫，善計不用籌策，善閉無關鍵而不可開，善結無繩約而不可解。是以聖人常善救人，故無棄人；常善救物，故無棄物。是

謂襲明。故善人，不善人之師；　不善人，善人之資。不貴其師，不愛其資，雖智大迷，是謂要妙。

無轍迹者，自然之河車，有則存想搬運矣；　無瑕讁者，自然之祖述，有則違悖宗旨矣；　不用籌者，自然之火候，用籌則拘泥爻策矣；　不可開者，自然之內禁，可開則假閉耳目矣；　不可解者，自然之凝聚，可解則勉强撮合矣。　是以聖人守自然之常善，立己立人，人皆可重；　成己成物，物皆可觀。

襲明者，以先覺覺後覺，心相承而警悟，此之謂襲明也。故善人克明明德，不善人親之，亦以明德。不善人不知自省，善人見不善能內自省，轉相師，轉相資也。若不以相資相師爲可貴可愛之事，則自作聰明，雖有智慧，亦若大迷也。修身要妙，不外乎此。**頂批**　以大學、論語作註，好甚。

第二十八章　河上公註本作反樸章，彭本作常德章。

知其雄，守其雌，爲天下谿。爲天下谿，常德不離，復歸於嬰兒。

此節有二義，皆爲治身之士所當知而當守者。**頂批**　分出兩義，合爲一義，還丹之事，如掌上觀紋。

一曰雄施雌化，參同云「雄陽播玄施，雌陰統黃化」是也。知此則能施能行，守此則能化能育。雌雄交感，則金藏於水，旋復水生其金，金氣足而潮信至，其勢如漕谿然，倒流逆上，是爲天下漕谿之水也。然雖爲漕谿之水，而陽火既進，陰符又臨，歸根復命之常德不可離也。故復歸於土釜，以養其胎嬰。

一曰雄歸雌伏，悟真云「雄裏懷雌結聖胎」是也。若論產物之理，陰極陽生，則是雌裏懷雄；若論養物之事，陽極陰生，則是雄裏懷雌。雄裏懷雌者，既得雄歸以合丹，更要雌伏以溫丹也。其勢如谿壑然，自上注下，落於谿中，故守雌之道，即如天下之谿壑，有流有歸，此真常之元德不可離其地者也。歸於谿，猶之歸於黃庭。復歸於嬰兒，入靜以養聖胎也。

頂批　兩講「谿」字，一升一降，是二是一，滴滴歸源。

知其白，守其黑，爲天下式。爲天下式，常德不忒，復歸於無極。

此節盡雌雄之理，而發其細微，復假色相以論之。

白者金精，黑者水基。金精者，雄陽播於雌而生者也。此精未有之先，坤母之體本虛，因與乾父交光，坤遂實而成坎。坎形已具，月吐兌方，是名水中之金。水中之金，實賴坤母之養育而成，故稱母氣，悟真云「黑中取白爲丹母」是也。頂批 所謂知白必先守黑也。 母氣有白光，號曰陽光。 陽光發現，即運己汞以迎之，所謂二候求藥也。頂批 所謂守黑乃能知白也。 彼此相當，二八同類，擒在一時，煉成陽丹，即丹母也。 然其造化在外，故丹母只算外藥。 學人以外藥修内藥，以母氣伏子氣，丹母之中又産陽鉛，即駕河車以運之，逆回本宮，潛伏土釜，四候和合，三姓交歡，這回快活，便得長生。頂批 所謂知白還要守黑也。 但功法雖是如此，而知白必先守黑，守黑乃能知白，知白還要守黑，此中有三層妙用，足爲天下式程。 人能依此行之，則自然之常德，不差忒也。 既不差忒，乃能歸證於無極，而煉神還虛矣。 知白必先守黑者，陽往陰中也； 守黑乃能知白者，陰中陽産也； 知白還要守黑者，神歸炁伏也。頂批 二句盡六候之理，可稱爲三語椽。 天地萬物之理，皆是如此，故爲天下式程焉。

知其榮，守其辱，爲天下谷。 爲天下谷，常德乃足，復歸於朴。 朴散則爲器，聖人用之，則爲官長，故大制不割。

順成人，榮事也； 逆成仙，辱事也。 然人當知成人之榮而守成仙之辱。 守辱之學，絕學也。虛心養氣，有如天下之空谷。能為天下之空谷，則致虛守靜之常德乃能足也。常德既足，乃復歸證於渾朴而返本還元矣。渾朴之真，散見而生萬物，芸芸之盛，皆可取其材而制為器。聖人欲用其器，則為官陰陽、長庶彙，而保合之，以歸於一焉。故大制天下者，不尚分割也。

第二十九章　河上公註本作無為章，彭本作神器章。

將欲取天下而為之，吾見其不得已。天下神器，不可為也，為者敗之，執者失之。凡物，或行或隨，或呴或吹，或强或羸，或載或隳，是以聖人去甚，去奢，去泰。蒲團子按　羸，純陽宮本作「嬴」，一本作「贏」，據文義當作「羸」，故改。

天下，比身中也；神器，言至重也。先天大道，以自然無為而成，俗人多疑其空寂，故老祖說此以示人曰：

人以無為為空寂哉。吾將欲取天下而行有為之政，又見有為者之轉多紛擾，轉多設施，無成就而無休息也。夫天下之神器至重，以有為而多事，不如無為之少事也，故不可為也。為以求成而反敗，為敗之也；執以求得而反失，執失之也。天下如是，凡物皆然。

物之在身者，或陽往獨行，或陰來相隨；或翕然而呴，或悠然而吹；或氣足而强壯，或氣嫩而清羸；或載之上升，或隳之下降。無非自然而然者。是以聖人行道，去過甚，去驕奢，去泰侈。三者皆喜於有爲之病也，故去之。

頂批云　依經立註，即註即經，融洽分明，儼然一篇火記。

第三十章　河上公註本作儉武章，彭本作兵强章。

以道佐人主者，不以兵强天下，其事好還。師之所處，荊棘生焉；大軍之後，必有凶年。故善者果而已矣，不敢以取强。果而勿矜，果而勿伐，果而勿驕，果而不得已，果而勿强。物壯則老，是謂不道，不道早已。

人主强德不强兵，以道佐人主者，豈可以甲兵强示天下乎？然有出其兵而誇大武功者，即有入其兵而敬修文德者。天下之事，亦多好還也。惟是師到之處，荊棘皆生，覺刺傷之可悲也；軍過之餘，凶年又起，痛刀氛之餘毒也。兵豈可輕言乎哉？古之善兵者，鋤奸禁暴，去賊安民，旌旗載道，望若甘霖，果於救難而已矣，非敢强也。然果也，須絕其矜、伐、驕焉。矜則有好兵之念，伐則有窮兵之心，驕則有誇兵之想，雖果也，亦無善意也。若有善意而果，果而至於民難不已，則大兵亦不已，亦在乎力救其難而已，非示强也。又或敵氣不衰，壁壘相持，壯兵也，必爲老兵，此亦殘賊吾師也。殘賊吾師，將欲誅不道，而反自形其不道也。誅不道而至於自形其不道，則不如其屯田防禦，休息我兵之爲得也。世之好强者，亦嘗觀之於物乎？物壯則老，可想力强必衰也。用物而使物憊，是爲不合於道也。不合於道，不如其早已也。

頂批　可作一篇「用兵論」讀，註此經者，其亦有見而云然乎。

章內備言行兵之利害，而醒道妙處，在一「物」字打轉。言其有作有爲，皆因精衰氣敗，不得已而行補導之功，亦已果矣。至於百日築基，三年煉己，又至果也；抑或丹基未立，己性未明，不妨再築再煉，又至果也。然勿以果誇强也。持盈不已，必遭困弱，大藥將至，逾時無用，故曰「物壯則老，不如早已」。

第三十一章

河上公註本作偃武章，彭本作佳兵章。

夫佳兵者，不祥之器，物或惡之，故有道者不處。是以君子居則貴左，用兵則貴右。兵者不祥之器，非君子之器，不得已而用之，恬淡爲上，勝而不美。而美之者，是樂殺人也。夫樂殺人者，不可得志於天下矣。故吉事尚左，凶事尚右。是以偏將軍處左，上將軍處右，以喪禮處之。殺人衆多，以悲

哀泣之；戰勝，以喪禮處之。

佳之爲言祥也，佳兵而曰不祥，兵尚可好乎哉？兵之爲害也，無物不惡，以其籌策繁而滋擾多耳。有道者豈居此好兵之名乎？是以君子處世，燕居則貴左，左爲吉也；用兵則貴右，右爲凶也。益以見兵之不祥也。

夫兵，原非君子之器，然有不得已而用之者，救難爲上，勿意躁而情濃，亭幛蕭然，恬淡而已矣。即或制勝凱還，終不以兵爲美事。若以兵爲美事者，其胸中必好殺人者也。殺人之人，豈可使之得志朝廷、黷武天下哉？

嘗觀於人事而慨然矣。吉事尚左，凶事尚右，左爲陽而右爲陰，陽主生而陰主殺也。故軍中有上將軍，有偏將軍。偏將軍之徒，非得上將軍之令，不敢攻殺，是知偏將軍之有生意也，故其位居左；上將軍之有殺機也，故其位居右。居右者，喪禮也。天下不祥之事，莫過於喪禮，故以喪禮處上將軍，而戒其勿輕殺焉。嘻！一將功成萬骨枯，其事可爲痛哭也。故殺人之衆，以悲哀泣之；戰勝，以喪事處之。

太上之心，即天帝好生之心也已。**蒲團子按** 天帝，一本作「天地」。

愚按 章中喻意，蓋言女鼎不祥，未可用耳。然其論用兵之害，亦痛絕。

第三十二章 河上公註本作聖德章，彭本作無名章。

道常無名。朴雖小，天下不敢臣，侯王若能守，萬物將自賓。天地相合，以降甘露，人莫之令而自均。始制有名。名亦既有，夫亦將知止，知止所以不殆。譬道之在天下，由川谷之於江海。

大道無名象，純是一團渾朴，有如無極。朴雖小，然居太極之上，豈可馭而下之乎？侯王守其朴，則大制不割，萬物亦同來賓也。地上乎天，則天地交泰，而甘露下垂，不煩造治而調均，神氣於此兩平也。氣化爲液，初名金液還丹。金液之名既立，夫亦將止於土釜而養之也。知止不殆，惟抱一以虛其心，自然泰定安焉。

此道也，推之於天下，猶川谷之於江海，而有所歸宿也。

第三十三章

知人者智，自知者明；勝人者有力，自勝者强。知足者富，强行者有志。不失其所者久，死而不亡者壽。

知人事者得妙智，自知其本來者得圓明，蓋已了性矣；勝人欲者有定力，自勝其尸賊者有真强，蓋已了命矣。知足守富，止火養丹；强行有志，面壁九年。一得永得，與地同久；心死神存，與天同壽。

第三十四章

大道汎兮，其可左右。萬物視之以生而不辭，功成不名有，衣被萬物而不爲主，常無欲，可名於小；萬物歸焉而不爲主，可名於大。是以聖人終不爲大，故能成其大。蒲團子按　汎，一本作「氾」。

汎兮其無涯，是可左右逢源，隨人取用。萬物賴道生而道不辭，只運其時行而已。功成不名有，衣被不爲主，生成廣被之德，本於無爲，故莫能名、不爲主也。守真常而無欲，小莫破焉，故可名於小也；統會歸而不主，大莫載焉，故可名於大也。惟聖人亦不自形其大，此其所以爲大聖人也。

第三十五章

執大象，天下往。往而不害，安平泰。樂與餌，過客止。道之出口，淡乎

其無味。視之不可見，聽之不可聞，用之不可既。

大象者，無可象而象之，故曰「大象」，仍指大道也。能持大道者，則天下皆往而歸之。往遊其宇，恬然澹然，而無所患害，但相安於平泰而已。夫美樂美餌，能使過客停車，以圖一快。然酒闌歌散，終不久留矣。頂批 醒世語。大道則不然，出於口而生津補液，似覺淡然無味者，豈知見聞俱絕，正復取用不窮也。

第三十六章

將欲噏之，必固張之；將欲弱之，必固强之；將欲廢之，必固興之；將欲奪之，必固與之。是謂微明。柔勝剛，弱勝强，魚不可脱於淵，國之利器不可以示人。

固，先也；噏，與「歙」同，又歛也。

欲噏固張，散將復歛也；欲弱固强，進將復退也；欲廢固興，榮將復落也；欲奪固與，去將復返也。往來相因，理可見微知著，故曰「微明」。柔弱勝剛强，不戰而自服也。知魚之不可脱淵，則知道之不離乎身；知器之不可示人，則知道之必由乎己。

第三十七章

道常無爲而無不爲。侯王若能守，萬物將自化。化而欲作，吾將鎮之以無名之朴。無名之朴，亦將不欲。不欲以靜，天下將自正。

無爲無不爲者，無爲之爲，即是有爲，契所謂「處中制外，凝神成軀」者是也。侯王能守，萬物自化，恭己無爲，可治天下，太古之遺風，不可想乎？惟是承平久而動作興，宴樂繁華，非國家之福也。吾將鎮之以渾然之朴，使彼守朴還真，庶幾欲作者不欲作焉。不欲作，則萬物恬靜，不求天下正而天下將自正也。**頂批** 頓挫感慨，道家固要有此悲憫之心。

第三十八章

上德不德，是以有德；下德不失德，是以無德。上德無爲而無以爲，下德爲之而有以爲。上仁爲之而無以爲，上義爲之而有以爲。上禮爲之而莫之應，則攘臂而仍之。故失道而後德，失德而後仁，失仁而後義，失義而後禮。夫禮者，忠信之薄，而亂之首也。前識者，道之華而愚之始也。是以大

丈夫處其厚不處其薄，居其實不居其華，故去彼取此。

上德之士，不見有德之象，而具有德之量；下德之士，不欲自失其有德之名，而已先成爲無德之人。上德不德，守無爲也，亦因萬物自化而無以爲也；下德不失德，喜有爲也，反令羣情好動而有以爲也。

仁之所爲者，親之是也，天下悦服，故亦無以爲也；義之所爲者，畏之是也，天下震感，故亦有以爲也。然仁一仁也，義一義也。至於禮，則朝有因革，野有殊俗，則爲之甚難也。欲强而行之，民莫與應，反使攘臂相爭，自仍所從。天下事不將難爲乎？

夫大道不爭，即能使民不爭，此何如之上理哉！乃一失而爲仁矣，又一失而爲義矣，再一失而爲禮矣。而後云云者，所以歎氣運之轉移，非謂仁義之有偏用也。

夫禮以忠信爲根本，薄俗起而反開侮亂，必賴禮以還淳也。前識者，性道之光明，華談盛而反生愚暗，亦前識之變更也。是以大丈夫立身，處厚不處薄，居實不居華，去取攸宜，謂渾朴猶在人間可也。

第三十九章

昔之得一者，天得一以清，地得一以寧，神得一以靈，谷得一以盈，萬物得一以生，侯王得一以爲天下貞，其致之一也。天無以清將恐裂，地無以寧將恐發，神無以靈將恐歇，谷無以盈將恐竭，萬物無以生將恐滅，侯王無以貞貴高將恐蹷。故貴以賤爲本，高以下爲基。侯王自謂孤寡不穀，此其以賤爲本也，非乎，故致數車無車，不欲琭琭如玉，落落如石。

昔，太初之先也；一，眾數之始也，始生之物，其名爲「一」。太初以前茫無着，太初以後判有餘，欲得此一者，須在太初前後之間，有氣而無質，無質而有信者也。

五行以水爲一，此水乃善之極、澄之極，不可思議之功德水也。名之曰水，似強也；不名曰水，又空也。今試從「得一」者溯之。

夫道之始於昔也，天從昔開，以一而開，然非有此水，則無以分，何以見其清也？地從昔闢，以一而闢，然非有此水，則無以承，何以奠其寧也？神從昔奉，以一而奉，然非有此水，則無以供，何以昭其靈也？谷從昔達，以一而達，然非有此水，則無以涵，何以助其盈也？ 萬物從昔作，以一而作，然非有此水，則無以育，何以資其生也？ 侯王從昔而作主，以一爲主，然非有此水，則無以利用，何以爲天下之安貞也？ 天、地、神、谷、萬物、侯王，體各不同，然所以致清、致寧、致靈、致盈、致生、致貞者，皆以一也。 清而不裂，水氣浮之； 寧而不發，水氣載之； 靈而不歇，水氣行之； 盈而不竭，水氣充之； 生而不滅，水氣養之； 貞而不蹷其貴高者，水德輔之； 以其性卑賤而流下也。 自古人主，謙尊而光，故貴以賤爲本，高以下爲基。 孤寡不穀，侯王之自稱，亦甚賤而甚下也。 而不知富有四海，貴爲天子，玉食萬方者，即凛此孤寡不穀而得之也，豈非以賤爲本乎？ 凡侯王之守其賤，正侯王之守其一也。 故由此而推致於物，有如造數車者，轉無車用，以其多而妄駕之，敗盡不覺也。 又如玉之琭琭，石之落落，其具衆多之貌者，太上不欲取之矣。

第四十章 河上公註本爲去用章。

反者道之動，弱者道之用。 天下萬物生於有，有生於無。

反，復也，天地冥合，一陽來復，道之初動也； 弱，柔也，身心恬靜，專氣致柔，道之妙用也。 還丹之事，在乎以乾之有入坤之無，乾種之而坤產之，無中生有，故道生於有，有生於無也。天下萬物，皆是如此。

第四十一章 河上公註本爲同異章，彭本爲聞道章。

上士聞道，勤而行之；中士聞道，若存若亡；下士聞道，大笑之，不笑不足以爲道。故建言有之。明道若昧，進道若退，夷道若纇，上德若谷，大白若辱，廣德若不足，建德若偷，質直若渝，大方無隅，大器晚成，大音聲希，大象無形。夫惟道善貸且成。

上士之道行，以勤爲本，其中有不自炫、不自銳、不自異、不自實、不自顯、不自滿、奉行若自懈、信受若自欺者，而後能韜光徐煉、同塵守虛、溷跡求成、惜陰敬道，否則與中士之存亡、下士之大笑一也，烏得謂之勤？中士聞道，斷續做去，故曰「若存若亡」。下士聞之而大笑，笑即毀謗之徒也。然雖大笑，於道無損，不笑反不見爲至道也。古人立言，亦有此意。其言修道者，明若昧即不自炫也，進若退即不自銳也，韜光徐煉有如此；夷若纇即不自異也，上德若谷即不自實也，同塵守虛有如此；大白若辱即不自顯也，廣德若不足即不自滿也，溷跡求成有如此；建德若偷，雖奉行而若自懈，質直若渝，雖信受而若自欺，惜陰敬道有如此。此皆上士之勤修，非中下所能企也。所以方有四隅，大方無之，但守中也；器望早成，而大器無之，欲求至也；大音大象，無聲無形，中庸之所謂「恐懼不聞」、「戒慎不睹」者，非即此歟？抱道人間，給與無盡，且使化工大成也，真上士也！

第四十二章

道生一，一生二，二生三，三生萬物。

道立爲三才之上，五行之先。太上論造化，故必以道爲始。

大道無形，渾然無極，迨其靜中生動，而一乃見焉。一者，水也，在卦爲坎，坎居北方，勞卦也，萬物之所以成始而成終者，皆在乎是，成終則庶彙歸根，成始則一陽來復；陽，即火也，故言水而火在其中，一生二也；水火調勻，陰陽交泰，木情萌動，物類蕃昌，是故二生三、三生萬物也。此統言造化，而丹道亦在其中。

愚按 後天五行，其數亂而繁，五數舉而行乃備：金生水，四生一也；水生木，一生三也；木生火，三生二也；火生土，二生五也；土生金，五生四也。先天五行，其數治而簡，三數舉而五可包：水中火發，一生二也；木以火旺，二生三也；木生之時，即萬物甫生之時，三可以統萬也。

又按　修丹之法，五行皆包於一二，水火雙修，三四五皆助之，可不必言三也。太上舉三，蓋以三而窮極萬物，故帶出三之數耳。且不必言二也，一氣爲丹，二三四五皆助之，五行皆包於一也；水中產陽火，一包二也；水中藏木汞，一包三也；水中現金鉛，一包四也；水中懷真土，一包五也。且不必言一也，窈冥之物，胚胎虛無，又可包之於道也。還丹之術，豈不至簡而至易哉？言雖多而歸於至要，只覺其典貴，不嫌其詞多。

萬物負陰而抱陽，沖氣以爲和。

上言三生萬物。三，木數也。物從木旺，木從火旺，火在水中生，則萬物之體，外負陰而內抱陽。外陰內陽，外虛內實，虛涵陽氣，是爲沖氣，物情至此，合太和矣。今並以丹法言之：　坤交乾金，變而成坎，坎體外虛而內實，則當以沖虛含其氣，如太和之氤氳焉。

人之所惡，孤寡不穀，而王公以爲稱，故物或損之而益，或益之而損。人之所教，我亦教之。强梁者不得其死，吾將以爲教父。

人莫惡於名之賤。孤、寡、不穀，即賤名也，而王公以此自稱，雖有損於名號，實有益於王公也。故觀之於物，亦有因益轉損、因損得益者，玩易道而知之矣。否卦天上而地下䷋，欲變爲益，天道不敢自尊，於是損上益下，天地不交之否運，可變爲自上下下之益，故君子以之遷善改過焉；泰卦地上而天下䷊，欲知善損，地道不得自盈，於是損下益上，天地相交之泰運，亦因乎其道上行之損，故君子以之懲忿窒慾焉。天地以損而得益，是用益不如用損也。二卦平列，却當效損卦一邊，又況山澤損顛倒用之則又爲風雷益。山澤、風雷感應，正因乎損也。此教也，易教也，古人之教也。太上曰「人之所教，我亦教之」，蓋教人知自損耳；「不善者，善人之資」，故又以强梁爲教父。頂批　易道者，丹道也。人知損中得益，則丹道不衰矣。

强梁乃劫奪之徒，損人益己，終不得益者也。「父」與「甫」同，從上聲。

第四十三章　河上公註本作偏用章，彭本作至柔章。

天下之至柔，馳騁天下之至堅，無有入於無間，吾是以知無爲之有益。不言之教，無爲之益，天下希及之。

至柔者，氣與水也。氣無不達之竅，水無不通之經，故能馳騁至堅而無礙。觀之雲吐石、泉穿山可見也。無有者，無形質而但有氣水，亦可達吾身而入無間也。上二句泛言天下之氣水，此句指身中言，譬起法也。又曰：「吾是以知無爲之有益。」無爲者，不必搬運，自然冲突也。以不言之教，合無爲之益，天下真無有及之者。**頂批** 偏意正意兩分明矣。

第四十四章 河上公註本作立戒章，彭本作爲名章。

名與身孰親？身與貨孰多？得與亡孰病？是故甚愛必大費，多藏必厚亡。知足不辱，知止不殆，可以長久。

身親於名，身多於貨，得身無病，亡身有病，此理之曉然者也。故太上以孰親、孰多、孰病覺之，所以動其良心，使人自悟，非同乎後世訓文，一味責備，反令輿情不服，此太上謙和之德也。然世有親其名而疎其身，多其貨而少其身，得身不以爲貴，亡身不以爲痛者，如此沉迷，要皆名利心重，保身心輕者也。豈知喉中氣斷，大限來臨，名歸烏有，貨歸子虛，亡入鬼趣，難復人身，是則可痛也已。夫人生在世，成我名者損我神，入悖貨者亦悖出，即所謂「甚愛大費」、「多藏厚亡」者也。

愛至於大費，是辱也；藏至於厚亡，是殆也。皆非長久之計也。太上以慈悲之心，立言覺世，復示勸以教人曰「知足不辱，知止不殆，可以長久」。其斯爲聖人之德也夫。

第四十五章　河上公註本作洪德章，彭本作清靜章。

大成若缺，其用不敝；大盈若冲，其用不窮。大直若屈，大巧若拙，大辯若訥。躁勝寒，靜勝熱，清靜爲天下正。

大成若缺，如日月之光，圓而暫虧，推而復明，故其用不敝也；大盈若冲，如滄海之量，統而不溢，渺而無涯，故其用不窮也。亢直者鹵，機巧者詐，强辯者誣，皆不可同乎大也。聖賢以氣爲直，不逞剛而自剛，若屈然；神妙爲巧，不顯智而自智，若拙然；以道德爲辯，不多言而善言，若訥然。

至若鉛火冲和，三冬足禦，蒲團坐定，九夏可忘，正所謂「躁勝寒，靜勝熱」也。此二者，陰陽之理，人能以清虛靜養之心，察燥濕冷煖之氣，而天下之正道得矣。

第四十六章

河上公註本作儉欲章，彭本作知足章。

天下有道，却走馬以糞；天下無道，戎馬生於郊。罪莫大於可欲，禍莫大於不知足，咎莫大於欲得，故知足之足常足。

有道，是否運既久，陰極陽來之時；無道，是泰運既久，陽極陰生之時。否亂定而泰治立，則却走馬以糞田，天下事已無爲也；泰治盛而否亂伏，則生戎馬於近郊，天下事將有爲也。亂而復治，泰定爲福。見可欲而欲，罪莫大焉；已足不知足，禍莫大焉；不當得而欲得，咎莫大焉。故以知足爲足者，則能常足矣。

補註　却，去也；糞，治也。天下無事，雖不用馬而馬在。「却」之云者，去之於山澤，如歸馬之意云耳。又馬本不可以治田，其言以糞者，猶言兵去農興也。

第四十七章

河上公註本作鑒遠章，彭本作户牖章。

不出户，知天下；不窺牖，見天道。其出彌遠，其知彌少。是以聖人不行而知，不見而名，不爲而成。

户，小門也，不出而知天下事，匡居所以明世務也；牖，小窗也，不窺而見天之道，隱微所以伏見顯也。身心性命，道所寄焉，捨近圖遠，愚人也。視不可見，聽不可聞，搏不可得，彼從何處尋起？知此義者，道在户牖之間；不知此義者，愈訪愈迷，愈問愈歧。條條皆是路，處處却難周，所謂出彌遠而知彌少也。惟聖人不行而知，神定則意慧；不見而名，守無則生有；不為而成，抱一以還虛。

第四十八章

河上公註本作忘知章，彭本作日損章。

為學日益，為道日損，損之又損，以至於無為，無為而無不為矣。故取天下者，常以無事。及其有事，不足以取天下。

為學與為道不同。學貴求益也，然有由博反約者，益又何嘗不損？特其先必求益耳。道貴求損也，然有由累而立基者，道又何嘗不益？特其後必知損耳。

夫損者，抽減之謂也。損而又損，鉛氣乾，汞光見，以至於養神還虛，行我無為之事，斯無為而無不為矣。

故取天下者，必先有奠安天下之心，無為無不為，以靜制動，以德為常，以仁修治，百姓攜手而同歸，萬國傾心而來會，則可以取天下矣，故必常以無事也。及其有事，必先有震蕩天下之聲，有為而多為，以動尅動，以殘摧殘，以暴易暴，以爭戰為能，以襲奪爲事，適以擾天下，失天下也，何以取天下乎？

或謂取天下者，常以無事之人肩有事之任，古來如莘野、磻溪、南陽諸道人是也；及其有事在心，則方寸已亂，如范增之忌劉、徐元直之爲母是也。亦通。

第四十九章

河上公註本作任德章，彭本作渾心章。

聖人無常心，以百姓心爲心，善者吾善之，不善者吾亦善之，德善矣；信者吾信之，不信者吾亦信之，德信矣。聖人在天下，惵惵爲天下渾其心。百姓皆注其耳目，聖人皆孩之。

無常心者，無偏一之心也。心無所偏，則能帡幪百姓，浹洽民心。民心所望者，望聖人善之信之也。不善者亦善，不信者亦信，聖德之誠孚大矣。故聖人在天下，惵惵爲天下渾其心者，帡幪百姓耳。百姓皆注其耳目，仰視俯聽，各有所望，聖人皆孩之，斯渾之矣。

惵惵，誠切貌。

第五十章

河上公註本作貴生章，彭本作攝生章。

出生入死。生之徒十有三，死之徒十有三，民之生，動之死地，亦十有三。夫何故？以其生生之厚。蓋聞善攝生者，陸行不遇兕虎，入軍不被一作「避」**甲兵；兕無所投其角，虎無所措其爪，兵無所容其刃。夫何故？以其無死地。**蒲團子按　被，一本作「一作『進』」。

萬物出生而入死，皆在乎「十有三」中。夫「十有三」者，向來諸註，皆不得其正旨，今發明之。

十乃天地生成之數。一天一地，一乾一坤。乾卦有三陽，坤卦有三陰，萬物遇三陽而生，遇三陰而死。惟人之受生，其得三陽與物同，其入三陰則自促。七情六欲，大損元神，故曰「動之死地」。然其自促也，亦歸於三陰而已。

夫物與人，而有三生三死者，何以故？生生厚，則死者既滅，生者又添，死者既靜，生者又動，此循環相因之勢也。否則有生無死，將芸芸充塞，天下何以爲安頓之區乎？雖然，萬物之死在於冬，萬物之生在於春，其生死亦動靜間耳。至於人，則死而不生，非造化之刻待斯人也，亦因其不知養生，乃致長入死地耳。

夫上帝有厚生之德，聖人有攝生之方，人苟善求，即宜轉陽生陰死之道，爲陽往陰來之功，則長生久視，庶不與乍生之徒動之死地者同也。

物有三而生，又有三而死。攝生之道，則即以三陽之乾卦，種一陽於三陰之中，坤遂實而成坎；三陰之坤卦，萌一陰於三陽之中，乾遂虛而成離。坎離者，藥物也。入室靜修，觀我一陽來復，即行攝之而歸，攝之而伏。是攝生，乃還丹之道，返本之功，接命之術，成仙之訣。逆而回之乃爲攝，下而上之乃爲攝，外而內之乃爲攝，中有黃婆乃能攝。攝非易言者也！ **頂批** 「攝」字有許多妙用，還丹之法，一「攝」而已矣。攝之則生，不攝則死，是故順成凡而逆成仙也。

子母戀而養育深，嬰姹偕而歡喜大，鉛汞結而聖胎成，無爲證而陽神出。雖虎兕甲兵，亦無所肆其厄，又何有三陽而生、三陰而死同夫凡人凡物也哉？

第五十一章 河上公註本作養德章，彭本作尊貴章。

道生之，德畜之，物形之，勢成之，是以萬物莫不尊道而貴德。道之尊，德之貴，夫莫之命而常自然。故道生之，德畜之，長之育之，成之熟之，養之

覆之。生而不有，爲而不恃，長而不宰，是謂玄德。

道種物，德護物，故物以道生，而以德畜。物吐形，能勢乃能成，萬物尊道而貴德，以道無名，德有名。道之尊，德之貴，道德無使令，物理自然會。惟道主其生，惟德主畜長，育而成，熟而養，覆幬保全神，皆德之伎倆。不有不恃亦不宰，無爲而成即真解。玄德者，上德也。

第五十二章

河上公註本作歸元章，彭本作有始章。

天下有始，以爲天下母。既得其母，以知其子；既知其子，復守其母，没身不殆。塞其兑，閉其門，終身不勤；開其兑，濟其事，終身不救。見小曰明，守柔曰强。用其光，復歸其明，無遺身殃，是謂襲常。

天下之道，有終必有始，然其始非一端也。金丹有始出之地，始行之事，始復之物。始出者何？坤爐與陰爐是也。陰中藏陽，故名陰陽爐；月現兑方，故名偃月爐；兑爲少女，故名先天妙鼎。悟真謂「產藥川源」，皆始地也。始行者何？「致虚極，守靜篤，吾以觀其復」，「濁以澄，靜之徐清」，「安以久，候之徐生」，皆始事也。始復者何？混混成成，窈窈冥冥，其中有信，其中有精，無名之朴，無形之金，皆始物也。還丹以此金爲始，故曰「有始」。

然金非坤家故有之物，乃乾家之火精也。丹法以砂爲主，入坤爐而成坎，稟和於玉池之水銀以成戊土。戊土，即陽丹也。陽丹乃外丹，外丹乃丹本，金花是他，真種是他，黄芽是他，白雪是他。以外丹爲内丹之娘親，故有始以爲天下母也。母有聖號，稱爲陽鉛。夫有陽鉛爲母，即有陰汞爲子。陰汞是後天子氣，陽鉛是先天母氣，以外邊陽鉛伏内邊陰汞，母與子見，故曰「知其子」焉。但此陽鉛之來，須得火功妙用。蓋鉛生坎宮，沉而不起，欲其擒制離宮之真汞，當用武火猛烹，然後飛騰而上。及與真汞相見之後，則宜守城沐浴，不可加以武火也。始則母戀子而來，繼則子戀母而住，故曰「既知其子，復守其母」也。子母相戀，終身不殆，則大丹成矣。

大丹名内藥，聖胎是此，嬰兒是此，真人是此。養内丹者，要有天然真火，綿綿於土釜之中，亦須假外爐陰陽符火勤功增減，運用抽添，然後形化爲氣，氣化爲神，形神俱妙，與道合真。故當塞其兑，閉其門，終其身事也。温養兩般，内文火而外符火；保全十月，去有爲而證無爲。故不敢勤於外事，擾室中靜功也。參同云：「固塞其際會，務令致完堅；候視加謹慎，審察調寒温。周旋十二節，節盡更須親。」此即温養功夫也。内境不出，外境不入，塞兑閉門，是爲要訣。若使不塞其兑，將日與外事應酬。道家常談時務，是欲有濟於外圖，先已有傷於內養，口開神氣散，意亂火功寒，長生大道，竊恐不成，故曰「濟其事，終身不救」也。

見小者，丹之金光，形如黍米，故曰「小」，能見此小則曰「明」；守柔者，身之壬水，氣本平和，故曰「柔」，能守此柔乃曰「强」。光者，神也，即金光也；明者，氣也，即金精也。以金光罩金精，則光明藏裹，神氣相依，胎養功成，一身脱厄，故曰「用其光，復歸其明，無遺身殃」，是之謂襲常之道，長生久視之修。襲常者，守其真常也。

吾山評　此章句句解得清，字字抉得出，還丹之道盡見於此。吾常謂太上之經，言簡意賅，雖真仙不能盡識，何此註之特明也？樂甚快甚！

第五十三章　河上公註本作益證章，彭本作介然章。

使我介然有知，行於大道，惟施是畏。大道甚夷，而民好徑。朝甚除，田甚蕪，倉甚虛，服文綵，帶利劍，厭飲食，財貨有餘，是謂盜竽，非道也哉！

我，言我家也，非老聖自稱之詞也；介然，特操也。我家性體圓明，使我介然自定，有特操，有圓覺，躬行大道。惟施是畏，施則順出成凡，多損我之真精，故以是爲可畏也。夫積精累氣可以成真，此大道平夷之路，人所共由者也。民心好徑，爭入邪途，妄作招凶，精枯神散。如朝廷之故官，概行除削，則元陽之盡失也；如田疇之疆畔，胥入荒蕪，則關竅之皆塞也；如倉廩之積儲，咸歸虛耗，則精氣之皆亡也。彼但服文綵，帶利劍，徵逐於飲食之徒，妄想乎資財之足，若是者，專以竊道名爲心，如人隔牆用竿，暗挑物件，是稱爲「盜竿」而已，必非道哉！必非道哉！頂批 朝甚除，註者多誤，得此足以正之。

第五十四章 河上公註本作修觀章，彭本作善建章。

善建者不拔，善抱者不脱，子孫祭祀不輟。修之於身，其德乃真；修之於家，其德乃餘；修之於鄉，其德乃長；修之於國，其德乃豐；修之於天下，其德乃普。故以身觀身，以家觀家，以鄉觀鄉，以國觀國，以天下觀天下。吾何以知天下之然哉？以此。

建中立極，故不拔；抱一無離，故不脱；子復生孫，分身現化，故祭祀不輟。身、家、鄉、國與天下，歷言修德之地也。

以，由也；觀，示法也。由身示法身，以及示法身於家國天下，皆此真身也。德備於身，示法無盡，故以此周知天下也。

第五十五章 河上公註本作元符章，彭本作含德章。

含德之厚，比於赤子，毒蟲不螫，猛獸不據，攫鳥不搏，骨弱筋柔而握固。未知牝牡之合而峻作，精之至也；終日號而嗌不嗄，和之至也。知和曰常，知常曰明，益生曰祥，心使氣曰强。物壯則老，是謂不道，不道早已。

含，懷也。懷德厚者，真人也。真人之心，不失赤子之心，故比於赤子，渾然忘物，斯惡蟲獸鳥不加害焉。骨弱筋柔，孩體也，故能握固。

人知牝牡交歡，則峻作喪命；赤子無知，則精純之至，蓋無欲也。「峻」與「朘」同，赤子之陰也，又縮也。俗以朒縮爲朘縮，蓋縮而不舉也。人以忿而和氣變，其聲嗄然，赤子則有號有嗌而無嗄。號乃呼也，嗌乃嗁也。終日呼嗁而不嗄，則氣和之至也。

人能知和，則守常不殆；人能知常，則真明自在。蓋有益於人生者，赤子祥和之氣也。倘其有知有識，以心使氣，則反乎柔而爲强矣。世之好强者，亦嘗觀之於物乎？

末三句，解見前三十章。

第五十六章　河上公註本作元德章，彭本作玄同章。

知者不言，言者不知。塞其兑，閉其門，挫其銳，解其紛，和其光，同其塵，是謂玄同。不可得而親，不可得而疎，不可得而利，不可得而害，不可得而貴，不可得而賤，故爲天下貴。

知者，是行有所得之人；不言者，難言也，蓋其深造自得，心欲言而口不逮也。若徒以言爲尚，自謂某仙真書，真傳已盡，不必師指，其道可行，豈知真固真矣，其間細微節目，比喻深機，吾恐其未盡談也。又況登真入道，不外還丹，還丹理明，乃能得道。今問汝乾坤坎兑是甚卦爻？龍虎汞鉛是甚法物？賓主雌雄是甚分用？恍惚杳冥從何體認？浮沉顛倒怎樣安排？而且玄牝未明，不能造化；黄婆未請，安得成親？兼之言語難通，恩威難布，首經難覓，火候難知。且更有說者，古人云「金丹大事，須依有力者圖之」，訪尋有力之妙用，問君載在何書？矧其功夫行持，並有書不能貸者。絕色慾，輕財利，去恩愛，慎德行，此皆要身上持行，而非書上所能了者也。夫惟真心好道，感動上蒼，塵念消除，神明默佑，乃能得知其道也。按圖索駿，豈足以竟其微哉？是故「知者不言，言者不知」也，以其有難言者也。

或曰：「知之者固屬難言，以彼未知之先，却又從何聞之？豈不有能言者導其知乎？丹經云『得師口訣，乃能成道』，又似知者之必有言，言者之必有知也。請再爲說之。」曰：「口訣，親切語也，細微語也，重重訣破，乃爲口訣，並非單詞隻字、三言兩句之爲口訣也。黃帝訪廣成，細談三日；吾師遇鍾祖，坐論一旬。天亶聖人，上根仙器，猶非幾句可了，況其下乎？今人以口訣爲捷傳，皆非也。口訣未盡，師去還來。講究之時，熟聞心記，可以串通乎古書，發明乎層次，此即口訣之妙也。人讀丹經既多，一聞口訣，便可豁然開悟，以經印訣，以訣印經，真實不虛，合乎大道，此真師之所以當求，聰明之所以難恃也。又況真師本根，原係陰德之士修煉而成，豈不知重玄秘語，天所以與善人而不以與非人者？若知之而輕言之，則紫陽何以三譴乎？其不言也，實不敢輕言耳。即或大器相逢，傳薪念切，亦必屢試屢磨，弟勤師苦，而後盟香敷說，鉢傳此日，派衍將來，慎勿聞之而不行，又勿得之而自秘也。言之如此，不其難乎？」

愚註道德經，雖比先賢解釋分外詳明，然其逐章註疏，依經遺言，而於丹道妙機，不能成段寫出，英雄志士，幸覓明師指破之，其得法更爲易也。因註此章首二句而細論之。

塞兌閉門，養神氣也；挫銳而不爲銳挫，能守弱也；解紛而不爲紛擾，能泰定也；和光而幽光，同塵而出塵，孟子曰「聖人之於民亦類也」，此即玄同之旨也。故不可得而親，不可得而踈，可得而親則可得而踈也。不可利害，不可貴賤，亦如此也。故爲天下之至貴，無復有貴於聖德者。

第五十七章 河上公註本作淳風章，彭本作以正章。

以正治國，以奇用兵，以無事取天下。吾何以知其然乎？以此。天下多忌諱，而民彌貧；民多利器，國家滋昏；民多技巧，奇物滋起；法令滋彰，盜賊多有。故聖人云：我無爲而民自化，我好靜而民自正，我無事而民自富，我無欲而民自朴。

正，非徒端拱也，實有居敬之教，使人感孚；奇，非同詭詐也，實有靜鎮之才，使人難測。故必以正治國，以奇用兵焉。無事取天下，無爲而成功也。以此者，以治身之道，知治世之道也。

朝多忌諱，則貪鄙之臣進，故能使民貧；民多利器，則機詐之徒起，故國家滋昏；至於技巧悅君，必多奇淫之物；法令侮民，必多盜賊之屬。此皆治理之變也。

故復引聖人所言，以觀其治道之常，蓋在於有欲無欲之分耳。

第五十八章

河上公註本作順化章，彭本作其政章。

其政悶悶，其民醇醇；其政察察，其民缺缺。禍兮福所倚，福兮禍所伏。孰知其極？其無正耶。正復爲奇，善復爲妖。民之迷，其日固久。是以聖人方而不割，廉而不劌，直而不肆，光而不耀。

悶悶，敦朴貌；醇醇，安靜貌。政敦其朴，民安於靜矣。察察，刻覈也；缺缺，疏忽也。政好刻覈，民多疏忽矣。

禍福倚伏之端，人當知其極而守其正。「孰知」二字，言外有歎人不知之意。不知其極，則亦無守正者耶。夫正本直道，乃復變爲奇邪，因無正也；善本祥和，乃復變爲妖孽，亦因無正也。然則民入迷途，夫豈朝夕之故哉？

割，裁截也；劌，傷殘也；肆，徑行；耀，炫異也。四者皆民之迷也。惟聖人大方無隅，而不假裁截；清廉自守，而不致傷殘；履直韜光，則得道之正軌也。

第五十九章 河上公註本作守道章，彭本作根蒂章。

治人事天，莫如嗇。夫惟嗇，是謂早服。早服謂之重積德，重積德則無不克，無不克則莫知其極，莫知其極可以有國，有國之母可以長久，是謂深根固蔕，長生久視之道。

嗇，儉也；早服，以富國安民言；積德，以民安國富言；克，勝也。猶言治事崇儉，則能富國安民，而使民安國富。民安國富，戰無不勝也。戰無不勝，則莫知其所窮極。馴至於澤厚仁深，必可以得國矣。國指邦本言。邦本既立，則投真砂於玉池，而先造其鉛母，鉛母擒汞子，則可以享國長久矣。是謂深根固蔕之修，長生久視之道。根蔕者，歸根以伏其氣，養蔕以全其神也。

第六十章 河上公註本作居位章，彭本作烹鮮章。

治大國若烹小鮮。以道涖天下，其鬼不神；非其鬼不神，其神不傷人；　非其神不傷人，聖人亦不傷人。　夫兩不相傷，故德交歸焉。

烹與割不同，割尚分析，烹尚調和；　小鮮，小物也。　視大國如小物，只在乎調和民情而已。　鬼，魔也；　神，靈也；　不傷，不擾也。　猶言以道立治，魔雖靈而不擾。非不擾人也，聖人以靜治而不擾人，魔又何敢擾人哉？　故魔與人兩相忘，而爲聖德治伏也。　交歸，咸服也。

第六十一章

河上公註本作謙德章，彭本作下流章。

大國者下流。　天下之交，天下之牝。　牝常以靜勝牡，以靜爲下。　故大國以下小國，則取小國；　小國以下大國，則取大國。　故或下以取，或下而取。大國大過，欲兼畜人；　小國小過，欲入事人。　夫兩者，各得其所欲，故大者宜爲下。

此章示天下諸侯，當修謙下以懷小邦也。

下流爲衆水所歸，比大國之統小國，故曰「大國者下流」，非言居下流也。　管合附庸，故稱爲天下之交；　當用柔德，故譬以天下之牝。　牝，柔道也；　牡，剛道也。　小國雖剛，大國以柔靜勝之，故以靜爲謙下之德也。大國謙下於小國，則小國樂爲社稷之臣，每歲可收其供給；小國謙下於大國，則大國嘗有奬賞之意，每年可邀其賚予。故或謙下以取之，或居下而取之。大小本相資也。大國有大過之象，老夫得女，過以相與，故有欲兼畜人之德，言欲生全小國也；小國有小過之亨，與時偕行，過以利貞，故有欲入事人之道，言欲依附大國也。大小各得其欲，皆因大之下小也。否則小國之君，雖欲臣事大國，而大國强凌，小亦不悦服於大也。

太上大旨，本爲大國諸侯講柔遠相資之義，而於修身微旨，亦自雙關得妙。今試言之。

大國者，崑崙也；下流者，元海也。崑崙之津，下歸於元海，言元海而崑崙相接，故曰「大國者下流」，非言崑崙居下流也。下流之地，當天下之交。交者，附也。衆脈依附在於此，即所謂黄庭也。下流之德，爲天下之牝。牝，柔也。專氣致柔在於此，故稱爲牝户也。牝户一穴，元精在内，靜攝腎氣於其中，故其先以腎爲牝，以心爲牡。而今又以我爲牝，以彼爲牡，蓋顛倒其剛柔，非顛倒其牝牡也。

牝門心火，其性剛躁，水之靜能制火之動，此即鉛之來能制汞之飛也。以靜爲下者，用默用柔，修謙下以定心性也，故崑崙美液流入元海，液又化氣而入丹田。大國下小國，即由崑崙到丹田也。取小國者，採取丹田金水逆轉天谷也。小國下大國，又從丹田到崑崙也。取大國者，并合崑崙金液共落黃庭也。故或崑崙之液，流下丹田以生氣，則取丹田之氣者，是爲「下以取」也；抑或丹田之氣，逆上崑崙以生液，則吞崑崙之液者，是爲「下而取」也。

大國大過者，實取法於易道矣。澤風之卦，利於攸往，故象詞以「澤滅木」爲喻，蓋言澤水高漲，而其木皆淹，是爲「大過」之象也。上崑崙之甘露下降，原以攸往爲亨，與「大過」正相合焉。神化氣而氣化精，將以充滿丹田也，故有欲兼畜人之德。

小國小過者，亦取法於易道矣。雷山之卦，利於守貞，故象詞以「鳥遺音」爲喻，猶言飛鳥宜下，則其音可聞，是爲「小過」之象也。下丹田之真液中涵，原以守貞爲吉，與「小過」正相符焉。精生氣而氣生神，將以飛依黃庭也，故有欲入事人之道。

一上一下，相資相守，顛倒乾坤，逆運黃河。修身妙訣，莫過於此。

補註　「故或」數句，一作「故或黃庭居下，以收崑崙之液者，則爲下以取；又或黃庭照下，以攝丹田之氣者，則爲下而取」，此義亦可參觀。

吾山評　黃庭爲養心之府，牝户爲養腎之源。今以養心者稱爲牝户，蓋以存神保精，道貴靜也；凝神聚氣，道貴柔也；虛神受氣，道貴謙也；守神候氣，道貴弱也；以神交氣，道貴下也；調神合氣，道貴和也。牝道有靜、柔、謙、弱、下、和之六德，故借牝户之名，權易黃庭之名，非移牝户之地於黃庭間也。修丹家顛倒法物卦爻，每多互相借名耳。涵虛直言之，回道人更加發明，一句一真訣，掃盡千百譬喻。得者寶之，非人勿示。

第六十二章 河上公註本作爲道章，彭本作道奧章。

道者萬物之奧，善人之寶，不善人之所保。美言可以市，尊行可以加人。人之不善，何棄之有？故立天子，置三公，雖有拱璧以先駟馬，不如坐進此道。古之所以貴此道者，何也？不曰求以得，有罪以免邪，故爲天下貴。

萬物之奧，猶言造化之源也。善人則寶重之，以修丹而作聖；不善人亦保全之，可補氣而延年。此道之至公也。善言此道，可使從者如市；尊行此道，可以加人一等。此道之不負人也。世之棄道而馳者，人自不善耳，道何嘗棄人哉？故以天子、三公之貴人，拱璧、駟馬之貴物，而與道相較，終不如坐進此道之爲貴也。坐，守也，左傳「楚人坐其北門」是也；又跪也，曲禮「坐則遷之」是也。夫古之所以貴此道者，以其求則得之，得則免罪也。故天下之貴，莫貴於此。不曰者，「古不云乎」之詞也。

第六十三章

河上公註本作恩始章，彭本作爲大章。

爲無爲，事無事，味無味。大小多少，報怨以德。圖難于其易，爲大于其細。天下難事，必作于易；天下大事，必作于細。是以聖人終不爲大，故能成其大。夫輕諾必寡信，多易必多難，是以聖人猶難之，故終無難。

爲無爲之爲，事無事之事，味無味之味，皆指恬靜澹泊也。大小多少，稱物平施也；報怨以德者，以直報即以德報也，非有所加厚也。圖難于易者，人所輕易，我獨難之，不是先難後易也；爲大于細者，不矜細行，終累大德。此與書言同也，故又曰「天下難事，必作于易；天下大事，必作于細」，可曉然也。作于易，始于戒輕易也；作于細，始于矜細行也。「聖人終不爲大，故能成其大」，益明上文之「必作于細」也。其必作于易者，更立論以明之。譬如輕諾之人，必爲寡信之人，可知言多輕易之人，必終爲行多難成之人也。是以不難者聖人猶難之，故終無難也。

第六十四章

其安易持，其未兆易謀，其脆易破，其微易散。爲之于未有，治之于未

亂。合抱之木，生于毫末；九層之臺，起于累土；千里之行，始于足下。爲者敗之，執者失之。聖人無爲故無敗，無執故無失。民之從事，常于幾成而敗之，慎終如始，則無敗事。是以聖人欲不欲，不貴難得之貨；學不學，復眾人之所過。以輔萬物之自然，而不敢爲。

凡修大道者，從安定時持之則易持，否則欲起難持也；從未兆時謀之則易謀，否則物走難謀也。脆弱者易破，微芒者易散，蓋言嫩之難得、小之難捉也。爲之于未有，則安可持而未兆可謀也；治之于未亂，則脆不破而微不散也。人可不慎其術乎？又要功夫漸進，乃無退機。如生木然，由小及大；如築臺然，由下累高；如行路然，由近及遠。此明證也。頂批 頂註明晰。有爲者，欲成反敗；有執者，欲得反失。而聖人則無爲也。然無爲無執，又要始終不變，乃克有成。嘗見愚民做事，多有垂成敗功者，人可不慎終如始乎？惟聖人欲而不欲，欲則好道，不欲則賤貨貴德；且學而不學，學則有術，不學則澹然無爲。蓋所以反眾人過用之心，輔萬物自然之理，而不敢有爲者也。前五十七章云「我無爲而民自化，我好靜而民自正，我無事而民自富，我無欲而民自朴」，亦即此也。

第六十五章

河上公註本作淳德章，彭本作愚民章。

古之善爲道者，非以明民，將以愚之。民之難治，以其智多。以智治國，國之賊；不以智治國，國之福。知此兩者，亦楷式。能知楷式，是謂玄德。玄德深矣，遠矣，與物反矣，乃至于大順。

道不重有知有識，以損其渾淪；而重不知不識，以全其無名。頂批 保守元精，如是而已。 故善爲道者，非以明民，將以愚之也。民之難治，以其智多，前所謂「智慧出，有大僞」也。以智治國，國之賊，前所謂「其政察察，其民缺缺」也；不以智治國，國之福，前所謂「絕聖棄智，民利百倍」也。智、不智兩者，實關治國之利害，亦即治國之楷模也。人能知此，則可稱爲玄德。玄德者，其鑑深，其光遠，愚而不愚，與物之蠢蠢者反矣。大順，大化也。如此玄德，乃可及於大化也。

第六十六章

河上公註本作後己章，彭本作善下章。

江海所以能爲百谷王者，以其善下之，故能爲百谷王。是以聖人欲上

人，必以言下之；欲先人，必以身後之。是以聖人處上而人不重，處前而人不害，是以天下樂推而不厭。以其不爭，故天下莫能與之爭。

江海善下，羣流歸之，故稱爲百谷王。以觀聖人，欲上民而言下者，前所謂「高以下爲基」也；欲先人而身後者，前所謂「後其身而身先」也。是以聖德沖和，在上無震懾之威，而民不飾矜重也；當前無淩厲之氣，而民不防患害也。故天下推戴聖人，樂而不厭也。莫能與爭者，聖人如江海之善下，百谷皆莫能分其勢也。

第六十七章

河上公註本作三寶章，彭本同。

天下皆謂我大，似不肖。夫惟大，故似不肖。若肖，久矣其細也。夫我有三寶，持而寶之。一曰慈，二曰儉，三曰不敢爲天下先。慈故能勇，儉故能廣，不敢爲天下先故能成器長。今捨慈且勇，捨儉且廣，捨其後且先，死矣。夫慈，以戰則勝，以守則固。天將救之，以慈衛之。

道本無方無體，以大稱之，是必有方體可擬，反不肖其大也。惟大莫名其大，故不肖人之所謂大。若肖人之所謂大，則大者而亦小也，故曰「久矣其細也」。

太上以三寶爲言，亦大之散見者耳。一曰慈，慈必果於仁，故能勇；二曰儉，儉必善於積，故能廣；三曰不敢爲天下先，不敢先則大器晚成，故能成器長也。然而捨慈爲勇，必有忍心；捨儉爲廣，必有貪心；捨後爲先，必有爭心：皆取死之道也。

但以一二三分陳三寶，則一之爲貴，故舉慈以畢言之。慈以戰則勝，見義必爲也；以守則固，存仁必堅也。「救之」者，「之」指人言。天將救人，亦必以慈衛人也。慈之爲道大矣哉！

第六十八章　河上公註本作配天章，彭本同。

善爲士者不武，善戰者不怒，善勝敵者不爭，善用人者爲之下，是謂不爭之德，是謂用人之力，是謂配天，古之極。

恃力曰武，恃氣曰怒，接殺曰爭，皆非善爲士、善爲戰、善勝敵者也。古之用人者，敵中有虎將，常爲謙下以招之，使彼釋甲而來投，是謂不爭之德，即所謂「用人之力」也。且其德足以配天，天不競功而功成，曠古之極則也。

此章秘義，爲修丹者言之：欲伏白虎，先降真龍。蓋白虎爲難制之物，龍不謙下，虎必奔逸，煉己無淨，乃能用虎之力也。

第六十九章 河上公註本作元用章，彭本作輕敵章。

用兵有言：吾不敢爲主而爲客，不敢進寸而退尺，是謂行無行，攘無臂，仍無敵，執無兵。禍莫大於輕敵，輕敵幾喪吾寶，故抗兵相加，哀者勝矣。

用兵者，他主我客，讓他挑戰，則能以逸待勞；進寸退尺，讓彼來追，則能出奇擒伏。此用兵之妙策也。

無行者，無兩足也，左步爲「彳」，右步爲「亍」，行無兩足，不能行也；攘恃乎臂，無臂何能攘也；仍，相因也，敵相因而相敵，無相仍則無相敵也；兵，利器也，戰者執之而衝鋒，執無兵則不能戰也。禍莫大於輕敵，輕敵幾喪吾寶，寶莫寶於仁義，故抗兵相加，必許勝於哀者矣。哀即前章「慈以戰」之義也。

此章內包還丹之妙訣，以用兵比臨爐也。吾者，砂也。我家之砂，不敢爲主，必投彼家之玉池，就彼家造出真精，則是彼爲主而我爲客，所謂顛倒主賓也。進退，指行火。進寸而退尺，非是有火不行，蓋其謹於行火，臨事而懼也。行無行，言語不通，恩威不到也；攘無臂，火候未明，媒婆未覓也；仍無敵，龍虎不調，觔兩不稱也；

執無兵，符信未傳，藥材未得也。焉敢臨爐施功，致喪吾寶哉？吾寶，朱砂也。紫陽云「用將須分左右軍上陽註云：「左右，即彼我也。」，饒他為主我為賓；勸君臨陣休輕敵，恐喪吾家無價珍」，意本此也。抗兵相加，即指彼我相對。我能以木性慈仁，給彼金情順義，則金來投木，我必勝矣，故曰「哀者勝矣」。

吾山評　真訣盡憑此處得，更從何處覓仙書？

第七十章　河上公註本作難知章，彭本作知我章。

吾言甚易知，甚易行，天下莫能知，莫能行。言有宗，事有君。夫惟無知，是以不我知。知我者希，則我者貴，是以聖人被褐懷玉。

太上之言，皆道也，然道不外乎人身，故曰「易知」「易行」。然天下卒無能知能行者，中庸所謂「道之不行，我知之矣，知者過之，愚者不及也；道之不明，我知之矣，賢者過之，不肖者不及也」，以故莫能知、莫能行也。然其言可為修治之祖，而其事實提身世之綱，故曰「有宗」「有君」。此太上之經義也，人惟不知此道，是以不知太上耳。太上曰：「知我者希，則我貴矣，如聖人之被褐懷玉也。」褐，賤者之服。賤服被於外，美玉懷其中，即知希而貴無損也。所謂遯世不見，知而不悔，惟聖人能之也。

第七十一章 河上公註本此爲知病章，彭本作病病章。

知不知，上；不知知，病。夫惟病病，是以不病。聖人不病，以其病病，是以不病。

能知人所不知者，則道明德著，故爲上也；强不知以爲知者，則身貽大患，故曰病也。夫惟以强不知之病爲疢心之病，則即無强不知之病也，是以不病也。聖人之不病，亦是如此。

第七十二章 河上公註本爲愛己章，彭本作畏威章。

民不畏威，威至矣。無狹其所居，無厭其所生。夫惟不厭，是以不厭。是以聖人自知不自見，自愛不自貴，故去彼取此。

威具肅殺之氣。民不畏威，天將大其肅殺也。然天本好生不好殺也，皆人之自取其殺耳。故當「無狹其所居，無厭其所生」。**頂批** 常經以常道註之，乃笑註家之好異而反失也。

狹，窄也；　居，神舍也；　厭，絕也；　生，氣機也。言當寬其舍以安其神，續其機以引其氣也。夫惟不絕其氣，是以養氣不絕也。惟聖人自知不自見，自愛不自貴。自知則幽獨自慎，而不敢炫耀於人；　自愛則保養爲重，而不敢矜尚於人。故去其自見自貴之心，而取其自知自愛之心，凡皆以切身爲務而已。

第七十三章

河上公註本作任爲章，彭本作天網章。

勇於敢則殺，勇於不敢則活，此兩者或利或害。天之所惡，孰知其故？是以聖人猶難之。天之道，不爭而善勝，不言而善應，不召而自來，坦然而善謀。天網恢恢，疏而不漏。

勇，果也。殺，令妄心皆死；　活，令元神復生。欲死妄心在於決，故當敢也；　而生元神在於漸，故不敢焉。「殺」與「活」兩者，害中有利，死心所以活神也；　利中有害，活神先要死心也。故曰「或利或害」（兩或字活現），言其利害相濟也。此其中有天道焉。

天有好惡，默施刑德，世人難知其故。單言所惡者，好生是彼蒼本體，而殺機獨有不可測者也。是以聖人言天道，亦不敢於輕易也。

天之道何如哉？不與下民爭理論，而修短憑臨，則皆勝矣；不與下民言善淫，而禍福到頭，則皆應也。不召而自來，坦然而善謀，極言其遲速美惡之報，因人而施，毫無差忒也。天網恢恢，疏而不漏，何其包羅之大而密哉！修身者，當恒其德以承天焉可也。

第七十四章

河上公註本作制惑章，彭本作司殺章。

民不畏死，奈何以死懼之？若使民常畏死，而爲奇者，吾得執而殺之，孰敢？常有司殺者殺，夫代司殺者殺，是謂代大匠斲。夫代大匠斲者，希有不傷手矣。

民不畏死，則不懼殺矣，又何必再以死懼之？若使民心常存一畏死之念，則眾人之中，獨有奇詭者，吾得執而殺之，孰敢狃于常習，而不畏殺也？**頂批** 句法明則理明矣。昔孔子與康子言曰「子爲政，焉用殺？子欲善，而民善矣」，及其相魯，獨誅少正卯一人，以懾羣奇，即此意也。**頂批** 孔氏之道何殊老氏之道哉！如是者，乃可稱爲天吏。天吏，司殺者也。天有司殺者，殺其奇邪。使無司殺之權，强代司殺者行殺事，是如大匠之能斲，而我以不能斲者代之也。以不能斲者代大匠斲，鮮有不傷其手者，然後知以非司殺者代司殺者殺，鮮有不傷其仁心者也。焉用殺哉？不如爲善服人也。

愚按　用殺，比有心殺欲；不用殺，比無心殺欲。人能一正其神，則諸邪自不敢犯，此善殺不勞之秘訣也。

第七十五章　河上公註本作貪損章，彭本作無生章。

民之饑，以其上食稅之多，是以饑；民之難治，以其上之有爲，是以難治；民之輕死，以其求生之厚，是以輕死。夫惟無以生爲者，是賢於貴生。

上之食稅多，民之饑荒起矣；上之有爲多，民之難治見矣；民之輕死，爲貪貨利，欲厚其生，是以輕身不顧，諺所謂「人爲財死」者，此也。夫惟不以貨利爲重，則心清欲寡，是賢於貴生者也。

愚按　稅多民饑，比形太勞則枯；有爲難治，比神太用則亂。

第七十六章　河上公註本作戒强章，彭本作處上章。

人之生也柔弱，其死也堅强；萬物草木之生也柔脆，其死也枯槁。故

堅强者死之徒，柔弱者生之徒。是以兵强則不勝，木强則共。强大處下，柔弱處上。

柔弱者氣，堅强者骨，氣聚而身和則生，氣散而骨立則死。萬物之生死，亦相類焉。柔脆則水氣足，故生；枯槁則水氣竭，故死。堅强關乎死，柔弱關乎生，不可即形質之易見者而曉然哉！更有取譬者，兵强不勝，我氣先衰，敵氣方旺矣；木强則拱，節硬氣不達，大止於拱把矣。是故上下之分，亦分於堅强柔弱焉耳。修身者，可不以謙和爲上乎？

第七十七章

河上公註本作天道章，彭本同。

天之道，其猶張弓乎。高者抑之，下者舉之，有餘者損之，不足者補之。天之道，損有餘而補不足；人之道，則不然，損不足以奉有餘。孰能有餘以奉天下？唯有道者。是以聖人爲而不恃，功成而不處，其不欲見賢耶。

太上以易見者，言天之道有如張弓，體尚平正而已。高者抑，下者舉，則兩臂平；有餘損，不足補，則一身正。天道以齊七政序五行爲調燮之妙，亦在乎平正已也，故又曰「天之道，損有餘而補不足」也。人道則不然，損不足而奉有餘，是使不足者益加不足，有餘者益加有餘也。誰能以有餘奉天下之不足者哉？惟有體天立道，欲萬物之各得其所者，是可即聖人觀之，爲不恃，功不處，損有餘以奉天下，而不自居其德也，其不以賢德自見者耶。

副註詩曰　天道虧盈謙受益，人情消耗損彌凶；若能會得經中義，砂種金丹合聖宗。

第七十八章　河上公註本作任信章，彭本作柔弱章。

天下柔弱，莫過於水，而攻堅强者，莫之能勝，其無以易之。弱之勝强，柔之勝剛，天下莫不知，莫能行。故聖人云：受國之垢，是謂社稷主；受國之不祥，是謂天下王。正言若反。

起三句，即前所謂「天下之至柔，馳騁天下之至堅」者也。無以易之，言無他物能易此攻堅者也。柔弱勝剛强，天下皆知此理，而卒無有行之者，故太上復引聖人之言，以喻柔弱之盛德。受國之垢，受國之不祥，皆聖人躬自責備，所謂「朕實多咎，民有何辜？朕德涼薄，天降此殃」也。正言若反者，言此聖人之正言，皆反求其身，不敢責人，蓋亦柔弱之道也。

第七十九章 河上公註本作左契章，彭本同。

和大怨，必有餘怨，安可以爲善？是以聖人執左契，而不責於人。有德司契，無德司徹。天道無親，常與善人。

萬方多怨，君德必薄。遇民怨而猶不自責，反欲解和大怨，即有能和者，必有未和者在内，則餘怨難消矣，安得謂爲全善哉？孔子曰：「躬自厚而薄責於人，則遠怨矣。」是以聖人治世，必修自厚之德，取信於百姓，不責人而人自孚，譬如合同約契，分左右而各執之，永以爲憑，則爾無我詐，我無爾虞也。聖人執德如執左契，民奚有不樂者哉？是以有德者司契，無德者司徹也。徹，考過也。察察然以考過爲事，全不自省而民弗從也。天道無親，常與善人，書所謂「皇天無親，克敬爲親；民罔常懷，懷于有仁」者也。

第八十章 河上公註本作獨立章，彭本作小國章。

小國寡民，使有什伯人之器而不用，使民重死而不遠徙。雖有舟輿，無

所乘之；雖有甲兵，無所陳之；使民復結繩而用之。甘其食，美其服，安其居，樂其俗。鄰國相望，雞犬之聲相聞，民至老死，不相往來。

客有欲爲國大民眾者，使有億兆人之器而不用，斯其用必愈足矣，擬將返古還初也。太上則不然，舉小以例大，言其小而大者可知。

夫國小民寡，使有什伯人之器而不用，則其用必愈多矣，何難返朴還淳乎？故使民不用其器，惟寶其身，只居本土，弗徙他邦，重死而不死，養生而長生，外何有乎？斯時也，國中之人，步履輕健，故有舟車不乘也；國中之境，盜賊全無，故有甲兵不陳也；國中之治，渾厚質實，結繩之風可續也。甘食美服，安居樂俗，鄰國相望，雞犬相聞，民至老死，不相往來，則應酬簡而不啟繁華，物用豐而各安家室。國之高人曰：「一邱一壑，自謂過於人間也；一春一秋，宛若忘於壺中也。爺爺母母康永壽，夫夫婦婦長相隨，兄兄弟弟吹壎篪，子子孫孫調鸞鶴。」又何異洞天福地、極樂世界也哉？

第八十一章

河上公註本作顯質章，彭本作不積章。

信言不美，美言不信；善者不辯，辯者不善；知者不博，博者不知。

聖人不積，既以爲人，己愈有；既以與人，己愈多。天之道，利而不害；聖人之道，爲而不爭。

信、善、知，皆主立言說，此全經結義也。篤實之論，一真而已，不尚虛華以悅世。求悅世者，虛華也，非篤實也，故曰「信言不美，美言不信」。繼述之嘉，一是而已，不尚穿鑿以惑人。求惑人者，穿鑿也，非繼述也，故曰「善者不辯，辯者不善」。通達之文，一理而已，不欲泛濫以逞才。求逞才者，泛濫也，非通達也，故曰「知者不博，博者不知」。而又從立德立功，以全此經之大用。積者，積善也。聖人不言積善，只立己之大功大德，而功無不宏，德無不普。故以功德爲人，己愈有其功德；更以功德與人，己愈多其功德。天道以默運爲生成，故有利而無害；聖人之道，以無心爲造化，不與人爭積善行，故其大與天同。古語云「太上立德，次立功，次立言，三者俱不朽」，可移跋於斯云。**頂批** 天造地設之結筆，君子觀於此而知太上之大也。

涵虛子註此經畢後，時繹時尋，言行相印，自謂其不立文字，能吐真機矣。尾章以功德言作結註，亦自謂其美善矣。既而想起「爲而不爭」四字，如何以作八十一章之歸根。忽恍然曰：「是也是也，此一句尤足爲全經之谷王也。」修士所懼者，在聞道不爲，徒爭小功小德小文名，與一切浮雲富貴，競相徵逐，空消有用之軀耳。夫聖道與天道相同，天道主生成，原有利而無害也。聖道統造化，不亦有利無害乎？我願功成名遂孝盡忠全之士，人人棲真，个个得道。先行玉煉之事，大隱市鄽；次行金煉之功，深居厓谷。內盡其所爲，外絕其爭念。夫惟不爭，則天下且莫能與之爭也，至人也。聖經大結之意，至矣哉！

道光庚子正月二十五日寫畢

涵虛子　註

黃庭經註解

秘閣原本黃庭經

魏元君書

閬苑内掌秘魏華存百拜：

碧城、一陽兩仙姑仗下，天上人間，倐隔多日，霓裳鳳髻，瀟灑自如。存念長生妙道，惟東華君所傳太上黃庭簡要易習。惜世間傳本多訛，誦者不能圓悟。邇知西園仙史紫霞子入世棲真，存心普度。二仙姑按行名山洞府，若遇紫霞，即以黃庭托之，命其勘訛叶韻，以還秘閣舊觀。世本科儀多失來歷，並祈兩姑慧照，另爲宣演是荷。

存再拜

答魏元君書

麻姑再拜：

人間少釗中女子，雖如夫人者不可得，適接書即如教，黃庭訛誤及韻語均清正，天符雲篆，藏在名山，上天靈章，故當與上天人寶之。

碧城復拜

答南嶽魏夫人書

何姑再拜：

承夫人命，求所謂西園仙史者，乃知是吾師純陽先生西派弟子。復不才，謹遵金簡，共證羣訛，名山往來，幸不辱命。想扶桑一道玄光，後日普照，西土紫霞，吾道慶雲也。嗣後有黃庭體註，我師弟更當呈教。

某月日書

黃庭玉篇科儀

碧城丹霞君麻霈宣演　一陽青霞君何西復叅校

開經玄蘊咒

天清地平，日晶月明；黃庭捧出，金簡玉文。千真千聖，六甲六丁；萬靈朝拱，一氣相承。兀兀黃暈，騰騰素雲；琴心三疊，天樂九成。誦持不懈，跨鳳超昇；無上神咒，碧城元君。

至心皈命禮

先天化炁，太上老君；　聖不可知，功不可議。無爲居太極之前，有始超庶物之上。二月十五降生，一身億萬神變。紫氣東來，傳道德於關尹；　流沙西度，化法相爲世尊。產莊萊蠡朔之輩，丹析微芒；　開天地人物之先，道經浩劫。乾坤斡運，日月光明；　至神至聖，至上至尊；　至大無隅，至高無既。掌道立德大天尊，十方三界同稱揚，洞天福地齊聲頌。

至心皈命禮

扶桑輔相，朏明神君；　碧海初潮，青陽一炁。東園公之化身，東王公之高弟。受靈符於伯陽柱史，傳妙諦於鍾離雲房。結寶庵於玄圃，地闢煙霞；　吐金字爲黄庭，天開門户。自號白雲老子，人瞻紫府洞天。大慈大悲大仁大願少陽帝君，恬淡無爲天尊，中和立極祖師。

開經步雲偈

三炷心香焚寶鼎，一條瑞氣出金瓶。抱玄真，坐黃庭，生彩翰，養芝齡，早祈神悟開天門。

奉道弟子　　稽首頓首

至心朝禮

先天一炁太上老君

東華大帝少陽祖師

歷代授籙黃庭祖師

三稱四叩畢，起身端坐念經。每日頭遍從科儀起，二遍從黃庭引起，餘類推。　**頂批**　稱揚照注本更好。

太上黃庭内景经

古紫霞篇總引

黃庭大道開天地，扶桑九老宮中寄。水朝東海浩無際，黃庭妙士能尅制。授籙神仙分節次，三十六與二十四。内外首章文采煥，此是東華開經贊。欲識黃庭古詞翰，真經乃在第二段。玉宸演之爲式程，老子删之存其精。大哉吾道欲東行，青州郁郁吹紅雲。雙髻青童超風塵，牛背仙翁指夙因。授以玉書妙訣陳，煙霞洞養三奇靈。名登紫府成上真，玄門一柱撑崑崙。啟後承先兩卷經，術延其命道全形。九霄飛下兩元君，丹霞青霞皆天人。口傳南嶽紫虛云，世上黄庭多誤文。上清仙史下瑶京，秘本傳之細討尋。道衲科儀未雅馴，兩姑糾正引長繩。紫霞結葉制茅亭，依經作註開丹扃。

第一章

上清紫霞虛皇前，太上大道玉宸君，閑居蕊宫作七言，散化五形變萬神。**頂批** 神，切音「禪」。是爲黄庭曰内篇，琴心三疊舞胎仙。九氣朗映出霄間，神蓋童子生紫煙。是曰玉書可精研，誦之萬遍昇三天。千災以消百病痊，不憚虎狼之凶殘，亦以却老年永延。

第二章

上有魂靈下關元，左爲少陽右太陰，後有密户前生門，出日入月呼吸存。**頂批** 陰，切音「煙」；門，音「眠」，仙音「瞞」；存，切音「前」，仙音「殘」。元氣所合列宿分，紫煙上下三素雲。**頂批** 分，切音「偏」，仙音「幡」；雲，切音「全」，仙音「元」。灌溉五華植靈根，七液流衝潤廬間。**頂批** 根，切音「堅」，仙音「玕」。迴紫抱黄入丹田，幽室内明照陽門。

第三章

口爲玉池太和宮，漱咽靈液災不干。**頂批**　宮，叶「官」。體生光華氣香蘭，却滅百邪玉鍊顏，審能修之登廣寒。晝夜不寐乃成真，雷鳴電激神泯泯。**頂批**　真，切音「旃」；泯，切音「眠」，茫茫也。

第四章

黃庭內人服錦衣，紫霞飛裾雲氣羅。**頂批**　羅，切音「離」。丹青綠條翠靈柯，七蕤玉籥閉兩扉。**頂批**　柯，切音「衣」。重掩金關密樞機，玄泉幽闕高崔嵬。三田之中精氣微，嬌女窈窕翳霄暉。重堂煥煥明八威，天庭地關列斧釿，靈臺完固永不衰。**頂批**　釿，音「其」；衰，切音「崔」。

第五章

中池內神服赤朱，丹錦雲袍帶虎符。橫徑三寸神所居，隱芝翳鬱自相扶。

第六章

天中之嶽精謹修，靈宅既清玉帝遊，通利道路無停休。**頂批**　修，詢趨切，音「須」；遊，羊諸切，音「余」； 休，匈于切，音「虛」。 眉號華蓋覆明珠，九幽日月洞虛無。 宅中有真常衣丹，審能見之無疾患。 **頂批** 丹，仙音「淡」。 赤珠靈裾華蒨粲，舌下玄膺生死岸。 出清入玄二氣煥，子若遇之昇天漢。

第七章

至道不繁訣存真，泥丸百節皆有神。 **頂批** 真，「旃」； 神，「禪」。 髮神蒼華字太元，腦神精根字泥丸，眼神明上字英玄，鼻神玉隴字靈堅，耳神空閒字幽田，舌神通命字正倫，齒神崿峯字羅千。 **頂批** 倫，切音「難」。 一部之神宗泥丸，泥丸九真皆有房。 方圓一寸處此中，同服紫衣飛羅裳。 **頂批** 中，切音「章」。 但思一部壽無窮，非各別住居腦中。 **頂批** 窮，切音「狂」，又音「疆」。 位列次坐向外方，所存在心自相當。

第八章

心神丹元字守靈，肺神皓華字虛成，肝神龍禋字含明，翳鬱道煙主濁清。 腎神玄冥字育嬰，脾神嘗在字魂停，膽神龍曜字威明。 六腑五臟神體精，皆在心內運天經，晝夜存之自長生。

第九章

肺部之宮似華蓋，下有童子坐玉闕。頂批 闕，切音「檜」。七元之子主調氣，外應中嶽鼻齊位。頂批 位，叶「外」。素錦衣裳黃雲帶，喘息呼吸體不快。急存白元和六氣，神仙久視無災害，用之不已形不壞。

第十章

心部之宮蓮含花，下有童子丹元家。頂批 花，切音「荷」；家，切音「歌」。主適寒熱榮衛和，丹錦衣裳披玉羅。金鈴朱帶坐婆娑，調血理命身不枯。頂批 枯，切音「科」。外應口舌吐五華，臨絕呼之亦登蘇，久久行之飛太霞。頂批 華，音「荷」；蘇，經音「蓑」；霞，洛神賦音「何」。

第十一章

肝部之宮翠重裏，下有青童神公子，主諸關鍵聰明始。青錦披裳佩玉鈴，和制魂魄津液平。外應眼目日月精，百疴不鍾存無英，同用七日自充盈。垂絕念神死復生，攝魂還魄永無傾。

第十二章

腎部之宮玄闕圓，中有童子冥上玄，主諸六腑九液源。外應兩耳百液津，蒼錦雲衣舞鳳幡。**頂批** 津，切音「旌」，又「煎」。上敷明霞日月煙，百病千災急當存。**頂批** 存，「前」「殘」。兩部水王對生門，使人長生昇九天。**頂批** 門，「眠」「瞞」。

第十三章

脾部之宮屬戊己，中有明童黃裳裏，消穀散氣攝牙齒。是爲太倉兩明童，坐在金臺城九重，方圓一寸命門中。**頂批** 童，叶「唐」；重，叶「床」；中，叶「章」。主調百穀五味香，辟却虛羸無病傷。外應天澤氣色芳，光華所生已表明，黃錦玉衣帶虎章。**頂批** 明，切音「茫」。注今三老子輕翔，長生高仙遠死殃。

第十四章

膽部之宮六腑精，中有童子耀威明。雷電八震揚玉旌，龍旗橫天擲火鈴，主諸氣力攝虎兵。外應眼瞳鼻柱間，腦髮相扶亦俱鮮。**頂批** 間，叶音「巾」；鮮，仙音「新」。九色錦衣綠華裙，佩金帶玉龍虎文。能存威明乘慶雲，役使萬靈朝三元。**頂批** 元，切音「裙」。

第十五章

脾長一尺掩太倉，中部老君治明堂。厥字靈源名混康，治人百病消穀糧。黃衣紫帶龍虎章，長精益命賴君王。三呼我名神自通，三老同坐各有朋。**頂批** 通，切音「湯」；朋，切音「旁」。或精或胎別執方，桃核合延生華芒。男女迴老有桃康，道父道母正相望。師父師母丹玄鄉，可用存思登虛空。**頂批** 空，切音「腔」。殊塗一會歸要終，閉塞三寶握固停。**頂批** 終，切音「莊」；停，切音「唐」。含漱金醴吞玉英，遂至不饑三蟲亡。**頂批** 英，「央」。心意常和致忻昌，五嶽之雲氣彭亨。**頂批** 彭，音「旁」；亨，「項」，平聲。保灌玉廬以自償，五形完堅無災殃。

第十六章

上覩三元如連珠，落落明星照九隅。五靈夜燭煥八區，子存內皇與我游。**頂批** 遊，羊諸切，音「余」。身披鳳衣御虎符，一至不久昇虛無。方寸之中念深藏，不方不圓閉牖窗。三神還清老方壯，魂魄內守不爭競。**頂批** 壯，切音「莊」；競，居良切，音「強」。神生腹中啣玉璫，靈注幽闕那得喪。**頂批** 喪，叶「霜」。琳條萬尋可蔭藏，三魂自靈帝書命。**頂批** 命，叶「茫」。

第十七章

靈臺鬱靄望黄野，三寸異室有上下。**頂批** 野，切音「署」，又音「雅」；下，「遐」，上聲。 閈關榮衛高玄受，洞房紫極靈門户。**頂批** 受，仙叶「惹」；户，「花」，上聲。 是昔太上告我者，左神公子發神語，右有白元并立處，明堂金匱玉房閒。**頂批** 者，仙音「鮮」；語，叶「瓦」；處，叶「廈」。 上清真人當吾前，黄裳子丹氣頻煊。借問何在兩眉端？內挾日月列宿陳，七曜九元冠生門。**頂批** 陳，切音「傳」；門，「眠」「瞞」。

第十八章

三關之中精氣深，九微之內幽且陰。口爲天關精神機，足爲地關生命棐，手爲人關把盛衰。**頂批** 棐，音「非」；衰，「崔」。

第十九章

若得三宮存玄丹，太乙流珠安崑崙。重中樓閣十二環，自高自下皆真人。**頂批** 人，切音「然」。 玉堂絳宇盡玄宮，璇璣玉衡色蘭玕。**頂批** 宮，切音「捐」。 瞻望童子坐盤桓，問誰家子在我身。**頂批** 身，切音「捐」，仙音「山」。 此人何去入泥丸，千千百百自相連。一一十十似重山，雲儀玉華俠耳門。頂批　門，「眠」「瞞」。赤帝黃老與我魂，三真扶胥共房津。頂批　魂，音「弦」；津，「煎」。五斗煥明是七元，日月飛行六合間。帝鄉天中地户端，百部魂神皆相存。頂批　存，「前」「殘」。

第二十章

呼吸元氣以求仙，仙公公子已可前。頂批　仙，「心」；前，「琴」。朱鳥吐縮白石源，結精育胎化生身。頂批　源，「云」。留胎止精可長生，三氣右迴九道明。正一含華乃充盈，遙望一心如羅星。金室之下不可傾，延我白首返孩嬰。

第二十一章

瓊室之中八素集，泥丸夫人當中立。長谷玄津繞郊邑，六龍散飛難分別。長生至慎房中急，何爲死作令神泣，忽之禍鄉三靈滅。但當吸炁煉子精，寸田尺宅可治生。若當海決百瀆傾，葉落樹枯失青青。氣亡液漏非已行，專閉御景乃長寧，保我泥丸三奇靈。恬淡閑觀内自明，物物不干泰而平。愁矣匪事老復丁，思詠玉書入上清。

第二十二章

常念三房相通達，洞視得見無内外。**頂批** 達，「脱」；外，五活切，音「杌」。存漱五芽不饑渴，神華執巾六丁謁。急守精室勿妄泄，閉而寶之可長活。起自形中初不濶，三宫近在易隱括。虚無寂寂空中素，使形如是不當污。**頂批** 污，音「惡」。九室正虚神明舍，存思百念視節度。**頂批** 舍，春遇切，音「戍」。六腑修持無令故，行自翱翔入雲路。

第二十三章

治生之道了不繁，但修洞玄與玉篇。兼行形中八景神，二十四真出自然。高拱無爲魂魄安，清淨神見與我言。安在紫府幃幙間，立坐户外三五玄。燒香潔手玉華前，共入太室璇璣門。**頂批** 門，「眠」「瞞」。窮研恬淡道之園，内視密眄盡覩真。**頂批** 真，「旃」。真人在己莫問鄰，何處遠索求因緣。**頂批** 鄰，切音「連」。

第二十四章

隱景藏形與世殊，含精養氣口如朱。帶執性命守虚無，名入上清死錄除。三神之樂由隱居，倏欻遨遊無遺憂。**頂批**　憂，衣虛切，音「於」。羽服一振八風驅，控駕三素乘晨霞。金輦正立從玉轝，何不登山讀我書。鬱鬱窈窈真人墟，入山何難故躊躇，人間紛紛臭如帤。

第二十五章

五行相推返歸一，三五合契九九節。可用隱地迴八術，伏牛幽闕羅品列。三明出華生死際，洞房靈象斗日月。**頂批**　際，叶「接」。父曰泥丸母雌一，三光煥照入子室。能存玄冥萬事畢，一身精神不可失。

第二十六章

高奔日月無上道，鬱儀結璘善相保，乃見玉清虛無老，可以迴顏填血腦。口啣靈芝朝玉皇，腰帶虎籙佩金璫，駕飈接坐宴東蒙。**頂批**　蒙，切音「尨」。

第二十七章

玄元上一魂魄煉，一之爲物最罕見。須得至真乃顧盼，至忌死氣諸穢賤。六神合集虛中宴，結珠固精養靈根。**頂批**　根，「堅」「玕」。玉笢金籥常完堅，閉口屈舌食胎津，使我速鍊獲飛仙。**頂批** 津，「煎」。

第二十八章

仙人道士非有神，積精累氣以成真。黃童妙音難可聞，玉書絳簡赤丹文。字曰真人巾金巾，負甲持符開七門。火兵符圖備靈關，前昂後卑高下陳。**頂批** 陳，切音「顛」。執劍百丈舞錦旛，十絕盤空扇紛紜。**頂批** 紜，叶「元」。火鈴霄冠隊落煙，安在黃闕兩眉間。此非枝葉實是根。**頂批** 根，「堅」「玕」。

第二十九章

紫清上皇大道君，太玄太和俠侍端。**頂批** 君，「涓」。化生萬物使我仙，飛昇十天朝玉輪。**頂批** 輪，切音「憐」，又音「鑾」。晝夜七日思勿眠，子能修之可長存。**頂批** 存，「前」「殘」。急功煅煉非自然，是由精誠亦由專。內守堅固真之真，虛中恬淡自至神。**頂批** 真，「旃」；神，「禪」。

第三十章

百穀之實土地精，五味外美邪魔腥。臭亂神明胎氣零，那從返老得還嬰。三魂勿勿魄糜傾，何不食氣太和清？故能不死入黃寧。

第三十一章

心典一體五臟王，動靜念之道德行。清潔善氣自明光，坐起吾俱共棟梁。晝日耀景暮閉藏，通利精華調陰陽。

第三十二章

經歷六合隱卯酉，兩腎之神主延壽，轉罡迴斗藏初九，知雄守雌可無老，知黑見白氣自守。**頂批** 老，朗口切。

第三十三章

肝氣鬱勃清且長，羅列六腑生三光。心精意專內不傾，上合三焦下玉漿。**頂批** 傾，切音「筐」。玄液雲英去臭香，滌蕩髮齒煉五方。取津玄膺入明堂，下溉喉嚨神明通。**頂批** 通，切音「湯」。坐視華蓋遊貴京，飄颻三素席清涼。**頂批** 京，音「疆」。五色雲氣紛青葱，閉目內盼自相望。**頂批** 葱，于剛切，音「蒼」。使諸精神還自崇，七玄英華開命門。**頂批** 崇，仕莊切，音「牀」；門，「眠」「瞞」。通利天道存玄根，百二十歲猶可還。**頂批** 根，「堅」「玕」。過此守道誠甚難，惟待九轉八瓊丹。要復精思存七元，日月之華救老殘，肝氣周流終無端。

第三十四章

肺之爲氣三焦起，視聽幽闕候童子。調理五華精髮齒，三十六咽玉池裏。闕通百脈血液始，顏色生光金玉澤。齒堅髮黑不知白，存此真神勿落落。當憶紫宮有坐席，衆神會合轉相索。

第三十五章

隱藏羽蓋看天舍，朝拜太陽樂相呼。**頂批** 舍，切音「除」。神明八威正辟邪，脾神還歸是胃家。**頂批** 邪，切音「徐」；家，切音「姑」。耽養靈根不復枯，閉塞命門保玉都。萬神方酢壽有餘，是爲脾建在中宮。**頂批** 宮，切音「光」。五臟六腑神明王，上合天門入明堂。守雌存雄頂三光，外方內圓神在中。**頂批** 中，切音「章」。通理血脈五臟豐，骨青筋赤髓如霜。**頂批** 豐，切音「芳」。脾救七竅去不祥，日月列宿張陰陽。兩神相會化玉漿，淡然無味天人糧。子丹進饌肴正黃，乃曰琅膏及玉霜。太上隱環八素瓊，流溢八液腎受精。伏於太陰見我形，陽風三玄出始青。恍惚之間至清靈，戲於飈臺見赤生。逸域熙熙養華榮，內盼沉默煉五形。三炁徘徊得神明，隱龍遯芝雲琅英。可以充饑使萬靈，上蓋玄玄下虎章。**頂批** 章，切音「真」。

第三十六章

沐浴盛潔棄肥薰，入室東向誦玉篇。頂批　薰，切音「萱」。約得萬遍義自宣，散髮無欲以長存。頂批　存，「前」「殘」。五味皆至正氣還，夷心寂閟勿煩寃。過數已畢體精神，黄華玉女告子情。頂批　神，「禪」；情，切音「牆」。真人既至使六丁，即授隱芝大洞經。頂批　丁，音「當」；經，切音「將」。十讀四拜朝太上，先謁大帝後北向。黄庭内經玉書暢，授者曰師受者盟。頂批　盟，「茫」，去聲。雲錦鳳羅金紐纏，以代割髮肌膚全。携手登山歃液丹，金書玉景乃可宣。妄傳事發告三官，勿令七祖受冥患。頂批　患，平聲。太上微言致神仙，不死之道此其文。頂批　文，無沿切，音「完」。

太上黄庭外景經

題引

世上黄庭有三本，三景文詞同外景。東華首章古讚引，指點虛無氣深穩。後人添字入中間，一句離爲兩句宣。七言分之爲四言，遂爲黄庭第三篇。此非聖人所改删，乃是詞林法帖傳。今存二景省其三，子欲觀竅誦原文。

第一章

老子閑居作七言，解說身形及諸神。頂批　神，「禪」。上有黃庭下關元，前有幽闕後命門。頂批　門，「眠」「瞞」。呼吸虛無入丹田，玉池清水灌靈根。頂批　根，「玕」。總真童子食胎津，審能行之可長存。頂批　津，「煎」；存，「前」「殘」。

第二章

黃庭真人衣朱衣，關門牡籥闔兩扉。幽闕俠之高巍巍，丹田之中精氣微。玉池清水土生肥，靈根堅固老不衰。頂批　衰，「崔」。

第三章

中池有士服赤朱，田下三寸神所居。中外相距重閉之，神廬之中務修治。頂批　治，音「持」。玄膺氣管受精符，急固子精以自持。

第四章

宅中有士常衣絳，子能見之可不病。頂批　病，音「傍」。横徑長尺約其上，子能守之可無恙。嘘吸廬間以自償，保守完堅身受慶。頂批 償，切音「尚」；慶，「羌」上聲。 方寸之中謹蓋藏，精神還歸老復壯。頂批　藏，去聲。俠之幽闕流下竟，養子玉樹令可杖。

第五章

至道不繁不旁迕，靈臺中天臨中野。頂批　迕，切音「午」，仙音「瓦」；野，切音「暑」，又音「雅」。方寸之中至闕下，玉房之中神門户，皆是公子教我者。頂批　下，「遐」，上聲；户，「花」，上聲；者，音「渚」，又音「鮓」。

第六章

明堂四達法海員，真人子丹當我前。頂批　員，音「云」；前，仙音「琴」。三關之間精氣深，子欲不死修崑崙。

第七章

絳宫重樓十二級，宫闕之中五采集。赤神之子中池立，下有長城玄谷邑。長生要妙房中接。

第八章

棄捐淫慾專子精，寸田尺宅可治生。繫子長流心安寧，觀志遊神三奇靈，閑暇無事心太平。

第九章

常存玉房神明達，時念太倉不饑渴。**頂批** 達，「脱」。役使六丁神女謁，閉子精路可長活。

第十章

正室之中神所居，洗心自治無敢洿。**頂批** 居，音「據」；洿，音「惡」。歷觀五臟視節度，六腑修治潔如素。虛無自然道之故。

第十一章

物有自然事不繁，垂拱無爲身自安。體虛無物心自閑，寂寞曠然口不言。修和獨立真人宮，恬淡無欲遊德園。**頂批** 宮，仙音「官」。清淨香潔玉女存，修德明善道之門。**頂批** 存，

「前」「殘」；門，「眠」「瞞」。

第十二章

作道優游身獨居，扶養性命守虛無，恬淡無爲何思慮，羽翼以成正扶疎，長生久視乃飛去。**頂批**　慮，音「閭」；去，音「驅」。

第十三章

五行參差同根節，三五合契要本一，誰與共之斗日月。抱珠懷玉和子室，子能守一萬事畢。子自有之持毋失，子欲不死藏金室。

第十四章

出日入月是吾道，天七地三同相守，升降進退一合九。**頂批**　道，「頭」，上聲。玉石珞珞是吾寶，子自有之何不守？心曉根蒂養華采，服天順地藏精海。七日之内迴相合，崑崙之性不迷惑。

第十五章

九源之山何亭亭，中有真人可使令。**頂批** 令，音「林」。蔽以紫宮丹城樓，俠以日月如明珠。**頂批** 樓，切音「閭」。萬歲昭昭非有期，外本三陽物自來。**頂批** 來，切音「離」。內養三神可長生，魂欲上天魄入淵。**頂批** 生，切音「羶」。還魂返魄道自然，庶幾結珠固靈根。

第十六章

璇璣懸珠環無端，玉笓金籥身完堅。載地旋天周乾坤，象以四時赤如丹。**頂批** 坤，切音「拳」，仙音「寬」。前仰後卑各異門，送以還丹與玄泉，象龜引氣至靈根。**頂批** 門，「眠」「瞞」；根，「堅」「玕」。

第十七章

中有真人巾金巾，負甲持符開七門。此非枝葉實是根，晝夜思之可長存。

第十八章

仙人道士非有神，積精累氣以成真。人皆食穀與五味，獨食太和陰陽氣，故能不死天相既。

第十九章

試說五臟各有方，心爲國主五臟王。一意動靜氣偕行，道自守我神明光。**頂批** 行，音「杭」。通利華精調陰陽，晝日昭昭夜自守。渴自得飲饑自飽，經歷六合藏卯酉。轉陽之陰藏於九，審能行之不知老。**頂批** 老，朗口切。

第二十章

肝之爲氣條且長，羅列五臟生三光。上合三焦下玉漿，我神魂魄在中央。津液流泉去臭香，立於懸廱含明堂。雷電霹靂往相將，左卯右酉是吾寶。伏於玄門候天道，近在我身還自守。**頂批** 道，「頭」，上聲。清淨無爲神留止，精神上下分開理。通利天道長生草，七孔已通不知老。還坐天門候陰陽，下於喉嚨通神明。**頂批** 明，音「茫」。過華蓋下清且涼，入清泠淵見吾形。其成還丹可長生，下有華池動腎精。立於明堂臨丹田，將使諸神開命門。通利天道至靈根，陰陽布列如流星。

第二十一章

肺之爲氣三焦起，伏於天門候故道。**頂批** 道，「里」。清液醴泉通六腑，隨鼻上下知兩耳。**頂批** 腑，叶「米」。闚視天地存童子，調和精華潤髮齒。顔色光澤不服藥，下於喉嚨何落落。諸神皆會相求索，下有絳宮紫華敷。隱藏華蓋通神廬，專守心神轉相呼。觀我神明辟諸邪，脾神還歸依大家。**頂批** 邪，「徐」；家，音「姑」。至於胃管通虛無，藏養靈根不復枯。閉塞命門如玉都，壽傳萬歲將有餘。

第二十二章

脾中之神主中央，朝會五神和三光。上合天門會明堂，通利六腑調五行。**頂批** 行，「杭」。金木水火土爲王，日月列宿張陰陽。通利血脈汗爲漿，修護七竅去不祥。二神相得下玉英，上稟元氣年益長。

第二十三章

五臟之主腎爲尊，伏於太陰藏其真。出入二竅合黃庭，呼吸虛無見吾形。强我筋骨血脈盛，恍惚不見過清靈。頂批　盛，音「成」。坐於廬間觀小童，内息思存光神明。出於天門入無間，恬淡無欲養華根，服食玄炁可長生。頂批　二十三章至「被髮行之可長存」止，照註本念可也。

第二十四章

還於七門飲太淵，通我玄膺過清靈。頂批　淵，一均切。坐於廬間見小童，問我仙道與奇方。頂批　童，切音「唐」。服食芝草紫華英，頭戴白素距丹田。頂批　英，「央」。沐浴華池灌靈根，五臟相得開命門。頂批　根，「堅」「玕」；門，「眠」「瞞」。五味皆至善氣還，被髮行之可長存。頂批　存，「前」「殘」。大道蕩蕩心勿繁，吾言畢矣毋妄陳。頂批　陳，「傳」。

聖經已畢，於是碧城君、青霞君手敲魚鼓鸞板齊聲頌曰：

兩卷古黄庭　扶桑救苦經
人能披聖典　路不入幽冥
淨室祥雲護　高齋至德馨
大音羣籟寂　道梵眾仙聽
座上名香繞　松間小院扃
外將術延命　内以道全形

玉板聲聲和　金書字字靈
世間善男女　同此駕雲軿
至心朝禮歷代授籙黃庭祖師。九稱四叩。

吾山先生序

萬物有化化之理。化化者，轉生也。雲化爲水，石化爲土，魚化爲龍，鯤化爲鵬。物亦有前後之異，君子觀於物而歎人之根因，亦猶是也。

明有冷生者，長笛吹風，扁舟弄月，往來江湖間，若遊仙然。或謂爲冷謙在世，或疑爲冷謙現身，皆不知也。瓢囊中嘗有黄庭一部，自註自書，以金爲字。有欲索觀者，生不許，謂其書當轉世乃出。此萬曆丙午間事也。

亦越二百年，紫霞生而金書入夢，少習儒業，壯務功名，數舉不第，淡然退止。間或以養生之書治其疾苦，一入目而若素熟習者。平時則濂洛經史，詩古文詞，皆究心焉。然其讀書之意，在明理，不在求名也。晋魏夫人以誦黄庭經成真得道，嘗欲覓一善註，廣度良緣，久而不償其志，後知冷生降世，與妙解俱來，因托丹霞、青霞兩仙姑，授以元文，醒其夙悟。紫霞見之，初不能解其意也，乃盡繼日之思，誦持千遍，怳怳然若抽關而啟鑰者。由是墨瀋淋漓，筆無停滯，凡經七晝夜而金書盡出。旁人觀之，不知其何以滔滔赴紙也，豈非有宿搆在歟？

予前閱道德、陰符諸註，既已心肯之矣，今見此黃庭詳解，真歎爲妙之又妙，元之又元，掃盡旁門，獨開精奧者。自是而扶桑宮中，諸仙童女，又必磨金書之也。

黄庭内外景科儀

吾山先生曰　念經用科儀，昭誠敬也；誦之須萬遍，研義理也。誠敬深則守之專篤，義理熟則行之無疑，此元君之所以宣演咒言頌偈，東華之所以勸人精研玉書也。誦此經者，須視爲身心性命之秘文，勿徒以口吟畢乃事也。

開經玄藴咒　丹霞麻元君作

天清地平，日晶月明，黄庭捧出，金簡玉文。千真千聖，六甲六丁，萬靈朝拱，一氣相承。兀兀黄輦，騰騰素雲，琴心三疊，天樂九成。誦持不懈，跨鳳超昇，無上神咒，碧城元君。

玄藴者，藴一經之玄理也。此咒所藴，津津有味。

黄庭真言　紫虛魏夫人作

黄庭真人，劍印隨身，斬關奪隘，風火雷霆。泥丸上將軍，統領九部神，湧海下將軍，統領九部神；　丹元中將軍，統領九部神；　神威正將軍，統領九部神。四九三萬六，各按本宮營。真人有命，速速來臨，聽吾號令，守衛黃庭。一不許妄動，二不許妄行，三不許驚恐，四不許張聲。各列斧鉞位，各防邪魔精。清清淨淨，鬱鬱冥冥，雷聲一震，大顯威靈。帶虎符，佩龍文，奪三關，心太平。吾奉太上老君急急如律令。

真言一篇，乃身中真言，非口裏真言也。師徒授籙之時，焚香承受，得聞妙音，必能召集身中之神，號令身中之氣，奪三關而心太平，則還丹大事畢矣。妙哉！

至心皈命禮

先天化炁，太上老君，聖人可知，功不可議。無爲居太極之前，有始超庶物之上。二月十五降生，一身億萬神變。紫氣東來，傳道德於關尹；流沙西度，化法相爲世尊。產漆園、方朔之輩，丹析微芒；開天地人物之先，道經浩劫。乾坤斡運，日月光明，至神至聖，至上至尊，至大無隅，至高無既。掌道立德大天尊，十方三界同稱揚，洞天神地齊聲頌。

至心皈命禮

扶桑輔相，朏明神君，碧海初潮，青陽一炁。東園公之化身，東王公之高弟，受靈符於伯陽柱史，傳妙諦於鍾離雲房。結寶庵於玄圃，地闢煙霞；吐金字爲黃庭，天開門户。自號白雲老子，人瞻紫府洞天。大慈大悲，大仁大願，少陽帝君，恬淡無爲天尊，中和立極祖師。

開經步雲偈　青霞何元君作

三炷心香焚寶鼎，一條瑞氣出金瓶。抱玄真，坐黃庭，生彩翰，養芝齡，早祈神悟開天門。

受籙弟子□□□稽首頓首至心朝禮

太上大道玉宸天尊

老君炁化伯陽道祖

東華大帝少陽祖師

黃庭大道授籙本師

拜禮聖號，思黃庭之本源也。此經乃修身妙書，原不在乎口誦，然居士羽流每日持誦數遍，亦覺神閒氣遠，意靜心清。

黃庭引

紫霞作

黃庭大道開天地，扶桑九老宮中寄。水朝東海浩無際，黃庭妙土能尅制。
授籙神仙分節次，三十六與二十四。內外首章文采煥，此是東華開經讚。
欲識黃庭古詞翰，真經乃在第二段。玉宸演之爲式程，老子刪之存其精。
大哉吾道欲東行，青州郁郁吹紅雲。雙髻青童超風塵，牛背仙翁指夙因。
授以玉書妙訣陳，煙霞洞養三奇靈。名登紫府成上真，玄門一柱撐崑崙。
啟後承先兩卷經，術延其命道全形。九霄飛下兩元君，丹霞青霞皆天人。
口傳南嶽紫虛云，世上黃庭多誤文。上清仙史下瑤京，秘本傳之細討尋。
道衲科儀未雅馴，兩姑糾正引長繩。紫霞結葉製茅亭，依經作註開丹扃。

黃庭內景經詳註

丹霞、青霞二元君傳授本文　紫霞洞煉士涵虛著

第一章　王少陽祖師倣黃庭韻語作開經讚。

上清紫霞虛皇前，太上大道玉宸君，閒居蕊宮作七言。

上清者，三清之一，靈寶天尊所居，在紫霞天中，開虛皇之先，大洞經云「上清絕霞外」，又曰「上清玉皇師」是也。

太者至大，上者至尊，主持大道，號玉宸君。端拱上清，其間有蕊珠宮、太和殿、寥陽殿、翠瓔房，道君在中說經。黃庭作於蕊宮，以授東華方諸扶桑大帝君掌之。扶桑爲羣水所歸之地，黃庭屬土，故藏於扶桑宮中，以爲鎮水之寶。

大帝君退居無爲，王少陽祖師得道，爲東華首相，稱東華帝君，始將黃庭贊揚，以傳於世，故開經作記述口氣云。

晉時魏夫人首得此本。又黃庭內景舊名紫霞篇，見道書錄。

附　三清虛皇實錄

三清者，一炁所化者也，分三天三境三寶三元三君。玉清聖境，元始天寶君；上清真境，玉宸靈寶君；　太清仙境，道德神寶君。　九天生神氣經云：「三號雖殊，本同一也。」洞章云：「老君一炁化三清。」故經典曰：「無上三天玄元始，三炁太上老君。」又太上洞玄無量度人上品妙經云：「化生諸天，開明三景，上無復祖，惟道爲身。」此皆其可證者也。

夫老君者，道氣之祖，萬化之宗，從先天先地空洞虛無中生出一氣，名曰道炁。道一生二，二生三，三生九，九生萬，萬氣生萬神，故持聖號曰「先天一炁太上老君」。老君以混洞太无之元炁，於龍漢劫初，化生元始天尊，居清微天宮，尊號「上皇道君」，本經云「紫清上皇大道君，太玄太和俠侍端」是也；　又以赤混太无之元炁，於龍漢開圖，化生靈寶天尊，居禹餘天宮，仍稱「太上老君」，大洞云「玉宸九天司，太上大老君」是也；　又以冥通玄寂之元炁，於赤明元年，化生道德天尊，居大赤天宮，尊稱「三天大老」，大洞云「太始三炁周，真文肇生明」是也。　此三天者，在人比三丹，泥丸爲玉清，絳宮爲上清，丹田爲太清；　又有內三丹，黃庭爲上丹，炁海爲中丹，關元爲下丹。　修道者，居中而立，合三丹爲一虛無，以無所住，而生其心，猶之三元本於一炁、三君本一老君也。釋氏云「一體三身，先曰毘盧，次曰盧舍那，三曰釋迦」，在人則上中下三元。虛皇者，玉皇也。昔有妙樂國淨德時王，與寶月光王后，年老無子，夢太上老君授以嬰兒有孕，誕生太子，遜位出家，精修至道，是爲金闕玉皇天尊，位亞三清。三清退居無爲，玉皇治事，在人身比絳宮元神也。黃庭第一句曰「上清紫霞虛皇前」，蓋上清爲心中靈氣，虛皇爲心中元神，皆位中丹者也，故大洞曰「上清玉皇師，玉宸大道君」云云。

散化五形變萬神，是爲黃庭曰内篇。琴心三疊舞胎仙，九氣朗映出霄間，神蓋童子生紫煙，是曰玉書可精研。誦之萬遍升三天，千災以消百病痊，不憚虎狼之凶殘，亦以却老年永延。

五形者，頭與手足也。散化五形者，言居蕊宮之中，而與諸天仙人說法，作爲七言，則玉蕊之氣生於蕊宮，七言之章燦爲七寶，可以散布乎天關之頭、人關之手、地關之足，鎔化五形，混成一氣，氣氣相續，變爲萬神。此七言之妙用，即是爲黃庭經也。

黃者中央之色，庭者四方之中，煉丹在此，結丹在此，還丹在此，養神在此，一神正位而中立，萬神朝拱而環陳，黃庭之體用備矣。曰内篇者，別外篇而言也。

夫化形之法，不離煉氣；煉氣之法，不外琴心。琴心者，調和神意也；三疊者，三層也。以三層功夫，積精累氣於三丹田，初疊下丹固靈根，二疊中丹養還丹，三疊上丹成九還，由是而體生羽翼，翩翩飛舞，脱胎成仙也。胎仙飛舞之後，九陽真炁，上映天門，出乎丹霄之間，神光覆頂，號曰「神蓋童子」，足下盡生紫色雲煙，大洞經所謂「金闕上景炁，十方暉紫煙」是也。三疊妙理，皆美玉無瑕，令人熟玩，故名曰「玉書」，可精思研究者也。

誦之萬遍，言行之純熟，非徒口誦而已也；三天即三清，升三天者，由下丹升上丹，太清升玉清也。道通泥丹，則脱離苦海，千災可以消，百病可以痊，虎狼雖惡，全無畏懼，以其有真身也。真身乃長生久視之人，不但是無畏金剛，亦且「却老年永延」也。蒲團子按 「泥丹」，疑誤。

第二章 黄庭正文，首明煉己築基之地。

上有魂靈下關元，左爲少陽右太陰，後有密户前生門，出日入月呼吸存。元氣所合列宿分，紫煙上下三素雲，灌溉五華植靈根，七液流衝潤廬間。迴紫抱黄入丹田，幽室内明照陽門。

魂靈者，心中元神也，在上； 關元者，臍下三寸也，在下； 少陽屬膽，主東方，在左； 太陰屬肺，主西方，在右； 密户乃夾脊關，主督脈，在後； 生門乃臍堂穴，主任脈，在前。合上下左右前後，暗藏一箇「中」字，此「中」乃虛無竅也。外日月一往一來，內日月一顛一倒，綿綿呼吸，均在此虛無竅中，故曰「出日入月呼吸存」也。

元炁者，太和之炁，氤氳交媾於其中，有如牛女相當，虛危相接，樞機相應，故曰「元炁所合列宿分」也。

紫煙者，陽氣也； 三素雲，乃肺、肝、脾三經之氣。脾爲黃素中元君，肝爲紫素左元君，肺爲白素右元君，此三素也； 紫煙爲三素合一。上升下降之紫炁，其象如雲，雲行則雨施，由此日日灌溉，培五華而植靈根。

五華者，黃芽也。培養黃芽，堅固丹基，則離宮充實矣。

七液者，心中靈液也； 廬間者，規中也。蓋言心中靈液，由衝脈下流，達於規中也。

下句緊接云「迴紫抱黃入丹田」，紫即紫河車，故曰「迴紫抱黃」，乃真土打合也。由外入內，結就丹砂，則幽室生白，赫赫然燭照陽門矣。陽門者，玄牝之門也。

第三章　承上章築基而言玉煉之功也。築基煉己乃一串事。

口爲玉池太和宮，漱嚥靈液災不干，體生光華氣香蘭，却滅百邪玉煉顔，審能修之登廣寒。晝夜不寐乃成真，雷鳴電激神泯泯。音「眠」，茫茫也。

人皆以口爲喫飯之口，執文泥字，不知道竅者也。悟真云：「嚥津納氣是人行，有藥方能造化生。」又曰：「饒君吐納經千載，爭得金烏搦兔兒。」可知口中吞嚥，非大道也。此口乃鼎器之口，金氣相須門户，參同謂「口四八，兩寸脣」是也。紫陽曰「玉池先下水中銀」，子野、上陽因「先下」二字，謂玉池在彼，爲投納水銀之地，此非喫食之口明矣。愚謂「玉池」「玉」字，即指玉煉而言，其名在彼，其實爲我，抽鉛制汞，即是「先下」之義。　口爲玉池者，規中一竅，其方如口，是爲種玉之池、太和之宮。保合太和，則滋生靈液。

靈液者，陰裏生陽，真一之水、銀鉛之氣也。得此靈液，餌而服之，玉丹凝而災害不侵。蓋因玉池之中，先下水銀於我家，擒伏朱裏汞也。漱嚥靈液者，先下水銀也。

以鉛投汞，玉煉功純，四體生光，漸形華彩，吹氣如蘭，百邪皆滅，晬然見於顔貌矣。

廣寒，乃月宮。陰丹凝結之後，淨淨光光，如登清虛之府，晝也不昏沉，夜也不昏沉，常惺惺地，眠如不眠，乃完成內丹性體。

玉煉之時，採取後天中先天之氣，聲如雷鳴，影如電激，吾只守吾不神之神，泯泯然若無所知識而已。

此煉己之功夫也。

第四章　承上章，申言煉己功夫逐日澆培、逐日防守之意。

黃庭內人服錦衣，紫霞飛裾雲氣羅，丹青綠條翠靈柯。七蕤玉籥閉兩扉，重掩金闕密樞機：玄泉幽闕高崔嵬，三田之中精氣微。嬌女窈窕翳霄暉，重堂煥煥明八威：天庭地闕列斧斤，靈臺完固永不衰。

黃庭者，中央土也；內人者，己性也，其中為汞性所居之地。汞火色赤，如服錦衣，其巾裾又如紫霞飛舞，四面皆雲氣包羅。

丹青者，汞乃龍性，東方之木也，故曰「丹」，又曰「青」；綠條翠柯，極言木性暢茂耳。

七蕤者，靈芽也，七乃火數，在人為心，於時為午，律應蕤賓之月，故曰「七蕤」；

玉籥者，得玉液而養七蕤，如封鎖也；閉兩扉者，嚴防出入之門，止於中間也。金闕者，積金之府，重掩金闕，守氣尤嚴也；樞機，斗柄也，居中善運，比人心真意；密，則隱藏不去也。

玄泉者，元海也；幽闕者，生身處也；高崔嵬，言在虛空處也。三田之中，三丹之中也，積精累氣全在中丹，其境幽微難測。

嬌女者，姹女也，即黃庭所結之陰丹也；窈窕者，漸漸長成；翳霄暉，即嬌女名字，因其上蔭玉霄之清暉，故以名焉。重堂者，絳宫爲外明堂，黃庭爲内明堂，故號「重堂」；八威者，八方威神也。

上而天庭，下而地闕，嚴列刀斧斤釿，喻内守森嚴，不許外魔來犯也。從此内丹圓明，築就靈臺，完完固固，永不衰崩矣。

第五章　承上章，申言煉己之效。

中池内神服赤朱，丹錦雲袍帶虎符；横徑三寸神所居，隱芝翳鬱自相扶。

中池者，元海也；内神者，内汞也；凝汞於黃庭，養汞於元海，以砂裹之，故曰

「服赤朱」。丹錦雲袍者，紫雲繞身也；虎符本在北方，而帶虎符者則在南方，符以金制之，仙家以爲信驗，取金水而與木火，内神身佩虎符也。

内神所居之地，横徑三寸，即規中一竅耳。内神居中而立，右有一道人，號曰隱芝仞，金氣是也；左有一道人，號曰翳鬱仞，木氣是也。隱芝乃伏氣所生，故曰「隱芝」；翳鬱乃結氣而成，故曰「翳鬱」。此二氣者，自然與中池内神意氣相扶，久之純熟，則神氣冲和，汞性圓足矣。

第六章

言玉液功夫，底於有成，以足上數章之義。

天中之嶽精謹修，靈宅既清玉帝遊，通利道路無停休。眉號華蓋覆明珠，九幽日月洞虚無。宅中有真常衣丹，審能見之無疾患。赤珠靈裾華蒨燦，舌下玄膺生死岸。出清入玄二氣焕，子若遇之昇天漢。

天中之嶽，心中意土也。中嶽嵩山，爲天作鎮，位居其中，唐天文志「豕韋爲中州，其神主乎嵩邱，鶉火得重離正位，曰『天鎮』，曰『中州』」，所以云「天中」也。曰「鶉火」，曰「離位」，所以譬心中土也。此土也，必精誠謹慎以修之，心清意定，乃可爲神靈之窟宅。靈宅既清，玉帝常遊。玉帝比玉液也，三宮灌注，有泳游之象。

通利道路者，子午河車也；無停休者，常常如是也。古仙云「常使氣沖關節透，自然精滿谷神存」，此之謂也。

明珠者，目中丹光也。學人朝夕玉煉，養成一顆靈明寶珠，時時有光華，發現於眉目之間，有如珠光點點，故曰「眉號華蓋覆明珠」也。

九幽者，陰也；日月者，丹也。古人結字，合日月而爲丹。陰丹名九幽日月，洞照虛無則本性靈明矣；又名守靈真人，常在靈宅之中，披丹錦之衣，可以却病延年，故曰「宅中有真常衣丹，審能見之無疾患」也。

珠琚，美玉也，皆比玉液還丹。赤則光灼灼，靈則圓陀陀，一名黃華玉女。蒨燦者，美盛也，佛所謂「郁郁黃華」是也。

舌下有玄膺一竅，爲嚥液之關津，得食則生，不得則死，故曰「生死岸」。

清爲天，濁爲地；玄爲天，黃爲地。清乃天之元炁，玄乃天之真水。出清者，「白雲朝上闕」也；入玄者，「甘露洒須彌」也。清升於天門之上，玄降於天門之下，清玄二氣，出入天門，胸膺承玄而導之。玄本初變之氣，壅塞上焦，故玄膺一名「懸壅」。懸壅即是玄膺，醫經云「喉以候氣」，又云「上焦如霧」。玄雖水，仍是氣也，故云「二氣煥」。煥者，換也，氣絢爛而變換也。遇玄氣而服之，即可爲昇天入漢之體，張三丰先生云「玉液還丹，得了後住世延年」是也。

世人把「入玄」二字囫圇講過，黃庭經於此著明。人要出清，乃能入玄，入玄之後，乃煉還丹，豈易言哉！

第七章　言存神以泥丸爲宗，在心爲要。

至道不煩訣存真，泥丸百節皆有神。髮神蒼華字太元，腦神精根字泥丸，眼神明上字英玄，鼻神玉隴字靈堅，耳神空閒字幽田，舌神通命字正倫，齒神崿峯字羅千。一部之神宗泥丸，泥丸九真皆有房，方圓一寸處此中，同服紫衣飛羅裳。但思一部壽無窮，非各別住居腦中。列位次坐向外方，所存在心自相當。

至人之道，不煩詞說，惟於口訣中存其真實而已，有如泥丸九宮，通身百節，皆有神守之，然不必一一煩瑣也。髮、腦、眼、鼻、耳、舌、齒，其神皆有名字，統言之曰「一部」。人身有三部八景神，此上部也。一部之中，又止以腦神爲宗，真不煩也。

泥丸有九真，皆各有宮房，其宮房亦不甚大，方圓只有二寸，九真同處其中，同服紫綃之衣、飛羅之裳，並無異顏異色，真不煩也。

修道者但思一部之神，便能長生久視，壽考無窮。此一部神，非各有別箇地方住居，只同居此腦中也。列其位，次其坐，秩然不亂，大家向着外方。外方者，天外清高之境，泥丸是也。人不能收存一心，則諸神皆散，所存在心，自然彼此相當，聚在一處也，真不煩也。陳上陽曰「神名最多，莫能枚舉，所主者，惟絳宮真人」，即「所存在心」之義也。

泥丸九宮者，兩眉間入一寸爲明堂宮，太乙神居之，左有紫房，右有朱户；　卻入二寸爲洞房宮，中有三真，左無英，右白元，中黄雲；　卻入三寸爲泥丸宮，萬神出入之所，黄老君名罕張者主此；　又入四寸爲流珠宮；　五寸爲玉帝宮；　明堂上一寸爲天庭宮；　洞房上一寸爲極真宮；　丹田上一寸爲玄丹宮；　流珠上一寸爲天皇宮：　總名爲上部九宮。修三素丹者，於此凝結。三素者，即黄老三素君，大洞所謂「三素生泥丸」者也。

第八章　總提五藏之神，加六府膽神在内。膽藏識，府亦可入藏也。

心神丹元字守靈，肺神皓華字虛成。肝神龍𤣗字含明，翳鬱道煙主濁清。腎神玄冥字育嬰，脾神常在字魂停，膽神龍曜字威明。六腑五臟神體

清，皆在心内運天經，晝夜存之自長生。

五臟只各言名字，而肝神獨加「翳鬱道煙主濁清」一句，蓋肝神又名翳鬱，其中有隱翳鬱勃之氣，是爲道煙，主濁主清，清則龍性明，濁則龍性昏。丹家以火爲龍，木乃生心之母也，與心肺腎脾爲五臟。

臟者，藏也，心藏神、肺藏魄、肝藏魂、腎藏志、脾藏意故也。六腑以膽爲正官，中有識力，能藏能用，故特及之。腑者，府也，如府庫充積，以備傳用也。

五藏六腑之中，神體清明，合而爲一，化生道炁，運行周天，神與氣隨，故曰「皆在心内運天經」。此心也，操則存，捨則亡，晝夜存之，自然不亡耳。

補註 藏者爲陰，府者爲陽。肝、心、脾、肺、腎五藏屬裏，主藏精氣而不瀉，故爲陰；膽、胃、大小腸、膀胱、三焦六府屬表，主傳化物而不藏，故爲陽。黄庭論五藏，並及於膽。膽兼行、藏二義，何也？膽藏識，爲中正剛決之官，主少陽發生之氣，能存威明，乘慶雲，是乃傳送之正神也。詳後膽部章。

第九章 言肺部，重在調肺氣。

肺部之宫似華蓋，下有童子坐玉闕。七元之子主調氣，外應中嶽鼻齊位。素錦衣裳黃雲帶，喘息呼吸體不快，急存白元和六氣，神仙久視無災害，用之不已形不壞。

肺高如宰相，下臨諸臟，故黃庭首發明之。蘭臺秘典曰：「肺爲相傅之官，其宮形宛如華蓋。」童子即肺中神也，名皓華，字虛成，又號白元，居華蓋之下。玉闕，乃肺中白氣，重樓中降下之露珠，結成白闕。梁邱子註謂「爲腎中白氣，上與肺連」，非也。

七元者，心也。心有七竅，象北斗七星，竅中有神，動則生意，意乃神之子也。調和肺氣，全仗七元之子。神屬火，火生土，意屬土，土生金故也。外應中嶽者，人面以鼻爲中嶽，鼻即肺之外竅，呼吸相應，故與中嶽齊位也。

肺中之神，衣素錦衣，束黃雲帶，坐於華蓋之下，殊快暢也。倘或肺氣不匀，息驟發喘，一呼一吸，滯塞莽蕩，何快暢之有？斯時也，急存白元之神，調和六氣，務使自然然，不陰不陽，不風不雨，不晦不明，則六氣匀而外息匀，外息匀而內息亦匀，神仙長生久視，亦因氣息匀而無災無害也。其爲氣也，用之不竭，形軀有所薰蒸，故長存而不壞耳。

第十章 言心部，重在呼心氣。

心部之宮蓮含花，下有童子丹元家，主適寒熱榮衛和，丹錦衣裳披玉羅。金鈴朱帶坐婆娑，調血理命身不枯，外應口舌吐五華，臨絕呼之亦登蘇，久久行之飛太霞。

心部爲君主之官，其形如蓮未開時，初含花苞。下有童子，即心神丹元也，家於蓮宮，爲一身之主，順適寒熱，調和榮衛，衣丹錦而披玉羅形如丹錦，潔淨如玉也，金鈴朱帶，形狀非常，蓮宮之間，坐舞婆娑。婆娑者，安閒自得也。

調血理命者，心主血，性合命，血調命理，則身體光潤，外不焦枯也。昔紫陽先生奔走十年，而貌不少衰，形不少疲。或問其何術至此，紫陽先生曰：「人之所以憔悴枯槁者，心使之然也。一念未已，一念旋續，盡日之中，刻無間暇，宵之寐也亦若是，而神不存矣。吾無他，惟能定心而已。定則靜，靜則安，金丹可坐而致也。」

口中有舌，爲心之苗，心動則舌動，舌動則口動，氣從口出，心花喪矣。五華者，心中鄞鄂，即黃芽也。丹家於心花臨絕之時，一呼其心，不使舌動神馳、口開氣散，則心花將絕，登時復蘇也。此煉心存神之法，久久行持，便可飛入太霞。太霞者，金鄉也，洞經曰「回金太霞鄉」，同此。

第十一章　言肝部，重在存無英。

肝部之神翠重裏，下有青童神公子，主諸關鍵聰明始。青錦披裳佩玉鈴，和制魂魄津液平。外應眼目日月精，百疴不鍾存無英。同用七日自充盈，垂絕念神死復生，攝魂還魄永無傾。

肝部之宮，翠繞重重，其色青故也。青童，即龍裡，別號無英公子。蘭臺秘典稱爲：「將軍之官，謀慮出焉。」曰「將軍」，故主一身關鍵；曰「謀慮」，故聰明於此發生。披青錦而佩玉鈴，公子之精神益著矣。

肝只藏魂，而此兼言魄者，以魂魄本相拘耳。相拘則相和，相和則相制，相制則金津木液既和且平矣。

夫肝者，開竅於目，液出爲淚，此所以外應眼目而爲日月之精也。日月精，目中精華也；百疴，諸病也；不鍾，不生也。諸病不生，全在常存無英，故肝神調攝耳。

同用七日者，木汞投胎於金鄉，七日來復，地雷鳴而浩氣充滿，肝所以象震卦也。

凡人龍性不馴，則肝氣損傷，傷則肝經受病，奄奄欲絕也。惟於垂絕之際，急念養神之法，龍虎相交，混沌七日，則死者亦可復生。由是而攝魂還魄，木愛金義，金愛木仁，結成龍虎金丹，身中有寶，永無傾喪之憂矣。

第十二章　言腎部，重在存水王。

腎部之宮玄闕圓，中有童子冥上玄，主諸六腑九液源。外應兩耳百液津，蒼錦雲衣舞鳳幡，上敷明霞日月煙，百病千災急當存，兩部水王對生門，使人長生昇九天。

玄闕者，水府也；冥者，藏也；上，先天也；玄，水也；腎部之宮，即爲水府；圓，合兩腎而言，兩腎之水，陰陽相包，如太極然㊀，故曰「玄闕圓」。童子，即腎神，原名玄冥，今曰「冥上玄」者，言藏於先天真水之中也。水利萬物，六腑賴以滋養，故爲六腑之主，而作九液之源。

九液者，金液也。前言七液，乃心中靈液，爲內丹根芽；茲言九液，乃腎中真液，而爲外丹根本。求九液者，必須藏心於淵，合氣於漠，生門之後，密户之前，將腎水立爲黑基，黑中見白，水裏生金，吞入腹中，遂名「九液」，故玄闕爲九液之源也。

夫腎司聽，故外與耳相應，其卦爲水，故生百液津。冥上玄，深居其中，氣包之如衣雲錦，火照之如舞鳳幡，朱雀所以對玄武也。太陽倒景，則明霞上布，而日精月華皆有煙光，身體從此安泰。

世人有百病千災，急當存養腎神。腎有兩部，左陰右陽，皆屬水。此二水者，無形之氣也，日夜潛行不息，爲生人之君主，故曰「水王」。對生門者，前對臍穴也。人能養此不損，則可以長生而上昇九天矣。

黃庭經以腎爲兩部水王，與醫家所論不同。秦越人三十六難經曰：「腎兩者，非皆腎也，左者爲腎，右者爲命門，腎止一也。」其後有趙氏醫書，以七節爲命門，仍言有兩腎，左腎爲陰水，右腎爲陽水，中間爲命門，言人身各具一太極，正象兩腎之形，兩腎中間爲命門，靜則合乎水，動則合乎火，一動一靜，陰陽生焉。註家遂謂趙氏兩腎圖爲發前人所未發，以黃庭經觀之，其說猶未純也。夫曰左陰水、右陽水，是兩部水也，然不得以七節中爲命門。以七節爲命門，則二十四椎止有二十三也。內經曰：「七節之旁而有小心。」夫曰「七節之旁」，則七節之中非命門也。秦越人以腎爲一，蓋執於「右爲命門」之說，殊不知命門即右腎之別名也；趙氏以命門在中間，蓋執於左右兩腎之說，亦不知命門即右腎陽水之別名也。吾今以內經與黃庭爲正，七節了七節，兩腎了兩腎。左水右水，皆是無形之水，左部動則爲陰水，右部動則爲陽水，陽水即命門之火也，故内經不曰「左有」「右有」，而曰「旁有」，是左右皆腎，左右皆水，左右皆小心，因有動靜，而後分陰陽、分水火、分左腎與右命門耳。少年氣盛，兩部水溢，上泛二十四節，故一身融暢，百病不生；及乎時至情動，色慾交感，心君動摇，始令兩部水洩，精從内走，氣自中衝，由五臟而上兩頸，升泥丸，與髓同下，頭腦酥麻，自夾脊雙關至外腎而洩，兩部於焉虧損，斯命促腎虛，水火遂不匀矣。又，曰「兩部」，兼内腎、外腎而言。

第十三章

言脾部，重在養脾。以方圓一寸爲打坐之所，則善於養脾者。

脾部之宫屬戊己，中有明童黄裳裏，消穀散氣攝牙齒。是爲太倉兩明童，坐在金臺城九重，方圓一寸命門中，主調百穀五味香，辟却虛羸無病傷。外應天澤氣色芳，光華所生已表明，黄錦玉衣帶虎章，注念三老子輕翔，長生高仙遠死殃。

脾部爲轉輸運化之臟，上從心系發來，貼於胃以磨穀，故其宫屬戊己二土。脾兼胃也，中藏靈意，號曰「明童」。黄裳裏者，黄在裳内，有文在其中之象，言意之藏於脾陰也。脾有何意？脾中之靈氣，即脾中之靈意。靈氣存，則能助胃氣以消水穀，散其氣温各臟。五味入口，脾神主之，脾即使牙齒攝之，是攝五味者牙齒，而使之攝以牙齒者脾也。太倉者，胃也。一腑一臟，二官相爲表裏，故醫典統名「倉廩之官」，是言脾而太倉在其内矣。脾有明童，太倉共之，故曰「是爲太倉兩明童」。

夫明童者，坐在何處？坐在玄關耳。坐指燕居之地。玄關一竅，真意燕居，則運化之勞在乎脾，燕居之逸在玄關，庶幾勞逸一致耳。

金氣爲臺，九重爲城，方圓一寸，不大不小，命門真氣薰之蒸之，故在命門中也。此意也，藏於脾而休於玄關，故玄關一名太倉穴，陸仙靜照圖稱爲「長胎住息之所」，是蓋假胃氣以立基，不在胃亦不在玄關。何也？人生所需者氣也，玄關即胃氣而成，其胃氣又從命門發出，升於空際，或中脘之下，或黄庭之下，皆可聚氣爲玄關，故三丰仙師云「黄庭一路是玄關」，又云「玄關往來無定位」，然後知方圓一寸，全憑命門一氣空中團結。不然者，太倉寬廣，豈止一寸乎？**蒲團子按** 陸仙靜照圖，考之方壺外史未見，而陶素耜周易參同契脈望參同契金丹圖說有此一圖，疑「陸」爲「陶」之刻誤。

脾主煽動，能調百穀之食，而和五味之香；脾善鎔化，可却虚羸之疾，而無百病之傷。天澤者，履卦也。脾强則步履健，氣色芳，光華著，内和外應，無不表明也。衣黄錦而元吉可占，帶虎章而流珠可制，斯誠明童之靈異哉！

三老者，泥丸之真陽，玉帝之賓老，名三素老君，一名罕張翁，大洞經曰「真陽帝賓老」，又曰「三老素罕張」，又曰「三素生泥丸」，又曰「老君罕張上」是也。注念三老者，寄意於泥丸，真陽破頂而出，故曰「子輕翔」，故曰「長生高仙遠死殃」也。

第十四章

言膽部，提出「識」字，可補醫書之缺。

膽部之宮六腑精，中有童子耀威明，雷電八震揚玉旌，龍旗橫天擲火鈴，主諸氣力攝虎兵。外應眼瞳鼻柱間，腦髮相扶亦俱鮮。九色錦衣綠華裙，佩金帶玉龍虎文，能存威明乘慶雲，役使萬靈朝三元。

膽綴於肝，中藏神識，其稱六腑精者，膽、胃、大小腸、三焦、膀胱以之爲首也。秘典云：「中正之官，決斷出焉。」性剛直，善決斷。肝雖勇猛，非膽不決，故在六腑之間，而有益於肝臟，經故連而及之。

威明童子，即膽宮正識神也。丹家以膽識直入西南之鄉，與氣相守，萬魔不犯，五蘊皆空，則能大耀威明，一陽復而地雷響，電光閃爍，八方震動，高揚玉旌，半空中赤龍旗繞，招集浩然之氣，橫天而來，火鈴飛擲，赫赫陽陽，太上度人經有「擲火萬里，流鈴百衝」之喻，皆言藥生法象也。

龍從火出，諸氣交馳；　虎向水生，甲兵來會。　有膽識者，遇龍虎相加時候，顯大神威，獨立不懼，故能「主諸氣力攝虎兵」也。　眼瞳烱烱，鼻柱峩峩，皆威明外應之象。　膽藏精汁，滋養毛髮，膽氣冲和，汁充髮美，故曰「腦髮相扶亦俱鮮」。　九色錦衣者，膽形金色也；　綠華裙者，膽形碧色也。　金玉龍虎諸丹，皆憑膽力成之，故曰「佩金帶玉龍虎文」也。　修丹之士，能存威明童子，則採藥歸家，乃有傳送之神，與九三郎君，乘慶雲而登帝闕，身中萬靈，皆爲役使，身中三元，皆可朝謁，此膽腑之所以與五臟並重也。

第十五章　六部之後再說脾部者，以脾爲養生妙用，故詳言之也。　予註亦詳，閱者着眼。

脾長一尺掩太倉，中部老君治明堂，厥字靈源名混康，治人百病消穀糧，黄衣紫帶龍虎章，長精益命賴君王。　三呼我名神自通，三老同坐各有朋，或精或胎別執方，桃核合延生華芒。　男女回老有桃康，道父道母對相望，師父師母丹玄鄉，可用存思登虛空。　殊塗一會歸要終，閉塞三寶握固停，含漱金

醴吞玉英，遂至不饑三蟲亡。心意常和致忻昌，五嶽之雲氣彭亨，保灌玉廬以自償，五形完堅無災殃。

脾長一尺，聊舉其式，非真一尺也，越人云「扁廣三寸，長五寸」，均不必拘，蓋人有大小長短耳；脾貼胃以消水穀，故曰「掩太倉」。

中部老君者，中元黃素君也；明堂者，絳宮也。意爲心之主器，正位居體，美在其中，暢於四肢，發於事業，以治通身之氣，故字靈源，言根心也。治百病，消穀糧，披黃衣，束紫帶，佩龍文，帶虎章，長精益命，全賴此老，此老乃五臟六腑之君王也。

三呼神通者，同聲相應也；三老同坐者，同氣相求也。呼谷傳聲，全在中谷，其中有三呼之妙，上通天谷，下通靈谷，中通應谷，應谷即明堂，無非己意周知，故三呼我名而神自通也。

三老同坐，又云「各有朋」者，蓋煉精之先，必合胃脘二神，與中間黃寧，同消水穀，乃能化食成精，而助延年之本，大洞云「內有黃寧童，左有堅玉君，右有帝昌皇」是也。黃寧即脾神；堅玉居左，主管胃氣；帝昌居右，分散胃氣：此「三老同坐」也。煉精之時，必合保肝通肺之神，與黃寧同事，乃能化精成氣，仙經云「命門合精延，守我身黃寧，左攜元素君，右攜朱鬱靈」是也。修行之士，必取命門真氣，和合腎精，以延其年，總要在黃庭宮內守我脾神，左友保脾之元素，右交通肺之朱鬱，同心合意爲之，此「三老同坐」也。至於煉炁之時，必以黃老元君，內轉金母爲木母，外轉木公爲金公，然後嬰來配姹，以金合木，結而成胎，此亦「三老同坐」也。三老者，同心三人也。三關三煉，各有同心，故云「各有朋」也。初煉精，次煉氣，次煉胎仙，各有同坐之方位，故云「或精或胎別執方」也。

脾中神意，更有異名桃核者，桃康也。腎中司命之神，即脾神也，姓桃名核字合延，號道康，其稱桃康者，撮其姓與號也，仙經云「守命核道康，舉其名與號」也。核者，仁也。物以核爲仁，人以仁心爲核，宋儒以仁心爲種子，核即真心也。合延者，言能以命門真火，配合腎水而延齡，明其字義也。要之，乃脾中正意，守治明堂，則名混康，言與桃康相混也。上陽云「桃康主脾」，亦就混康時言。守命守腎，則字合延。腎命堅固，華芒日生，男女修煉而知此，皆能返老還童，故曰「男女回老有桃康」。仙經云「入精合六房，回老變皓形」，即此旨也。

桃康之功甚多，桃康之居甚廣，有時在六虛，運河車而還精補腦，仙經曰「桃君守六合，勒精衛泥丸」是也；有時在天谷，秘修崑崙，仙經曰「保符泥丸內，守神曰桃康」是也；有時在內腎，即上文「命門合精」之解；有時在外腎，更爲修養先資，張紫陽八脈經云「人有八脈，俱屬陰神，閉而不開，惟神仙以陽氣冲開，故能得道。採陽氣惟在陰蹻爲先，陰蹻一脈，散在丹經，其名頗多：曰生門死户，曰歸根竅、復命關，曰酆都野、死生根。有神主之，名曰桃康。上通泥丸，下透湧泉，真氣聚散，皆從此關竅。尻脈周流，一身貫通，和炁上朝，陽長陰消，水中火發，雪裏花開，天根月窟閑來往，三十六宫都是春。得之者身體康强，容顏返壯。在坤地尾閭之前，膀胱之後，小腸之下，靈龜之下。此乃天地逐日生炁根，產鉛之地也。醫家不知有此」。

道父者，雄一之神，居天關中，即上通泥丸之神氣也；道母者，雌一之神，居地關中，即下透湧泉之神氣也。一雌一雄，皆在人關洞房中以意覺察，仙經曰「雌雄合玉房」是也。上下相照，故曰對相望。

師父者，玄父也；師母者，玄母也。爲丹家所取法，故曰「師」。玄父名叔火王，號左回明，居玄門中；玄母名高同生，號右回光，居牝户中。俱見元始仙經。要之，意在内而禮下於人，乾父交坤母，牡入牝中，即師母也；意在外而義配與道，坤母交乾父，牝入玄門，即師父也。此皆修丹家内外動靜陰陽消息妙意，故在丹玄之鄉。

夫以術延命，必須以靈父聖母立爲鼎器，而後以真意存養其間，則丹成飛昇，故曰「可用存思登虛空」。存思者，非存想之謂，乃存真意而已。父母殊塗，合意土而一會，到歸根處，遂爲要終。

閉塞三關者，金液還丹之後，河車乍歇，不必三關往來，只憑娘娘一意，牢封土釜，握固停蓄，含金醴而吞玉英，哺之乳之，腹有靈丹，遂至不饑不渴，而三尸蟲亡矣。此後則心意常和，懽忻昌泰，身中如五嶽雲起，蓬蓬勃勃，大氣彭亨。修身至此，惟保我灌入玉廬之金液，自償其平生志願，而五形完固，永無災害之殃也。仙經曰：「天皇上真炁，三元乘晨回，拔尸命門內，解結桃康階。」如是而脾中之意，得大休歇，得大安樂，不必再做桃康苦守本命也。

第十六章　言「三家相見産嬰兒」之義。

上覩三元如連珠，落落明星照九隅。五靈夜燭煥八區，子存內皇與我遊。身披鳳衣御虎符，一至不久昇虛無。方寸之中念深藏，不方不圓閉牖窗。三神還歸老方壯，魂魄內守不爭競。神生腹中銜玉璫，靈注幽闕那得喪。琳條萬尋可蔭藏，三魂自寧帝書命。

三元，非上中下三寶之境，亦非天地水三官之位，乃三素元君也。三元主青白黃三炁，紫素左元翳鬱仞，黃素中元圓華仞，白素右元啟明仞，大洞經所謂「伏雲三仞明」者是也。三元居上宮，故曰「上覩」。其炁如天上連珠星，落落明光，下臨九隅，蓋金木交併，結於洞房，光芒閃爍，遍照泥丸九宮也。

五靈者，青靈、丹靈、皓靈、玄靈、黃靈也，五靈乃五行五老之炁；夜燭者，五炁朝元，如夜間火光也；煥八區者，寶光燭天，發現於九宮八卦也，呂祖師云「八卦氣中潛至寶，五行光裏隱元神」，即是此義。

内皇者，土也；子，金也；我，木也。子存内皇，則土裏藏金，與我家木公同遊六虛。披鳳衣，御虎符，蓋以南方之赤鳳，駕西方之白虎，火逼金行，金一至而頃刻之間同昇天宮，故曰「不久昇虛無」也。由是而會三姓於元宮，返三素於黃庭，結胎於方寸之間，念念深藏，所謂「牢封土釜」也。

内而不方不圓，外而閉牖閉窗，參同云「耳目口三寶，閉塞勿發通，真人潛深淵，浮游守規中」是也。三神即三元之神，返還歸根，人雖老而氣如少壯。

魂魄内守者，金木相拘也；不爭競者，木金相尅而反相生也。養之育之，神生於腹，口銜玉璫，一真特露，此人名涵虛子，返己洞觀，神注幽闕，那得有喪亡之日哉！將見日長月盛，如琳條之森森，高撐萬尋，枝柯繁茂，下可蔭藏多人，而爲眾生之甘棠也。三魂永久，魄無喪傾，天書下降，命爲真人。

第十七章 言陽火陰符升降之落。

靈臺鬱藹望黃野，三寸異室有上下。閒關榮衛高玄受，洞房紫極靈門戶。是昔太上告我者，左神公子發神語，右有白元併立處，明堂金匱玉房間，上清真人當吾前，黃裳子丹氣頻煊。借問何在兩眉端，內挾日月列宿陳，七曜九元冠生門。

靈臺，心境也，非肉團，亦非絳宮；黃野，中央也。天心來復之際，真陽從地中湧出，一靈凸起，白雲起於方寸，是號靈臺。觀「鬱藹」二字可知，鬱藹者，丹田中鬱勃杳靄之氣，浮空而起，出乎中央，氣從此升，以心觀之，坦坦蕩蕩，故曰「望黃野」。由黃野而上泥丸，心意稍休於此。

三寸者，泥丸宮也見前七章註內；異室者，泥丸之別宮，洞房宮也。二宮有上下之分。

閒關者，防守也；榮，陰也；衛，陽也；高玄，上真也。洞房宮中，三真共守，左一真守榮，右一真守衛，中爲高玄上真，合榮衛而受享之。洞房中有紫極殿，上真至此，有一刻端拱無爲功夫，又有靈門靈戶往來出入。

是昔太上聖人切切告我者，左神公子屬木，出神語則木生火矣，仙經云「混化六合內，洞房列火兵」，氣變之象也；右神白元屬金，併立處則金交木也，仙經云「朗然洞房中，嬰兒爲赤子」，液化之時也。洞房之前又有明堂宮，明堂之下又有金匱玉房。金匱屬日宮，在人爲左目；玉房屬月宮，在人爲右目。間者，從兩眉間下也。再下則絳宮當前。上清真人，絳宮主君也。過此以往，一點落黃庭。黃裳者，文在其中，包固養之也；子丹者，金胎也。胎炁漸長，丹炁煊蒸，兩眉之間，不覺有丹光放出。借問何在兩眉端，内邊有左日右月，星辰列宿，相俠而陳前故也。

服七曜之炁，則斗柄旋天；步九元之光，則璇璣轉地。由是七曜九元，上冠生我之門，温養脱胎矣。仙經曰「淨真手握斗，足躡九元星，揮執天地關，精神生命根」，此之謂也。

第十八章　言三關，重在人關。

三關之中精氣深，九微之内幽且陰。口爲天關精神機，足爲地關生命棐，手爲人關把盛衰。

三關皆積精累氣之所，精氣充滿，故曰「深」； 九微者，初九潛龍之地，棲神處也，故曰「幽且陰」。 夫泥丸爲天關，而此曰「口」，此口乃玄膺一竅，其津符即自泥丸生來，實精神之機括也； 丹田爲地關，而此曰「足」，此足乃湧泉一穴，其氣脈即與丹田相通，實生命之憑依也； 絳宮爲人關，而此曰「手」，此手乃總持門，其執中者，即是絳宮主人，實盛衰之把柄也。

盛衰，以陰陽消長言； 棐，圓几，比憑依也。蒲團子按 棐，一作「扉」。

第十九章 言調神出殼之法。

若得三宮存玄丹，太乙流珠安崑崙。 重中樓閣十二環，自高自下皆真人。 玉堂絳宇盡玄宮，璇璣玉衡色闌玕。 瞻望童子坐盤桓，問誰家子在我身，此人何去入泥丸。 千千百百自相連，一一十十似重山。 雲儀玉華俠耳門，赤帝黃老與我魂，三真扶胥共房津。 五斗煥明是七元，日月飛行六合間。 帝鄉天中地户端，面部魂神皆相存。

夫出神者，須得調神之地。 調神不外乎三宮，若欲得此三宮，必先存於玄丹宮。

玄丹在上丹田上，即仙家操煉陽神出入之所，其次則太乙宮，其三則流珠宮，共安於崑崙之上。崑崙乃腦中極高處，流珠在崑崙前，常有太陽相照，化盡陰魔；太乙在崑崙後，內有救苦天尊，解除諸厄；玄丹在崑崙頂，空清絕埃。三宮重重，其中有金樓寶閣十二所，環遶玄丹，自高望之，自下觀之，皆是真人，又有玉堂絳宇，盡是玄宮，此崑崙所以稱神仙都會也。其巔見七星朗朗，舉手可摘，如白玉燦然，故曰「璇璣玉衡色闌玕」。

璇璣者，北極星也，魁四星爲璇璣，杓三星爲玉衡晉書天文志，斗神覆護，三災不能爲害，洞經曰「上極旋曜杪，攜衿大帝房，至此方脱凡」也。夫移丹頂上，以虛煉虛，乃神仙極品。憶前此胎仙初結，瞻望童子，坐下丹而盤桓者，問誰家子，猶在我身乎，是不可以不去也。此人何去哉？入於泥丸耳。泥丸即上崑崙也。一神去則萬神隨，「千千百百自相連」也；下方過則上方接，「一一十十似重山」也。

登蕭臺而步玉京，雲儀玉華，兩旁護衛，故曰「俠耳門」也。赤帝、黄老，皆主長生大道，在人爲真心真意、真汞真土；與我魂者，「真土擒真鈆，真鈆制真汞」。赤、黄與我，合爲三真，相扶相胥，三而爲一，共入泥丸宮內，紫翠房中，而食仙津。房津者，髓海也。

北方五炁，從斗中生，司五土，故北斗名爲五斗。五斗煥明，仍是北斗七元，此時斗宮除死，故星光分外璀璨，挾日月而飛行，遨遊乎六合之間，始而近，繼而遠，既而展臂天門，只見帝鄉在前，接天中而離地户，一條大路，正正端端，吾從此而飛身矣。

陽神出舍，如我面部一般，魂神皆相存也。或問：「神仙有臟腑否？」涵虛曰：「讀此句便知。吾人煉形而仙，形全則神全，萬形生萬氣，萬氣生萬神，人身全部，件件皆有。」

第二十章　言煉鉛實腹。

呼吸元氣以求仙，仙公公子已可前，朱鳥吐縮白石源。結精育胎化生身，留胎止精可長生。三炁右迴九道明，正一含華乃充盈。遥望一心如羅星，金室之下不可傾，延我白首返童嬰。

求仙之方，必先呼吸元氣。呼吸元氣者，煉鉛實腹也。元氣乃玄中元素之氣，東方上仙公無英公子主之。仙公，木公也；公子，木公之長子也。子繼父體，後稱金公，亦號九三郎，悟真曰「金公本是東家子」是也。公子，先姓木，次姓金，能化元氣從虛無中生，陳上陽所云「素練郎君，寄居西川，出入騎白虎，乳名真種子」者是也。洞經云：「無英真上玄，玄中元素氣。」是仙公公子，乃東方無上真人，亦西方無上祖氣，尋其氣而呼吸之，可與仙公公子並駕而前。

朱鳥，赤鳳也；白石源，白金化爲白液也；「吐縮」二字妙，自我吐之，自我縮之，種鉛得鉛之訣也。結金精而育胎仙，可以化吾生身，能化吾身，胎仙已成。留胎仙而禁止精路，陽關一閉，箇箇長生也。

三炁者，太玄、太元、太始之炁。此炁一生，即運斗柄，左旋於督脈之後，右迴於任脈之前，後則九曲黃河，上則九折天津天津九星，前則九曲長江。九道皆分明也。

正一，乃上清道派。正一左仙名帝賓，正一右仙名琳和，二仙共守鄞鄂二門，在人爲中和二炁動靜雙持，洞經云「正一左右仙，長扶虛靈室」是也。含華者，取坎填離，養鄞鄂而成五芽，乃令我腹中充盈。腹中充盈，一心自見。

一心者，丹光也，即不二圓明也。遥望一心，儼如衆星羅列，丹光多氣象也。

金室者，即藏一心之處，防守嚴密，其下不可傾圮。知不可傾而存之，則延我白首，老人返爲孩子也。

第二十一章　曉人以長生之路。

瓊室之中八素集，泥丸夫人當中立；長谷玄津繞郊邑，六龍散飛難分別。長生至慎房中急，何爲死作令神泣；忽之禍鄉三靈滅，但當吸氣煉子精。寸田尺宅可治生，若當海決百瀆傾；葉落樹枯失青青，氣亡漏液非己行。專閉御景乃長寧，保我泥丸三奇靈；恬淡閒觀內自明，物物不干泰而平。愁矣匪事老復丁，思詠玉書入上清。

瓊室在泥丸宮內，其中有八素之雲環而集之。八素者，即上部八景之氣也。雲笈七籤太微黃書，乃九天元母自然之章，元始天王名爲八景飛經，廣生大真名爲八素飛經，青真小童名爲豁落七元，多言八素神氣。呼其名者，八素環集，所以招攝身中諸神也。

泥丸夫人，即太虛九光龜山元母，姓王名啟珠，蓋雌一之神也。或問曰：「天宮亦有夫人乎？」曰：「有。天上人間，其理一也。晉有魏夫人，受黃庭經得道，位爲紫虛元君，領南上司命，加南嶽夫人，秩比仙公，今爲黃庭授籙祖師，故知天上常有夫人也。」泥丸夫人，比人身立中生正之母氣。以母伏子，結爲胎仙，移居泥丸，故「夫人當中立」云。

又泥丸天宮，首枕崑崙之墟，上有長谷玄津。長谷則洪濤萬丈，玄津則弱水九重，與瑶池翠水互相圍遶，此金仙之郊邑也。郊在邑外，散仙所居，有春山元圃諸景；邑在郊內，正仙所居，有層城高樓，元室丹房，金碧丹青，不可名狀，號「西那之都」。

六龍馭天者，胎仙正到泥丸，或散或飛，一時難以分別，放而復收故也。至此得長生正果。

夫長生者，本人精氣而成。養生之道，最忌房中交戰，自促其生。禪家云：「閨閣中物割捨不得，便爲滲漏。」「急」字最下得沉痛。天無促人之心，人有自促之路，欲火催而性命忙，天雖遲延，人自迫急。嗟乎嗟乎！宛其死矣，能不哀乎？神望人生，鬼望人死，今何爲尋死作鬼，而令神之哀泣乎？

死趣者，禍鄉也。聖賢仙佛魂不滅，酒色財氣魂必滅，爲房中忽之禍鄉，則三靈滅矣。愛生惡死者，別無他法，但當吸母炁，煉子精，保一寸之丹田，居一尺之安宅，凝神聚氣於其中，便可治吾生也。若不然，只當着氣如大海，精如百瀆，決之傾之，水源涸而根本不潤，則葉落樹枯，失去青青之色矣，故經云「氣亡液漏」。非自己可行之事，惟當專心一志，嚴閉御女之景，乃可長享康寧。何也？泥丸爲精氣神聚會之地，名曰「三奇靈」，御景一閉，精髓不馳於外腎。保身者，保我泥丸，欲念一動，即時提上崑崙，恬淡閒觀，心内自然明白，不爲物欲所迷。一物不干，則物物不干，心泰定而安閒矣。人皆以老爲愁，心泰平者，愁亦不必愁也。

老還丁壯，有修煉之書在，於是而思詠玉書，以求入乎上清。上清乃人身心宫，能入上清，則煉己到真境，而玉清自可漸及矣。

第二十二章　言始終守中。

常念三房相通達，洞視得見無内外。存漱五芽不饑渴，神華執巾六丁謁。急守精室勿妄洩，閉而寶之可長活。起自形中初不潤，三宫近在易隱括。虚無寂寂空中素，使形如是不當污。九室正虚神明舍，存思百念視節度。六臟修治勿令故，行自翱翔入雲路。

三房者，黄庭、元海、丹田也。三房一氣，通達無滯。常念者，十二時中，時常以正念收入。一念黃庭爲黃房，黃房有氣，即在黃房安心；二念元海爲二房，二房有氣，即在二房安心；三念丹田爲丹房，丹房有氣，即在丹房安心。心不離氣，氣不離心，心氣相依，執中有權。非執一也，玄關往來無定位，故「三房相通達」云。

孔子易翼曰：「九三重剛而不中，上不在天，下不在田，故乾乾因其時而惕。」言九三乾乾，只是因時候氣，不可執三爲中也。又曰：「九四剛而不中，上不在天，下不在田，中不在人，故或之。或之者，疑之也。」言九四或躍，其剛氣或從此生，使人疑似，無容揣測，不可執四爲中也。此儒門通達之旨。

金剛經曰：「發阿耨多羅三藐三菩提心者，云何應住？云何降伏其心？佛言：『善哉善哉！發阿耨多羅三藐三菩提心者，應如是住，如是降伏其心。』」「云何」則執，「如是」則不執也。又曰：「如來在燃燈佛所，於法有所得不？不也。世尊，如來在燃燈佛所，於法實無所得。」有所得則言下必執，無所得則不執以爲執也。又曰：「應無所住，而生其心。」佛法至此，圓妙極矣，身內身外，皆當如是。此釋門通達之旨。

今讀黃庭經「通達」密諦，而後知三教聖人，傳心相似，特無通人提出，遂至各執一見耳。

洞視者，一通觀之，得見道氣，即依道氣而立。道心道氣，兩無所執，無在無不在，無住無不住。以無定之氣，融無定之心，只要入定片時，則玄關發現，無內無外也。

存漱五芽者，服餌金華也。金華從黑鉛中出，取之爲白金，制之爲戊土，土數五，故號「五芽」，契所謂「鉛體外黑，内含金華」是也。金華乃先天一炁，得之虛無，升於泥丸，變爲美津，吞入腹内，則金液充盈，不饑不渴也。參同曰「卒得金華，轉而相因，化爲白液，凝而至堅」，即「漱五芽」之義也。

華有三華，在外爲金華，在内爲玉華，通靈爲神華。神華執巾，胎仙有金光覆頂，外景曰「黄庭真人巾金巾」是也。六丁謁者，言陽神在我，陰神聽令也。六丁爲陰，主丑卯巳未酉亥；六甲爲陽，主子寅辰午申戌。道書云：「丁爲六甲之陰官。」

精室與金室同，急守勿洩、閉而保之者，即前兩章「金室之下不可傾」「專閉御景乃長寧」也。

形中，地中也，即人身會陰一脈，生精產鉛之所。易曰：「在地成形。」故形中在地中也。起功修煉，本自形中採取，其境界初不空濶，既而有三宮以爲結胎養丹之地。三宮即上文「三房」也，近在己身，易於隱括形神，又況其至虛至無，寂寂然懸於空中，素淨無瑕，使形中一竅，有如是洞明，則不當謂其卑污也。

九室者，亦金室之稱，其室正虛，可爲神明廬舍；　存思百念者，精思密念之意，非多想也；　節度者，周天進退之徑路。

時常審視，刻刻運行，六臟修治，日日新而又日新，勿令其故，行當撤手翺翔，飛入雲路也。五臟言六臟，取膽部藏識之義。黃庭與醫書不同。

第二十三章　言氣神相引。

治生之道了不煩，但修洞玄與玉篇。兼行形中八景神，二十四真出自然。高拱無爲魂魄安，清淨神見與我言。安在紫府幃幙間，立坐户外三五玄。燒香潔手玉華前，共入太室璇璣門，窮研恬淡道之園。内視密盼盡覩真，真人在己莫問鄰，何處遠索求因緣。

治生之道，養身妙道也。養身以三部爲主，了不煩言，知其要者，但修洞玄與玉篇，已得三之二矣。洞玄者，三洞玄奥，萬法之宗，即人身下元，黃庭、元海、丹田也；玉篇者，美玉靈文，萬法之主，即人身中元，絳宮、明堂、心窟也。

兼行形中八景神者，併合上中下三部而運行之，萬法之王也。八景名八景飛經，在人身分爲三部，三八二十四真，皆出於自然洞章。二十四真者，六根八識、三魂七魄也。又内文所載，諸真皆有名字：上部八景者，腦神覺元子字道都，髮神玄文華字道衡，頭皮神通仲眾字道連，目神虛鑒生字道微，舌神始梁峙字道岐，頂髓神靈謨蓋字道周，膂神蓋歷輔字道柱，鼻神沖龍玉字道平；中部八景者，喉神百流放字道通，肺神素靈生字道平，心神煥陽昌字道明，肝神開君童字道青，膽神龍德拘字道放，左腎神春元真字道卿，右腎神象地無字道生，脾神寶元全字道騫；下部八景者，胃神同朱育字道辰，窮腸中神兆騰康字道還，大小腸神蓬送留字道廚，胴中神受亨勃字道靈，胸膈神廣瑛宅字道仲，兩脅神辟假馬字道成，左陰右陽中神扶留起字道圭，右陰左陽中神包表明字道生。此三部者，在人精思存念，駕河車而搬運之，則二十四真皆安，洞經曰「八景運常寧」是也。

高拱無爲者，集諸神於泥丸，高高在上，端拱無爲，則諸神聽令，陽魂陰魄併合上升，安然不動也。不動之中，方有道心發現，名曰清淨神，出而相見，與我言安身之地。安在何處？紫府幃幙間也。

紫府者，絳宫也；幃幙間者，心包絡中也。人身有包絡一經，所以障隔穢氣，使心清淨也。既有安心之所，坐立自如，户外可逍遥也。古歌云：「七星在北户，河漢聲西流。」心有七竅，以比七星，七星以北，天門爲戶，北方之水，向西而流，將入金鄉也。至此有降心之功，三五玄妙於此而明。三五者，金水合爲一五，木火合爲二五，戊己併爲三五，相將共入黃庭也。

燒香者，保合太和之氣；潔手者，洗心退藏於密；玉華乃陰丹，内邊姹女也。治生以陽丹合陰丹，嬰姹相見，從高降下，共入太室璇璣門也。太室，即大中極。黃庭一室最虛閒，結丹在此，斗宮在此。魁四星爲璇璣，所以藏法身也。璇璣主靜，玉衡主動，動則出而靜則入，靜以養丹。在此門中，窮研真道，恬然淡然，有爲返無爲，道之園也。

内視密眄，只見有金色道人居乎其間，盡見我真身也。真人在我家，不復問西鄰，此修身一大結果，一大因緣，近在己身而得，何處遠索因緣哉！

玉華比陰丹者，天上有玉華仙女，居無欲天，爲玉皇左侍書，謚曰玉華君，主下界三十六洞學道之流，每至秋分日即持簿書來訪有道之士，主化元精元炁，施布仙品。後降生人間，爲唐汾州刺史崔恭之女，名曰少玄，嘗以黃庭經致於其父，使讀萬遍，以延一紀。觀此，則玉華爲仙女，故丹經借以比陰丹也。

第二十四章　言隱藏修道。

隱景藏形與世殊，含精養氣口如硃。帶執性命守虛無，名入上清死錄除。三神之樂由隱居，倏欻遨遊無遺憂。羽服一振八風驅，控駕三素乘晨霞。金輦正立從玉轝，何不登山誦我書。鬱鬱窈窈真人墟，入山何難故躊躇，人間紛紛臭如帤。

景，光也，音「境」，又作「影」，見稚川集。隱景藏形者，韜光匿跡也。此就入山煉大還時言，非同積鉛煉己，混跡塵俗也。丰師曰：「潛身崖壑，惟畏人知。人所貪者我不貪，我所得者人不得，宜其與世殊也。」

含精養氣，有諸內必形諸外，口如丹硃，此煉己後之證驗也。帶，近也。君子之道，不下帶而存，允執厥中，合性命為一，守虛無而生胎仙，姓名入上清矣。上清記名，則死錄除名。

三神者，非三老君，亦非三元君，乃南方三炁，生於太無，在人即木汞，位兼東南。三神之樂，由於去南方而隱居北方，得以全其性命也。水中火發，足下雲生，倏忽之間，遨遊上達，無遺下達之憂也。

羽服者，仙人之衣。仙衣一振，則八風齊驅；控駕三素，則晨霞可乘。晨者，日也。日初出而霞光起，吾即乘之上升。

金輦正立者，陽氣直衝也；從以玉轝者，真意相隨也。此皆修身至道，載在我仙書中，彼世人者，不肯隱景藏形，不知此中樂趣，何不登我深山，誦我金書乎？其山在杳靄幽微處，鬱鬱雲深，窈窈谷邃，乃真人所隱居之墟也。未入此山者，多以爲難，殊不知一入便入，有何難事？惟其故自躊躇，則難耳。躊躇不前，眷戀人間名利，以我觀之，紛紛者其銅臭有如帑藏，一旦籍没，則蕩然空矣。

洞經曰：「三真出太無，玉户映晨霞；回神九重府，南昌發瓊花。」言寄三真於太無，南投北而生身，光照玉户，即乘晨霞而出，回神九重，仍入離宮。南昌發瓊花，火裏又生金蓮也，可與本章「三真」「晨霞」等句參看。

第二十五章 言還丹火候。

五行相推返歸一，三五合炁九九節。可用隱地回八術，伏牛幽闕羅品列。三日出華生死際，洞房靈象斗日月。父曰泥丸母雌一，三光煥照入子室。能存玄冥萬事畢，一身精神不可失。

修身不外五行，相推與相生各異。五行相生是順，五行相推是逆，逆乃易數也；順則金生水，逆則水生金，水中鉛是也；順則木生火，逆則火生木，火中汞是也。且金伐木而滋榮，水尅火而既濟，五行來往，一炁相成，誰生誰尅，一本共根，故曰「返歸一」。

三五合氣者，與前「三五玄」不同，彼言「三箇五」，此言「三合五」也。三日出庚爲嫩氣，再加五日爲兩弦之氣，再加七日爲十五月圓之氣，陽氣純全，九九數足，故曰「三五合氣九九節」。

吾師云：「五千四十零八日，鉛遇癸生採宜急；急馳黃道莫遲延，老君名爲回八訣。」隱地八術者，還丹術也。北宋劉翊，誦黃庭經，遇老子授以隱地八術，遂成仙去，人疑其另有丹術，誤矣。還丹大道，天隱地中，一陽住處，適當七日之後，八日歸黃道也。欲求九九之道者，正可用此隱地法，乃能得太上回八之術。

伏牛幽闕者，藏意於生身處，收羅眾品，陳列丹爐。至三日而哉生明，月現庚方，鉛華發而生死際，乃行合丹之事。際者，交也，汞迎鉛入之時也。孔子告子路，要先知生，後知死，知得生處，乃可去死。知生是立命功夫，丹家言心死神活，尚是盡性的事。至於大死方活，却要在知生處下手去死，死了後方纔復生也。世上丹經，都只說箇死生，不能說到生死，惟孔論與黃庭能言之。

生死交際之後，河車運行，上泥丸而入洞房。洞房者，泥丸前宮也，其中有昭昭靈象。斗日月在內，比三素丹光也。父曰泥丸者，三素生泥丸，必先有靈父聖母，故以泥丸爲父，雌一爲母。雌一即泥丸夫人也。母挾三光而行，煥照子室。子室者，黃庭也。雌一爲金母元君，以金併木，父母相見，猶之嬰姹相逢也。十月情濃，遂產胎仙，迴念當初乳哺，必資外來真水而入內爐。

水神曰玄冥，能存玄冥，則萬事皆畢，故一身精神，不可損失也。含精養神，育嬰之道備矣。

或問涵虛曰：「孔子言知生知死，言明理乎？言修身乎？」曰：「明理可以修身也。成聖成仁，皆在乎此。子路有敢死之心，孔子先教他知生。生即在當死處，可死便死，一死長生。見危授命，危即是生身處，特患其不知耳。這裏不死，雖生猶死；這裏一死，死中得生。子路結纓，即子路生處，即子路死處。生即死，死即生，生死關頭，分得開，合得攏，總要知壽可萬年處，方纔下手去死，則生死皆知也。子貢問仁，夫子曰：『無求生以害仁，有殺身以成仁。』這仁即生處，知得便死。睢陽、信國諸公，至今尚在，此皆生死之際也。內而修身，知得到生處，方知得可死處。生處去死，不落空亡，故孔子曰『未知生，焉知死』。聖人之言，内外皆到。」

第二十六章　言神丹冲舉。

高奔日月無上道，鬱儀結璘善相保。乃見玉清虛無老，可以回顏填血腦。口啣靈芝朝玉皇，腰帶虎籙佩金璫，駕欻接坐宴東蒙。

高奔日月者，陽神冲舉，跳出陰陽，證位大羅玉清無上之道也；　鬱儀結璘者，攀扶日月，陰陽二神也。一云，東方爲日月所出門户，地祇於此旦望送迎，爲鬱儀結璘之神，要之乃服日餐月者也。比人身陽丹陰丹，鬱儀者混合陽儀而成，結璘者服食月珪而聚。二品丹法，能送人逕上三天，故曰「善相保」。自此高奔，乃見玉清宫中虛無大老，在人爲泥丸宫，移丹至此，可以回衰顏而填血腦。「填」之云者，脱胎換鼎，血髓皆化爲神奇，能以實補虛也。

口啣者，服餌也；　靈芝，瑞草也，生三秀山中，仙家名爲三秀草。芝有五種，靈芝爲最，比靈丹也。食靈丹而朝玉皇，洞經謂「三秀登霄庭」是也。

虎籙者，金籙之稱，璫亦用金，全身皆金色也。

欻，音「忽」，飇車也，又忽然吹起貌。駕欻者，乘忽然之飇車，上接帝座，賜宴東蒙也。東蒙在泰山西南，爲海天仙人遊宴之所。

零陵何仙姑，自號採芝仙子，嘗遊三秀山，歲採一芝，獻於太上。一日，在永州壇壁，作三秀神芝記云：「天中有三秀山，上產瑞草，號曰靈芝。芝有五種，靈芝爲最，上帝命三仙姑守之，與地宜也。一藐姑，信州得道；一麻姑，宣城得道；一何姑，增城得道。三姑以黃庭内景經相傳，自爲一脈，受上帝金勅玉印，掌人間福善子嗣，及洞天仙籍，今爲黃庭授籙祖師，凡遇陰德之士，功深行苦，至於希夷，仙姑即應感而至，食以靈芝，立孕胎仙。宋有馬氏，供麻姑採芝圖，後生一神仙宗伯。」

第二十七章　言得藥。

玄元上一魂魄煉，一之爲物最罕見，須得至真乃顧盼，至忌死氣諸穢賤，六神合集虛中宴。結珠固精養神根，玉笓金籥常完堅。閉口屈舌食胎津，使我速煉獲飛仙。

玄元者，一炁也。生人之初有三炁，曰太玄、太元、太始，生上中下三部，形從氣生者也。修丹與生人同理，欲求先天氣者，須知玄元中，乃有無上真一之氣。是氣也，必合陽魂陰魄，而其氣乃出。一之爲物，有心求之不可，無心求之不得，故曰「最罕見」。然雖罕見，亦必求見。只恐見其假不見其真，須得乾鼎坤爐，空空洞洞中，有意無意，忽然而來，如雪如花者，乃顧盼之，切忌死而不活。及諸般穢賤，如紅鉛秋石、閨丹泥水之類，則不足觀矣。

六神，即前第八章心、肺、肝、腎、脾、膽也，膽識傳送，五炁朝元，故云「合集虛中」也；宴，食也，鉛來見汞，子食母炁也。

結珠者，還丹也。丹還之後，精從內守，神與精凝，此固精養神之道，靈根可充實矣。

玉爲陰丹，笓與匙同；金爲陽丹，籥與鑰同。內外二丹，如鑰匙之封鎖，則性命完堅矣。

閉口不言守中氣，屈舌不伸忘外味，如此則自食胎津，保灌玉廬，以自償也。

外爐增減，抽鉛添汞，使我速速煉之，得成飛仙也。

第二十八章　言操真之妙。

仙人道士非有神，積精累氣以成真。黃童妙音難可聞，玉書絳簡赤丹文。字曰真人巾金巾，負甲持符開七門。火兵符圖備靈關，前昂後卑高下陳。執劍百丈舞錦旛，十絕盤空扇紛紜。火鈴霄冠墜落煙，安在黃闕兩眉

間。此非枝葉實是根。

開口二句，說得至庸至常，將黃庭真言和盤托出，乃經中要言也，故外景亦言之。仙人道士，本無神奇，惟是積精累氣，以成真人耳。其中賴黃童保合。黃童妙音，久矣不可得聞也，惟古來玉書絳簡、赤文丹文，猶記其字曰黃庭真人，所巾者金巾也。金巾覆頂，比鉛氣隨身。由是而負六甲，持虎符，開七門，以進陽火。七門，比心中七竅，心生意故也；火兵，比陽鉛；符圖，比火記；備靈關，守進路也。靈關即玄門，一號「九重鐵鼓」，又名「下鵲橋」，乃煉丹發火之處。前昂向臍穴，後卑向尾閭，一高一下，陳列分明。氣衝於上，手執通天劍，百丈之長，從上取之，紫光飛電，如舞錦旛。旛有十絕者，名玄武旗，可以招攝神氣。空中盤繞，攝氣之喻也。而又有迴風相送，宛如宮扇之紛紜。火鈴閃閃，霄冠昂昂，一隊甲兵，落在紫煙之際，有若上元夜宴，三鼓奪崑崙也。此氣也，起在玄門爲陽長，升在泥丸爲陰生，又須安在黃闕，左金匱，右玉房，兩眉之間，則火兵化爲玉師，有如甘雨之降，而植靈芽。

此非枝枝葉葉，實是生人之根也。

第二十九章 言煉藥養火。

紫清上皇大道君，太玄太和俠侍端，化生萬物使我仙。飛昇十天朝玉輪，晝夜七日思勿眠，子能修之可長存。急功煅煉非自然，是由精誠亦由專。內守堅固真之真，虛中恬淡自致神。

紫清，即高上大有之天，玉清宮也，元始上皇大道君所居，左有太玄道父，右有太和真人，俠侍殿端。太玄分炁，太和合炁，致中和而化生萬物。修道者，從身中尋紫清上皇，覓玄、和二氣，神爲主而氣歸之，則能化生一物，使我得仙也。

飛昇十天者，喻陽火之上升也。十天在九天之上十極大羅天宮，爲諸天最高之處。十者，成數也，生之爲一，成之爲十，即十真十仙也。洞曰「十真登紫房，帝子化金仙，轉入十仙門，八景齊洞明」，皆喻陽火升頂也。玉輪者，月輪也。

氣候轉移，必觀月度，晝往夜來，七日來復之候，正好精思用功，切勿貪眠誤事。丹家以一月消息，觀易之四象，初一至初七，七爲少陽；初八至十六，九爲老陽；十七至二十四，八爲少陰；二十五至三十，六爲老陰。此用九、用六之義。老陰加一日爲七，晦朔之交也；老陰後六日爲七，來復之時也。此皆宜思之熟者。人能修之，可以長存也。但其中有自然法度，不可急功煅煉，失却自然之妙。

是道也，由於一念精誠，亦由一心專注。由外入內，結就胎嬰，內守堅固，此真之又真者也。總要虛中調養，恬恬淡淡，則神化之功，自可坐而致也。

第三十章 言服氣。

百穀之實土地精，五味外美邪魔腥，臭亂神明胎氣零，那從返老得還嬰。三魂勿勿魄糜傾，何不食氣太和清，故能不死入黃寧。

百穀之實，乃土地精華所產，以濟生人之用者，治爲五味，美饌可餐，然此是外美，非內美也。好食五味者，一腔邪魔，腥膻滿腹。夫神明好清，而臭味淆亂之，胎氣宜養，而臭味零落之。脾土傷，則飲食難化，頹然老矣，何從返老還嬰乎？

勿勿，忽忽也，又飄舉貌。魂出鼻孔而飄舉，魄因肉糜而喪傾，五味之食，湮沒性靈多矣，何不食氣養神、食氣養胎乎？太和之氣，清而不濁，保合太和，利貞可卜，故能長生不死，入於黃寧童子，同作元靈也。洞經曰：「元靈黃房中，內有黃寧童。」蓋人身胃脘神也，主消水穀，仙家名「黃屋玄翁」，綰合戊己二土，使人成仙得道，本經脾部云「坐在金臺城九重，方圓一寸命門中」。能食太和者，自能入此中宮也。

嘉祥白駒觀，有二道士，性躭清虛，一劉淑，一楊峻，皆病羸弱，不能留形住世。嘗遇仙師，各賜道名，楊曰道果，劉曰道愚。二人没後，降乩於其友曰：「吾某某靈魂也，不隨魄喪。人初生時，先有靈魂附體，魂清人清，魂濁人濁，其魄乃父精母血成者，魂不至，胎不落。墜地之後，仍食母氣，長嗜五味。及其死也，魂禀虛靈，還歸覺路；魄貪糜肉，因此喪傾。道果、道愚，玄門之魂也；劉淑、楊峻，人家之魄也。魄受伊孫之享，魂爲太空之遊。吾儕没後，仍還未生本來，不戀他家兒女，惟曾寄魂於母胎，欲作一番事業。魂願未消，只此念及父母耳。魂見其屍，宛如糞土，魂飛户外，常踏雲中而行，餐天地空炁。其魄守墓廬，戀堂室，依依不散，能禍福子孫，若魂則無此也。生前養性一番，死後更爲空絕，無罣無礙，無殃無煞，但不能現形說話，以其爲虛靈也。有能現形者，皆魄在人間，領受屍氣之餘，百穀之精，是以有精爽耳。神仙魂魄相拘，形神俱煉，故能聚則成形，散則成氣。吾二人一片虛靈，將俟天緣，投生再煉。」此明性之言也，語甚怪，有至理，故記之。

第三十一章 言心意，須知動靜。

心典一體五臟王，動靜念之道德行。清潔善氣自明光，坐起吾俱共棟

梁。晝日耀景暮閉藏，通利精華調陰陽。

典，掌職也。心典者，心意也。心爲君主，意爲掌職，如人間典禮、典樂之官，爲天子掌職也。意生於心，故曰「一體」；土治五臟，故曰「王」。土有內外、動靜、有定無定之分。動者屬陽爲外，靜者屬陰爲內。外所以通兩家之和好，故無位而動；內所以傳一時之過送，故有位而靜。動以採藥，靜以煉藥。不動而先天之炁如何招攝得來？不靜而先天之氣如何凝結得攏？靜在黃庭之內，則有定；動在黃庭之外，則無定。無定者，無形無象之真土，不落有無，不立方所。動而採藥爲黃婆，靜而煉藥爲土釜，以之結胎爲黃庭。黃婆者，調和陰陽；土釜者，烹煉鉛汞；黃庭者，靜養谷神。靜只言定，非真有黃庭也；動只言無定，非真有黃婆也。心典動靜之分，如此如此。即此念之，則修德行道，功夫偕行也。

但此真意，必從真心發出，至清至潔，善氣相迎，自生光明之象。心靜意即靜，坐也；心動意即動，起也。坐起吾俱，宛若共棟梁焉。棟，屋脊也；梁，負棟者也。棟梁比心意之相依也。

晝日耀景，則意動而行；暮夜閉藏，則意靜而止。朝屯暮蒙，通利一身精華，而能調和陰陽者也。

第三十二章　言兩腎，重在隱藏。

經歷六合隱卯酉，兩腎之神主延壽，轉罡迴斗藏初九，知雄守雌可無老，知黑見白氣自守。

六合者，二六相合十二時也。自子至巳爲六陽，行督脈之後；自午至亥爲六陰，行任脈之前：故曰「經歷六合」。卯酉者，出入之門，隱則隱於門中也，此處名歸根竅、復命關、金木交併處。

兩腎者，內外二腎也。其神玄冥，能存玄冥萬事畢；其神桃康，男女迴老有桃康，故主延壽。延壽之方，莫外乎火升水降。火升則踏罡步斗，水降則轉罡迴斗。藏，潛也。初九潛龍，藏心於淵也。藏初九，則知雄守雌，精神堅固也，故曰「可無老」；藏初九，則知黑見白，鉛汞相拘也，故曰「氣自守」。

「六合」有數解，有天中六合，有身中六合。天中六合者，天地四方也，出神時見之，洞經曰「分形散六合，泥丸易分別」是也。身中六合者，其中有上下四圍處，皆名六合：一玄丹宮，「中結元始王，高觀六合庭」；一泥丸宮，「飛霞散天日，凝煥六合房」；一洞房宮，「混化六合室，洞房列火兵」；一兩腎中間，「桃君守六合，勒精衛泥丸」皆見大洞仙經；　一黃庭宮，本經云「六神合集虛中宴」是也。至此章言「經歷六合」，以十二時言之，非宮庭也。

第三十三章　言肝氣，表木液也。

肝氣鬱勃清且長，羅列六腑生三光；　心精意專內不傾，上合三焦下玉漿。玄液雲英去臭香，滌蕩髮齒煉五方，取津玄膺入明堂。下溉喉嚨神明通，坐視華蓋遊貴京；　飄颻三素席清涼，五色雲氣紛青葱。閉目內眄自相望，使諸精神還自崇；　七玄英華開命門，通利天道存玄根。百二十歲猶可還，過此守道誠甚難；　惟待九轉八瓊丹，要復精思存七元；　日月之華救老殘，肝氣周流終無端。

人有一身，必須真水灌注。真水，即真氣也。水始於北而歸於東，故論天下之水者，於東爲最。太乙救苦天尊，居東華方諸宮，崇仁重生，扶桑大帝君稱東方九炁九老，王少陽祖師爲扶桑首相，共治水府，如膽之副於肝也。洞經曰「東華發始暉，高晨映上清，泛然雲波間，寂眄泥丸城」，又曰「大帝九老京，校仙登扶桑，河海皆受事，立示應會方」，即此觀之，東方爲生氣之祖，在人爲肝，肝之爲氣也，鬱鬱勃勃，源清而流長，收羅眾泒，環列身中，方方得氣，處處養源。六腑之間，膽與三焦領少陽之氣，胃與大腸領陽明之氣，小腸、膀胱領太陽之氣。肝稱厥陰者，陽氣於此歸極，陰爲陽根，諸陽所始，故能使日月星辰同生三光也。守東方氣者，心要精，意要專，則內藏不傾，上合三焦之氣而上，下合玉漿之水而下。

三焦者，氣衝也。上焦在胃口上，治在膻中；中焦在胃管，治在臍旁；下焦在臍下，膀胱上口，亦治在臍。其實乃真元一氣也，有藏無府，故古歌云「三焦無狀空有名，寄在胸中隔相應」。但三焦統中下言，而此云「上合」者，上焦如霧，氣喜上浮也。玉漿者，瓊海也，主納通身真液，注於中宮，上周爲氣，下流爲漿，由是而玄液滔滔，雲英鬱鬱，可以去臟腑之臭香也。出氣則毛髮如洗，吞液則牙齒皆盥，故曰「滌蕩髮齒」也；氣無所不到，即無所不煉，故曰「煉五方」也。取津於舌下玄膺，注液於絳宮明堂，下溉喉嚨，與心宮神明一氣相通，既降之後，時時有白氣，生於肺宮，浮游玉京山上，故曰「坐視華蓋遊貴京」也。其爲氣也，飄飄颻颻，青素君居左席，黃素君居中席，白素君居右席，三氣以青氣爲主，空青滿座，故曰「三素席清涼」也。又如五色雲起，紛然空際，青青葱葱，一片東方之氣也。閉目內盼，自心與自息，兩兩相忘，使諸臟腑精神，還自累以臻崇高。

七玄者，內丹也。七乃離中之火，玄乃坎中之水，取坎填離，心中養就真陰，是爲子炁。仙經云：「超九祖，拔七玄。」九祖乃先天祖炁，煉就金丹即超九祖；七玄乃後天子炁，煉出靈芽即拔七玄。英華者，黃芽也，故名「七玄英華」。以此駕玉液河車，則能開我命門，通利天津九道，而存玄牝之根。人能守此玄根，則保身待時，延年奉道，百二十歲，猶可還丹。過此以往，欲求保生之道，誠甚難也。內丹了性，只活得如是耳。若欲了命，惟待人密尋九轉金丹、八轉瓊丹，則能長存萬劫。

九屬金，八屬木，東往西鄰，金回木運，瓊漿入口，名曰「九轉八瓊丹」，即金液大還也。要人密密精思，常存七元，然後璇璣玉衡，默運日月。七元者，北斗元君，主人死生者也；日月，以陰陽言，陰陽相配而生精華，能救老人之衰殘。古人有服日精月華者，即此術也。紅日杲杲，明月團團，皆生於東海之上，可知人身肝氣，亦自周流不息，始終無端也。

第三十四章

言肺氣，表金液也。

肺之爲氣三焦起，視聽幽闕候童子；調理五華精髮齒，三十六嚥玉池

裏。開通百脈血液始，顏色生光金玉澤；齒堅髮黑不知白，存此真神勿落落；當憶紫宮有坐席，眾神會合轉相索。

肺氣從三焦起者，肺爲五臟華蓋，三焦爲真元一炁，真元上升，肺乃受之，故從三焦起也； 視聽幽闕者，中下二焦，皆治在臍，返觀內察，以候臍下之氣，故視聽必在幽闕； 候童子，即候白元也。 白元在肺，如何在臍？ 肺與真元本一炁耳，真元至則白元至也。

五華者，五炁也。 肺氣調則五炁調，肺氣理則五炁理，故曰「調理五華」。 五華精壯，則齒髮亦精壯。 此等功夫，全在夫納炁。

三十六嚥者，陽行三十六，吞入我家金鼎，以留朱裏真汞。 外行不知，必謂三十六次嚥入口中玉池也。 玉池在彼，見翁葆光、陳上陽悟真註內。 內嚥之津，從外邊玉池躍出，一撞三關，開通百脈，腦生血液，由此而始。 紫陽云：「百脈閉而不開，惟神仙以陽氣沖開，故能得道。」自此顏色生光，而得金玉之澤也。 齒之動者日益堅，髮之白者日返黑，黑則永知白也。

真神，乃白元之神； 落落，乃疎疎之義。 存此真神，最宜密密綿綿，不可疎疎落落。 紫宮者，諸神會合之地也。 當憶紫宮之間，亦有白元坐位，眾神聚處，與我相合，轉來相索於白元，以食金液也。

第三十五章

言脾土妙用。了性了命，始終以脾神爲王。

隱藏羽蓋看天舍，朝拜太陽樂相呼。神明八威正辟邪，脾神還歸是胃家。躭養靈根不復枯，閉塞命門保玉都。萬神方酢壽有餘，是爲脾健在中宮。五臟六腑神明王。上合天門入明堂，守雌存雄頂三光。外方内圓神在中，通理血脈五臟豐。骨青筋赤髓如霜，脾救七竅去不祥；日月列布張陰陽，兩神相會化玉漿。淡然無味天人糧，子丹進饌餚正黃，乃曰琅膏及玉霜。

太上隱環八素瓊，流溢八液腎受精；伏於太陰見我形，陽風三玄出始青。恍惚之間過清靈，戲於飈臺見赤生；逸域熙熙養華榮，内眄沉默煉五形。三炁徘徊得神明，隱龍遯芝雲琅英；可以充饑使萬靈，上蓋玄玄下虎章。

隱藏以藏意言。羽蓋所以隱身者，看天舍、觀天心也。天心乃太陽之氣伏蒸而成，契所謂「下有太陽氣，伏蒸須臾間」也。脾主太陰，則必與太陽相對，故曰「朝拜太陽樂相呼」，喻意氣之相合也。

神明即真意，爲八方之威神，一正可以辟萬邪。脾與胃相爲表裏，故脾神還歸是胃家，家即戊己宫也。

躭養靈根，勤修黄芽也，黄芽一長，則根本不枯。閉塞命門者，靜守黄庭也，前所謂「方圓一寸命門中」也；保玉都，護瓊壠也，吕祖云「朝朝煉液歸瓊壠，夜夜朝元餐玉英」即「保玉都」之義。

萬神方酢者，身中萬神，冥酢於此，彷彿躋堂稱壽，慶祝有餘也。是爲脾神建極，在乎中宫，五臟六腑之神明，皆相聚焉，此其所以爲王也。

上合天門，下入明堂，是爲歸根之象。守雌存雄者，悟真所謂「雄裏懷雌結聖胎」也，本經云「三光焕照入子室」，正在此時，故曰「頂三光」。三光覆頂之地，外方内圓，神在其中，即黄庭宫也。由是而通理血脈，五臟豐肥。

骨青筋赤，白髓如霜，皆脾所造就者。此脾也，更能救護七竅之心，滌除不祥之氣，日月列布於中，陰陽開張於内，只見那雄一雌一，兩神相會，溶溶漾漾，化生玉漿，陸子野名爲神水，陳上陽決爲真精真氣。玉漿入口，淡然無味，此即天仙化人之糧也。

子丹者，金液也，金液還丹乃雌雄二神交感中宫而生，故曰「子丹」；進饌，比服食；其餚正黃者，黃芽滿前也。洞經云「舐煉五芽珠，含善味長生」，金丹大要云「刀圭入口，運己真火以養之。運火之際，忽覺夾脊真炁上冲泥丸，瀝瀝然有聲，似有物觸上腦中，須臾如雀卵顆顆，自腭下重樓，如冰酥香甜，甘美無比。覺有此狀，乃驗得金液還丹。徐徐嚥歸丹田」，如此服食，乃曰「琅膏玉霜」，可稱仙饌。

太上者，至大至尊之稱，表金胎神室也。金胎神室，隱隱然環而遶之者，若集八素之瓊室焉。八素化爲八液，自上達下，腎受其精。自此而後，常常不絕，閉目內觀臟腑，歷歷如燭照，漸次金光覆頂也。

伏於太陰之間，恍然見我真形。太陰，脾也。脾在上而忽云在下，此乃無形之土，非有形之土；乃無定之土，非有定之土；乃仙經所言之土，非醫經所言之土也。土中養育，法身自見，飄飄然陽風一起，從三玄之內，出乎始青之天，鍾祖云「第一混洞太無元」。從此化天寶君，治玉清境，其氣始青。始青者，東方之天也；三玄者，三丹也。猶言脱胎換鼎，由下丹升上丹，徑達始青，帝出乎震也。

恍恍惚惚間，至於泥丸宮清靈之境，戲於飈臺之上，與赤生相見。飈臺在玄丹宮上，赤生乃南極長生大帝，喻言本性圓明，赤洒洒，光灼灼也。

逸域，乃逸宅，在玄丹宮內，洞經曰「逸宅丹玄內」是也。此處爲調神之所，熙熙如登春臺，養我華榮，以待出殼也。內盼本身，沉沉默默，靜煉五體，必生羽翰。
三炁徘徊者，即前十九章中「三真扶胥」之意，妙在「徘徊」二字，有涵泳優游光景；　得神明者，煉神還虛，六通四達也。
隱龍者，易所謂「龍蛇之蟄以存身」也；　遯芝者，歛跡名山，以食仙芝也；　雲琅英，神丹也，學人道成之後，尚有神丹一著，名號天元服食。修丹至此，萬神聽命，故曰「可以充饑使萬靈」。
玄玄者，北天也；　虎章者，金光也。北方有上玄玄天，主成仙作聖，清淨無染，證不空果者升此天。上蓋玄玄，頭頂北天也；　下踏虎章，足履金光也。

第三十六章

沐浴盛潔棄肥鮮，入室東向誦玉篇，約得萬遍義自宣。散髮無欲以長存，五味皆至正氣還，夷心寂悶勿煩冤。過數已畢體精神，黃華玉女告子情，真人既至使六丁，即授隱芝大洞經。十讀四拜朝太上，先謁大帝後北向。黃庭內經玉書暢，授者曰師受者盟。雲錦鳳羅金紐纏，以代割髮肌膚全，攜手登山歃液丹，金書玉景乃可宣；妄傳事發告三官，勿令七祖受冥患。太上微言致神仙，不死之道此其文。

凡修仙道者，必須沐浴身心，至於盛潔，棄盡肥薰，安於淡泊；入室東向者，先領東方生氣；誦玉篇者，先行玉煉之功；約得萬遍者，三年煉己，自在河車幾千遭也；用力之久，一旦豁然，汞性圓明，義自宣著。

散髮無欲者，逍遙自得，以此立長存之根；五味既至，黃中通理也，黃中通則正氣還，正位居體，美在其中矣。

夷心，平心也；寂悶，無悶也。息念幽居，勿染煩惱之冤孽也。

過數已畢，內養純也；體有精神，五形固也；黃華玉女，己性也，即黃婆也；告子情者，通情合性，可稱還丹也。真人既至，丹道已成，役使六丁，陰魔拱手。

隱芝者，金仙之號也；大洞經，元始天尊所作，授與玉宸道君。道君言人能修到真人地步，吾即授以隱芝金仙大洞仙經，以盡玄微之旨。得此經者，十讀四拜存其誠，默朝上帝立其敬，先謁大帝九老，以受東方九炁，後乃北向而坐，以受北方五炁，「始於東北」之義也。

道君本大洞經義，演說黃庭內經，總教人恪守中央耳。名曰玉書，言言曉暢。以書授人者爲師，受書爲徒者必先盟誓。毋畔毀，毋怠惰，毋貪凡，此「盟」意也；雲錦之衣，鳳羅之裳，金作紐以結纏帶，示信心之固結也。釋氏學道必須薙髮，玄門立教只以金紐纏結其信心，以代割髮之意，全其父母肌膚，天上無落髮仙人也。

至於金簡玉文，雖然授受，必須攜手登山，歃血再盟，毋許妄傳匪類，亦勿遇人不傳。如此盟畢，液丹作證。液丹者，血神名也。夫而後，金書玉景之妙蘊，乃可宣陳。如有妄傳，事不發露則已，事若發露，必告於三官以拷掠之，七祖同受冥患。三官者，天地水也。三官宮府，百二十曹，每年正、七、十，三官會集，考校不善，慎之慎之，勿令七祖陰靈同受冥中患難也。

太上微言，即指黃庭內文，能知文義，坐致神仙。神仙者，不死者也。欲求不死之道，豈有他哉，此即其至文也。得者寶之，授籙者誌之。

道光二十七年三月初八日寫畢

太上黄庭外景經

丹霞、青霞二元君秘本　圓嶠山紫霞洞涵虛子註

第一章

老子閒居作七言，解說身形及諸神。上有黄庭下關元，前有幽闕後命門。呼吸虛無入丹田，玉池清水灌靈根。總真童子食胎津，審能修之可長存。

此章乃少陽祖師開經讚也。祖師曰：「老子閒居無事，嘗即内景經刪繁就簡，作爲七言，仍名曰黄庭，別之曰外景。内外乃前後之稱，非指身中内外也。其所稱說者，一身五形，及身中萬神。真要典也。太上以虛無爲本，上下前後之間，其中有一虛無圈子，人能守此，呼吸則能深入丹田，養他家玉池中先天至清之水，以灌我家靈根，靈根固則丹基立矣。總真童子，即胎嬰也。胎嬰爲萬神之宗，朝朝養育，服食胎息、玄津，如此修之，便可長生不死。」灌靈根以後天養己言，食胎津以先天養丹言。此一讚之妙義也。

世傳黃庭經，將「老子閒居」二句删去，下改爲四言，曰「上有黃庭，下有關元，前有幽闕，後有命門，呼吸廬外，出入丹田，審能行此，可以長存」。「總真童子」句，諸本皆遺，不睹真函，幾失廬山面目也。先余欲註黃庭時，忽感丹霞元君降於山齋云：「接魏夫人書，命子考註黃庭，並以閬苑秘本垂示。」一日，有餐霞道人，得南嶽弟子楊長史傳本，以寄持平子，轉示於余，合丹霞本參之，始識天宮秘籙，固自相同也。喜而誌於註下。

第二章

黃庭真人衣朱衣，關門牡籥闔兩扉。幽闕俠之高巍巍，丹田之中精氣微。玉池清水土生肥，靈根堅固老不衰。

籥鑰同，鎖鑰也，其機括有牝有牡。關門之時，以牡入牝，則籥合而兩扉亦闔，喻言神氣交媾，如牝牡之相銜也。作「壯」字者謬。

土生肥者，取他家玉池中至清無擾之水，日日澆培，則瘠土變爲肥土，而靈根深穩，堅堅固固，至老不衰枯也。

餘見内景四章。

第三章

中池有士服赤朱，田下三寸神所居。中外相距重閉之，神廬之中務修治。玄膺氣管受精符，急固子精以自持。

中池爲氣海，一曰中心，内有修身之士，服赤朱衣，指心神也。田，丹田也。田下一寸爲關元，二寸爲中極，三寸爲會陰，皆神所居之地，非獨中池也。中池與田下三寸，不無中外相隔之勢，而重重緊閉，則内神不出。神廬者，神室也。神室之中，務修治清淨，不許外緣相侵，綿綿若存，内養神火，忽而水來相濟，則有玄膺氣管承受精符。精符者，以精合神，取水制火也。精在我家爲子精。從此急急固濟，以自扶持，則正一含華也。

第四章

宅中有士常衣絳，子能見之可不病；橫徑長尺約其上，子能守之可無恙；噓吸廬間以自償，保守完堅身受慶；方寸之中謹蓋藏，精神還歸老復

壯；俠以幽闕流下竟，養子玉樹令可杖。

首句與內景「宅中有真常衣丹」同。宅，靈宅也，培養陰丹之地也，一名盧間，一名方寸。橫徑量之，其長不過尺許，約束乎內神之上，務使內境不出，外境不入，守之在此，噓吸在此，保養在此，蓋藏在此，精神歸根在此。幽闕俠之，其流衝至下而竟，竟者止也。養子玉樹者，灌溉靈根，使之琳條森森，可以爲杖也，喻言內丹成就，扶持衰老之義。

第五章

至道不煩不旁迕，靈臺中天臨中野。方寸之中至闕下，玉房之中神門户。皆是公子教我者。

迕，逆也，又行也。至道逆行，然不向旁門逆行，左上右下者，非正軌也。必須後升前降，乃自然之大路。靈臺起於中天，即真心發現處也。下臨中野，注意於中央黃庭。

方寸者，規中也；闕下者，臍下也。玉房即內景之金匱玉房，言玉房而金匱亦在其內。夫人之神棲於目，故爲神之門户，經所謂「機在目」者是也。

此至道之要，皆是木公之子，指教我者。公子爲震帝，爲長子，爲龍。龍從火出，秉性靈通，道教人先明己性，能明己性，即能自己醒悟，自己醒悟，即如公子之教我也。

第六章

明堂四達法海員，真人子丹當我前，三關之間精氣深，子欲不死修崑崙。

明堂，即明堂宮也，此宮在兩眉間一寸之內；日月列宿，照耀光明，故曰「四達」；運藥至此，爲丹法會歸之地，源頭活水，從此化生，故曰「法海員」。子丹者，金胎也，金胎乃真人之體，以金尅木，母來見子，結成真身，故曰「真人子丹」；由明堂而入神室，神室在明堂之前，故曰「當我前」。

三關，見內景註內。子欲不死修崑崙，這句乃玄中妙語，不可不知。上崑崙爲修煉陽神之地，長生遠死之鄉，此人所共知者，而尤不止此也。有中崑崙，隱在身中，爲至清至空之境，氣與神合，渾渾淪淪，打成一片，如入萬仞虛空，一身之內雖有上中下三關，到此並無三關可分，一真特露，萬象皆虛，離種種邊，造巍巍境，張三丰先生道情所謂「無事真人裏面藏，主翁端坐崑崙上」者是也。此處見先天長生陽神，無後天轉劫陰神，故曰「三關之間精氣深，子欲不死修崑崙」。誦黃庭者，須要在「之間」二字着眼。又有下崑崙，爲修丹發火之源，皆所當知者。凡修崑崙者，須凝神於三關之間，其間有至清之精，至淨之氣，神入其中，深微浩渺，空空無無，心甚明白，又不動念，一刹那間頓超上乘。

世人見「崑崙」二字，即云訣在泥丸。若非吾山、保和二師頻頻指點，誰知致意於三關之間哉。

第七章

絳宮重樓十二級，宮闕之中五采集，赤神之子中池立，下有長城玄谷邑。長生要妙房中接。

絳宮在重樓之下，藥入絳宮，必先下肺管重樓十二階梯。宮闕之中，指黃宮言。追二炁於黃道，合三姓於黃宮，則五炁朝元，衆美畢聚，故曰「五采集」。赤神之子，真意是也。由心生意，故曰「赤神之子」。中池者，元海也。五采相集之時，真土擒真鉛，真鉛制真汞，定而不走，神炁凝住，故曰「立」。中池之下有長城，金隄是也；又有玄谷，水鄉是也。邑在其中，爲修行人食采之地，如人間都邑，有城垣圍之，濠溝遶之，乃嚴密處也。

長生要妙，自房中得之，丹家名接命術，有如男女交媾，並非採戰之事，乃神炁相胥，金木交併而已矣。

第八章

棄捐淫慾專子精，寸田尺宅可治生，繫子長流心安寧，觀志遊神三奇靈，閒暇無事心太平。

首句之意，勸人戒色慾以固精也。寸田者，命門也；尺宅者，靈舍也，內景云「方圓一寸命門中」，本經云「橫徑長尺約其上」，乃養己存心之地，俗人作「面門」解，非也。

心不安寧，由於擾擾外馳，長流不返，故須繫之於內，以安其心。

觀志者，閉塞內觀以持其志也；遊神者，真人潛深淵，浮游守規中，有泳游自得之象。此時精氣神合而不分，故稱爲「三奇靈」。

閒閒暇暇，無事無爲，心境於斯太平焉。

第九章

常存玉房神明達，時念太倉不饑渴；役使六丁神女謁，閉子精路可長活。

常存玉房者，刻刻存神也。閉目內守，神不外遊，則愈定愈慧。人知其神之神以爲明達，而不知不神之神乃真明達也。

時念太倉者，時時調護，薄滋味以養之也。太倉爲胃，意土居之，意所在即太倉所在，不可執有形之胃也。仙家以玄關爲太倉穴，長胎住息之所，內景云「方圓一寸命門中」，吾以爲意所燕居之地，真通論也。意土盛强，能使胃消水穀，飲食融化，故曰「不饑渴」。

六丁之神，名之爲女者，陰神也。陽神在我，則能役使六丁，命其來謁。長生之道如此，總要閉子精路耳。

第十章

正室之中神所居，洗心自治無敢污。歷觀五臟視節度，六府修治潔如素。虛無自然道之故。

正室者，中央神室，不偏不倚也。洗心退藏，自勤修治，無敢垢污焉。由是而內觀五臟，歷歷如燭照，一身節度，皆可審視也；由是而內觀六腑，一一修治，潔然如素，並無濁穢也。虛無自然之道，從古如此。故，原故也。

第十一章

物有自然事不煩，垂拱無爲身自安；體虛無物心自閒，寂寞曠然口不言。修和獨立眞人宮，恬淡無欲遊德園；清淨香潔玉女存，修德明善道之門。

物有陰物陽物，分乾坤內外看，此「物」字以內言。凡修內物者，有自然之理，不必多事，其事本不煩也。身安則精不動，心閒則神不擾，口不言則氣不散，但當端拱無爲，體虛無物，寂寞曠然耳。

修理太和，守中獨立，此之謂眞人宮。恬恬淡淡，內無欲念，遊於德園，玉芽燦燦。斯時也，清淨無染，香潔無塵，則玉女長存矣。

玉女者，內汞之喻也。德也者，人之所得於天，虛靈不昧，以具眾理而應萬事者也，修之所以復其虛靈之體焉；善也者，天之所賦於人，最初一點，乃性之根而心之蒂也，明之所以見其本來之真焉。大道之門，先教人盡性，亦在乎修德明善而已矣。

第十二章

作道優游身獨居，扶養性命守虛無；恬淡無爲何思慮，羽翼已成正扶疏。長生久視乃飛去。

作道，言修道也。修道之士，或在人間，或出世外，須要優游自適，守吾身而獨居焉。身中有性命一者，日日扶持，時時養育，先修玉煉以明性，後修金煉以立命，其秘要只是内守虛無耳。

人生天地間，多思多慮，能守虛無，則恬然淡然，無爲而爲，何思何慮之有？仙家以煉氣爲煉羽翼，神完氣足，則羽翼已成。

扶疏者，神氣絛茂也。從此内全性命，外固形軀，隱顯人間，長生久視，厭居塵寰，乃脱殼飛去。

第十三章

五行參差同根節，三五合契要本一；誰與共之斗日月，抱珠懷玉和子

室。子能守一萬事畢，子自有之持毋失，子欲不死藏金室。

參差者，錯綜互用也。五行順序，則金水木火土相生相養；五行錯綜，則金木水火土相尅相制。其間有木降金升、水主火賓之用。道有不可等齊者，故曰「五行參差」。然其一炁相成，則同根共節也。三與五合契，其數爲八，分陰分陽，適當七日來復之後。溯其本，則自虛無生一炁，一炁產陰陽，故曰「要本一」。此一炁也，養在虛無。誰與共之者，北極二曜是也。斗魁斗杓，星辰動靜而審時；離日坎月，水火同宮而交煉。我只抱明珠，懷美玉，修和子室耳。

子室，即虛無也。人能守虛無一炁，待其來而擒之，則性命在我，萬事皆畢矣。一之爲物，子身自有，總要堅持勿失，失則死，不失則不死。子欲不死，必將此一藏之歸於黃金室內，永遠不離，則大丹成就矣。

第十四章

出日入月是吾道，天七地二同相守，升降進退一合九，玉石珞珞是吾寶。子自有之何不守？心曉根蒂養華采，服天順地藏精海；七日之内回相合，崑崙之性不迷惑。

出日入月者，陽往陰來之路也，故曰「是吾道」。天七者，火之成數，火成於天，自上而下，未濟之卦也；地二者，火之生數，火生於地，自下而上，既濟之卦也。既未兩卦，互相保守，此金水之事也。

升降進退，即上下也；一合九者，金水不可離也。進則水中金升，退則金中水降，此增減之妙也。玉石珞珞者，比金液顆顆，如卵如丸，下於喉嚨，而爲吾身至寶也。

金液還丹，人人自有，得之者可不守之乎？守之之功，所以深根固蒂也。而知其道者，莫妙於心。心曉根蒂，舉金水以養還丹，則灼灼陀陀，漸生華采。此等法功，要只服事乾天，順承坤地，承天時行，收藏精海而已。精海者，元海也。

七日來復之內，即起周星運回內院，與吾已結之丹，兩相併合，養於中崑崙，調於上崑崙，空清一片，本性圓明，故曰「崑崙之性不迷惑」云。

第十五章

九源之山何亭亭，中有真人可使令。蔽以紫宮丹城樓，俠以日月如明珠。萬歲昭昭非有期，外本三陽物自來，內養三神可長生。魂欲上天魄入

淵，還魂返魄道自然，庶幾結珠固靈根。

九源，即內景所稱「九液源」也。九爲金，源爲水。上言金水之用，此章言金水之根。九源在下崑崙，故曰「九源之山」。亭亭，山高貌。山中有真人，號玄冥童子，又曰桃康，可備使令之用。

「蔽以紫宮丹城樓，俠以日月如明珠」，言其藏護之嚴密也。藏護密，則內火精純，仙道可致。

萬歲昭昭，長明久視，非有期年之可計也，此大還之樂也。當其先，修丹於內，創鼎於外，乾三陽而坤三陰，天地顛倒，賓主錯綜，以乾入坤，則三陽在外，霎時先天一物，不期而自來，名曰水中鉛，以鉛制汞，由外還內，聚精養神，以三陽補三陰，復成乾體，相接長生。

三神者，三陰也。內養三神，外丹伏內丹也。內丹既伏，則清明鎮定，可以長生。彼不長生者，臨死之時，魂欲上天，魄欲入淵，魂魄不親，鉛汞各道。還魂返魄者，魂欲上而使之下，魄欲入而使之出，魂魄相拘，悟真謂「地魄擒朱汞，天魂制水金」，此大道自然之事也。修丹至此，庶幾結就明珠，永固靈妙之根，而爲仙人矣。

第十六章

旋璣懸珠環無端，玉笓金籥身完堅。載地旋天周乾坤，象以四時赤如丹。前仰後卑各異門，送以還丹與玄泉。象龜引氣至靈根。

旋璣者，進陽火而璇璣上運；懸珠者，退陰符而珠玉下垂。此二者，如環無端，其入内也，陽丹與陰丹交凝，玉笓金籥兩兩封固，而本身完堅矣。載之以地，黄庭坤土也；旋之於天，白液乾金也。一周天内，盡乾坤陰陽之妙。其沐浴卯酉，盈虚生成，又象四時之分至、四時之推行與四時之花實，十月霜飛，葉黄果熟，其赤如丹，此返本還元之所以名爲丹也。

養丹之地，前仰後卑，前則任脈止於小腹，其象仰；後則督脈起於尾閭，其形卑。一仰一卑，爲金丹出入之門。其往來有各異者，出送之往，入送之還。還丹到手，付與玄泉。玄泉者，虚中一竅，深淵是也，俗解作舌下廉泉，乃外行語。

結句云：「象龜引氣至靈根。」若非深處，安得謂之靈根哉！

第十七章

中有真人巾金巾，負甲持符開七門；此非枝葉實是根，晝夜思之可長存。

中，即深淵之中，不在肉團心內；七門，比七竅，肉團心有七竅，靈明心亦自有七竅也。可與內景二十八章參看。

第十八章

仙人道士非有神，積精累氣以成真。人皆食穀與五味，獨食太和陰陽氣，故能不死天相既。

太和之氣，陰陽合成者也。既，盡也。與天相盡，實無盡之詞也。

第十九章

試說五臟各有方，心爲國主五臟王；一意動靜氣偕行，道自守我神明光。通我華精調陰陽，晝日昭昭夜自守；渴自得飲饑自飽，經歷六腑藏卯

酉。轉陽之陰藏於九，審能行之不知老。

五臟以心爲君，人以身爲國，故心稱國王；意由真心發見，靜則與氣相依，動則爲氣之輔，是二是一，故曰「偕行」。欲得真意，道在守神明，能守神明，則能生出真意。通我華精，調和陰陽。

華精者，真鉛也。鉛汞相投，則陰陽和合，從此朝屯暮蒙，晝則昭昭而行火，夜則默默而行符。金水抽添，渴得飲而饑得飽矣。經歷六腑者，元氣充滿乎一身，藏丹於卯酉門中。藏則轉陽之陰，如潛龍之藏於初九，皆一意之動靜爲之也。審能行此，永不知老矣。

第二十章

肝之爲氣條且長，羅列五臟生三光。上合三焦下玉漿，我神魂魄在中央。津液流泉去臭香，立於懸廱含明堂。雷電霹靂往相將，左卯右酉是吾寶。伏於玄門候天道，近在我身還自守。清淨無爲神留止，精神上下分開理。通利天道長生草，七孔已通不知老。還坐天門候陰陽，下於喉嚨通神

明。過華蓋下清且涼，入清泠淵見吾形。其成還丹可長生，下有華池動腎精。立於明堂臨丹田，將使諸神開命門。通利天道至靈根，陰陽布列如流星。

一本有「肝氣周流終無端」之句作收，頗似此章大旨，或後賢註語。因七字混入經文，不忍棄之，附此。

肝之爲氣，條達而流長，萃然沛然，真可庇蔭一身。內云六腑，此云五臟，臟腑皆木液之所滋潤也。羅列五臟，臟臟維持，合三焦而下玉漿，則與真元一氣，周流不息。肝藏魂，此並言我之心神肺魄，同在中央，以三姓會於黃宮耳。木生津液，化爲流泉，可以滌去臭香，而著其清香。

立於懸靡者，其津液欲下不下，其氣勢早含明堂，霎時間，流泉一瀉，灌注三宮，胷中如雷電霹靂之聲，則往明堂相將矣。下絳宮而歸元海，此處爲卯酉之門，左旋則氣出，右轉則液入，這是吾身至寶。戌亥之間，伏於玄門，又候天道之迴旋。人言天道遠，我言天道近，周天度數，即在我身，還須自守其法。清淨無爲，內神留止，精神上下，分開條理，往往來來，疏通關節，通利一身天道，此即長生仙草也。由是殷勤灌溉，心地清明，七孔通達，永不知老矣。

得此洪庥，全賴陰陽二炁。氣升於天門之上者爲清，氣降於天門之下者爲玄，內景云「出清入玄二炁煥」是也。故必凝神息氣，還坐天門，等候陰陽分判，到清升玄降之時，而後寒泉滴滴，下喉嚨而通神明，過華蓋而清且涼，入深淵而清清泠泠，洗心滌慮，見吾恬淡無欲之真形焉。此之謂還丹。其成還丹，可以長生矣。

金丹未還之先，下有華池，名曰炁海，腎中之精於此生動，吾立明堂以觀之，照臨丹田，此即將軍之官，主宰謀慮時也。將軍之意，欲使諸神開命門，通利天道至靈根，而陰陽布列，早如流星之速也。

第二十一章

肺之爲氣三焦起，伏於天門候故道。清液醴泉通六腑，隨鼻上下知兩耳。闚視天地存童子，調和精華潤髮齒。顏色光澤不服藥，下於喉嚨何落落。諸神皆會相求索，下有絳宮紫華敷。隱藏華蓋通神廬，專守心神轉相呼。觀我神明辟諸邪，脾神還歸依大家。至於胃管通虛無，藏養靈根不復枯。閉塞命門如玉都，壽傳萬歲將有餘。

首句見內註。修理肺氣者，必先伏於天門，等候出入之故道，氣化爲水，則清液醴泉，灌通六腑。此氣也，隨鼻上下，鵲橋相連，上則爲氣，下則爲液。空中聞流泉聲，知之者兩耳也。又以內照之功，闚視天地之升降，以存白元童子，使之輔相六氣，調和一身精華，滋潤髮齒，顏色光澤，永不服藥。液下喉嚨落落然，苑如疎雨，諸神相索，各臟均沾美味。下有絳宮，因涓滴而紫華敷榮，隱藏於華蓋之下，而通神明之廬焉。

夫心與神，二而一者也。專守心神，務使心呼神，神呼心，時而在心，時而在脾，神皆明而不暗。

觀我神明，真可辟諸邪祟也。在脾爲脾神，所至如歸，常依脾爲大家，至於胃管之間，下通虛無之境，藏養靈根，不使復枯，皆肺氣之澆培，有以致之也。但此藏養之際，須要閉塞命門，潔如玉都，一塵不染，萬慮皆清，由此靈根堅固，壽傳萬歲，亦將有餘而無不足矣。

第二十二章

脾中之神主中央，朝會五神和三光。上合天門會明堂，通利六腑調五

行。金木水火土爲王，日月列宿張陰陽。別本將此句錯簡在「年益長」之下。通利血脈汗爲漿，修護七竅去不祥。二神相得下玉英，上稟元氣年益長。

脾屬土，故其神位主中央；朝會五神者，攢簇五行之意；和三光者，運行斗日月也。

上合天門會明堂，此句將上二章妙用點出。玄門候天道，脾神也；天門候陰陽，亦脾神也；天門候故道，亦脾神也。會明堂者，非眉間明堂宮，亦非絳宮，乃中央虛無也。

通利六腑，調和五行，金木水火，以土爲王。日月列宿，內有陰陽，誰與分之，脾神主張。通利血脈，化汗爲漿，修護七竅之心，掃去不祥之念，皆賴脾神立中，意由心生故也。

二神者，脾神、心神也；相得者，是二是一也；下玉英者，玉液灌心，土亦生黃芽也；上稟元氣者，以氣補神，神資乎氣，氣足神完，年益長也。

第二十三章

五臟之主腎爲尊，伏於太陰藏其真。出入二竅合黃庭，呼吸虛無見吾形。强我筋骨血脈盛，恍惚不見過清靈。坐於廬間觀小童，内息思存光神明。出於天門入無間，恬淡無欲養華根。服食玄炁可長生，還於七門飲太淵。通我玄膺過清靈，坐於廬間見小童。問我仙道與奇方，服食芝草紫華英。頭戴白素距丹田，沐浴華池灌靈根。五臟相得開命門，五味皆至善氣還。被髮行之可長存。

外景以腎列五臟之終，歸於一而已矣。一爲水，腎主之，故五臟以腎爲尊。太陰屬肺，伏於太陰者，真金生真水，真水藏真金也。

出入二竅者，乾坤之門，陰陽之户，一金一水，一往一來，其中名黄庭，爲收藏金水之所，出入相合之地。中即虛，虛即無，呼吸守中，則以天地之間爲橐籥，活活潑潑，渾渾淪淪，秘秘綿綿，打成一片，圓陀陀，光灼灼，氣足神足，而吾之真形可見矣。以後則强我筋骨，盛我血脈，恍惚之間，吾形不見，飛過清靈之境，升於中丹，此處乃神明之廬也。

坐於廬下，觀見一小小童子，與我形貌如然，莫要管他，只守内息，思之存之，則天光慧發，神明益長。由是移神上丹，出於天門之上，與乾坤一氣相通，浩浩蕩蕩，清清空空，是我非我，是虛非虛，以道合天，入於無間，恬淡無欲，以養華根。

華根者，仙種也，仙能辟穀，只服玄門之氣，可以長生不死。夫食玄氣者，又須調神入內，還於七門，日飲太淵。其還也，取道玄膺，路過清靈，仍坐廬間，見那小小童子，問我修仙之道，有甚麼奇方。我告之曰，無他奇也，但能服食芝草紫華之英，頭戴白巾，足距丹田，沐浴華池，灌溉靈根，五臟相得，一炁冲和，揭開命門，丹光出鼎，五味皆至，善氣還身。照此被髮行之，得藥築基，煉己還丹，朝元返本，明善復初，皆在數語之中。此即仙道奇方，可以長存矣。

第二十四章

大道蕩蕩心勿繁，吾言畢矣毋妄陳。

老子作經至此，於是總束兩句以勉人曰：「以上所言者，皆大道也，蕩蕩然，至寬至正，無有曲徑邪途。行之者，勿存繁雜之心，而墮歧趨也。吾言畢矣，子毋妄陳於匪人之前，自取罪戾。寶之記之。」

於是，丹霞、青霞元君手敲漁鼓鸞板齊聲頌曰：「兩卷古黃庭，扶桑救

大音羣籟苦經，人能披聖典，路不入幽冥。淨室祥雲護，高齊至德馨，寂道梵眾仙聽。座上名香繞，松間小院扃，外將術延命，內以道全形。玉板聲聲和，金書字字靈，世間善男女，同此駕雲軿。至心朝禮歷代授籙黃庭本師。」

老子真傳

老子，楚人也。父乾元杲，爲商別作「周」上御史，娶洪氏諱嬰敷，晝寢，見五色霞光擁太上老君降於空際，倏變爲流星飛入口中，遂凝瓊胎十二年，而生於苦縣之賴鄉曲仁里李樹下，即李爲姓。以夢老君生，故稱老子。以耳長，故名重耳，號伯陽甫。時商武丁元年三月十五日也。以上見仙經及路史。

內傳云　姓李，名耳。其母見日精下落，如流星飛入口中，因有娠，懷之七十二年，於陳國渦水旁李樹下生，指李樹曰「此爲我姓」。生而白首，故號老子。耳有三漏，故號老聃。五宗綱紀云　姓李，名宰，定王丁巳九月十四日生。月令廣義云　玉女者，老子之母也，夢五色霞光，結如彈丸，流入口中，吞之有娠，懷胎八十一年，息苑樹下，剖左腋而生，時武丁元年三月十五日也。索綏前涼錄云　乾元杲七十二無妻，與鄰婦益壽氏爲偶，娠八十年而生。酉陽雜俎云　李母，元君也，日精入口，吞而有孕，如此七十二年而生。劉勰新論云　老子感火星而生。路史云　感流星而震，十有二年而生，生而能語。黃面皓首，故曰老子。邑於苦之賴鄉。「賴」乃「萊」也，故又曰老萊子。高士傳　老子生於殷時。神仙傳　老子，名重耳。其母感大流星而有孕。或云懷之七十二年乃生；或云其母無夫，老子是母家之姓；或云老子之母，適至李樹下而生，生而能言，指李樹曰「以此爲我姓」。列仙傳云　老子乘白鹿入母胎。唐紀云　老子之母，食李有孕，父母棄之，八十年而始生於李樹下，唐高祖追宗老子，故曰「仙李蟠根」。雜俎云　玄妙玉女，天降玄黃氣入口而孕，三千七百年生於西那王國。此乃道德天尊事，非老子也。

至性純孝，賴俗化之。平生恬淡無欲，外捐榮華，内養精氣。商周之際，歷數百年不衰，時稱古隱君子。史記 百有六十餘歲，或云二百餘歲。稚川云 老子在周三百餘歲。路史云 壽四百有四十，或云二百二十。廣記云 二百七十歲。山堂肆考云 生於殷武丁，至始皇九年，歷年九百九十六歲。考武丁元年至始皇九年，實共一千零八十七歲。

老子在周，多更易名字。文王時，號燮邑子一作「支邑先生」，爲守藏史；武王時，號育成子，爲柱下史；康王時，號郭叔子；頃王時，號老萊子。

夫人甚賢哲，同老萊子隱於耕桑。著書十五篇，言道家之用。楚莊王聞而訪之，時老萊子方織。王進而問曰：「守國之政，願先生佐孤。」老子曰：「諾。」王去，其妻樵還，曰：「子許之乎？」曰：「然。」妻曰：「妾聞之，可食以酒肉者，可隨而鞭箠；可授以官祿者，可隨而斧鉞。妾不能爲人所制也。」投畚而去。老萊子欣然，即時與妻偕遯。

史遷云：「老子之子名宗，仕魏爲將軍，封於段。宗之子汪，汪之子言。言之玄孫瑕，仕於漢。瑕子解，爲膠西王太傅，家於齊。當時祖孫父子，想必播遷無定，支分派別歟。或云在越爲范蠡，在齊爲鴟夷，在吳爲陶朱公，漢初爲黃石公，文帝時爲河上公，此皆不可測者也。」

葛稚川云：「老子無世不出，數易名字，其所以然者，按九宮及三五經、元辰經云：『人生各有厄會，至其時必易名字，以隨元氣之變，乃可以度厄延年。』今世有道者，亦多如此。老子在周數百餘年，其中必有厄會非一，是以名稍多耳。欲正定老子本末，故當以史書實録爲主，並老子仙經秘文以相參審，其他若俗說多虛妄。又西昇、中胎及復命苞、珠韜玉機、金篇內經皆云老子白黃色，美眉廣顙，長耳大目，疎齒方口厚脣，額有三五達理，日角月懸，鼻純骨雙柱，耳有三漏門，足蹈二五，手把十文，長九尺，齒六八。此聖人之儀表也。夫人受命，自有通神遠見者，與常人不同，應爲道主，故能爲天神所濟，衆仙所從。是以所出度世之法，凡九百三十卷，符書七十卷，皆老子本起中篇所記者也。目錄尚在，信而可徵。其不在此數者，皆後之道士私所增益，非真文也。」稚川。

老子無爲自化，清靜自正。史記。專以長生爲務，故在周雖久，而名位不遷，蓋欲和光同塵，內實自然。道成乃去，蓋仙人也。神仙傳。

孔子適周，將問禮於老子。老子曰：「子所言者，其人與骨皆已朽矣，獨其言猶在耳。且君子得其時則駕，不得其時則蓬累而行。吾聞之，良賈深藏若虛，君子盛德若愚。去子之驕氣與多欲，態色與淫志，是皆無益於子之身也。」一日，問孔子曰：「子亦得道乎？」孔子曰：「求二十七年而不得也。」老子曰：「使道可獻人，則人莫不獻之其君矣；使道可進人，則人莫不進之其親矣；使道可告人，則人莫不告之其兄弟矣；使道可傳人，則人莫不傳之其子矣。然而不可者，無他也，中無主而道不可居也。」孔子見老子而語仁義，老子曰：「播糠眯目，則四方易位；蚊虻咂膚，則通夕不寐。今仁義憯然，乃憤吾心志，亂莫大焉。吾子使天下無失其樸，放風而動，總德而立，同歸自然可也，又奚傑然若負大鼓而求亡子耶？夫鵠不日浴而白，烏不日黔而黑。黑白之樸，不足以辨媸妍；名譽之觀，不足以廣本性。泉涸，魚相處於陸，相呴以濕，相濡以沫，不若相忘於江湖。」孔子謂老子曰：「某治詩、書、禮、樂、易象、春秋，以干七十二君。論先王之道，而明周召之跡，一君無所鈎用，甚矣。人之難說也，道之難明耶。」老子曰：「六經，先王之陳跡也，豈其所以跡哉？今子之所言，皆猶跡也。夫跡，履之所出，而跡豈履哉？」孔子歸，三日不談，子貢怪而問之，孔子曰：「鳥，吾知其能飛；魚，吾知其能游；獸，吾知其能走。走者可以網，游者可以綸，飛者可以矰。至於龍，吾不知其乘風雲而上九天矣。今見老子，其猶龍乎。」集史遷、莊子。

老子居周久之，見周德衰，乃乘青牛車，西出秦關，以昇崑崙。關令尹喜，望紫氣先知焉，乃掃道四十里以迎之。已而，老子果至。尹喜曰：「翁將隱矣，強爲我著書。」乃停車關中，作道德五千餘言，盡授尹喜而去。

東漢間，青州有王氏子者，名誠，字玄甫，道號東華。遇崑崙西母王啟珠，珠喜其同姓，賜號白雲上真，授以老子之青符玉篆、金科靈文。玄甫服習三年，勤心弗懈，老子感而降之，即以黄庭内景删爲一卷，名曰外景，以授玄甫修持，兼示九轉八瓊丹火候。玄甫乃韜光晦跡，結菴靜煉。功成，號東華帝君，理東方少陽之氣，復稱紫府少陽，爲扶桑大帝君輔相。三傳至純陽先生。先生云老子之外景及玉宸之内景，皆藏於扶桑宮中，東華祖贊而傳之，所以著老子度世之心也。

夫老子前身，本太上老君所托，故隱顯變化，與老君如一轍。老君在上古首化三清，天皇時變名萬法天師，地皇時變名玄中法師，人皇時變名堅固先生，三皇后變名金闕帝君，伏羲時爲鬱華子又改「鬱密」，神農時爲九靈老子，帝嚳時爲祿圖子，堯時爲務成子，舜時爲尹壽子，夏禹時爲真行子，商湯時爲錫則子，至商武丁時始降全神爲老子，此又別開生面再造乾坤之時也。後人不知，混以老君爲老子，遂以前身之事，攢入後身，或云老子是先天地生，或云老子是天之精魄。使核實者，歎爲虛渺，不出老仙正經。抱朴子云：「夫有天地，則有道術。道術之士，何時暫乏？是以羲軒以來，至於三代，顯名道術者，世世有之，何必常是一老子也？皆由晚學之徒，好奇尚異，欲推崇老子，故有此說。其實論之，老子蓋得道之尤精者，非神異也。」何者？若謂老子是得道，則人必勉力追慕；若謂是神異，則長生不可學也。以愚論之，老君在前爲神異，老子在後與人同，爲神異者不可學，與人同者則可學也。稚川之心，只從實據而已。儒者謂聖人之生，因人氣而稟天精，其言最允。老子生身，借四大以成形，精修盛業，爲神仙模範，道德宗風，功完行滿，歸總諸天，分而爲萬，合而爲一，分神降世，俱以修道爲本，其不可學者在此，其有可學者亦在此也。至若莊生、方朔輩，謂爲老子易名者，皆不可信，此蓋老子所賜者也。寶頌云：「產漆園、方朔之輩，丹析微芒。」是乃如丹陽之母，夢受神人丹篆，而產大仙才也。仙傳曰：「世遵老子之教者，皆清虛恬靜，與世無爭，故能被褐懷玉，無有顛沛於險世。其源遠流長，汪洋若此，豈非乾坤所定萬世之師表哉？」

月居青島數年，嘗以老子清淨法指示晚成朱子、結成李子、迴風劉子，蓋兢兢恐懼，不敢忘家法云。

前有老君，後有老子，是一是二，融洽分明，其文品則流水今日，明月前身者也。吾山師。

夾敘夾議，亦史亦莊，所集諸家傳記，皆能擷秀餐英，此老子第一篇寶傳也。保和師。

黄庭考紀

紫霞考　黄庭内景經，自晋魏夫人傳出。文獻通考云：「黄庭内景經一卷，晁氏曰：『題大帝内書，藏暘谷陰，三十六章，皆七言韻語。』梁邱子序云：『扶桑大帝，命暘谷神王景林真人傳魏夫人，一名東華玉篇。』又陳氏曰：『黄庭外景經一卷，務成子著，是南嶽魏夫人所授者。』」老子在堯時稱務成子。

紫霞考　内景經實從魏夫人始傳，外景經則不自魏夫人始傳也。陶隱居真誥翼真檢論上清真經始末云，晋哀帝興寧二年，南嶽魏夫人所授弟子司徒公府長史楊君，使作隸字寫出，以傳護軍長史許君，及子上計掾，掾以付子黄民，民以傳孔默，後爲王興先竊寫之，始濟浙江，遇風淪漂，惟黄庭一篇得存，即内景也。王右軍所書黄庭外景，出在魏夫人之先。右軍以晋穆帝昇平五年卒，是年歲在辛酉，後二年歲在甲子，即哀帝興寧二年，右軍已卒三年矣。若謂外景經興寧年間始降於世，安得右軍預書之？陳氏言外景一卷魏夫人所授者，蓋夫人合已傳之外景與未傳之内景並傳於世耳。

紫霞考 黃庭外景，舊曾分爲三篇，文獻通考云：「黃庭外景經三卷，晁氏曰：『敘謂老子所作，與法帖所載晉王右軍所書本相同，而文句頗異，其首有「老子閒居作七言，解說身形及諸神」兩句，其末有「吾言畢矣毋妄陳」一句，疑唐人附益之。』」不知黃庭首章，乃東華贊語，後人不解經式，遂將贊語刪去，故晁氏以法帖爲真，反疑原本之僞也。

紫霞考 黃庭皆太上化身所作。女仙傳云：「錄圖作黃庭經五十卷，先傳顓頊，繼授藐姑，約五十卷爲一卷，名曰內景；繼授東華，又因內景之義，再約一卷以傳之，名曰外景。東華傳魏夫人，夫人並傳於後。」故皆云化身作也。或問：「外景經既因內景約編，如何外景一卷又稱堯時務成子著，內景一篇反在晉時始出？」紫霞曰：「內景在顓頊後傳藐姑，外經繼此而著，當時兩經並隱，至漢而外景始大顯，至晉而內景始大顯，亦因緣之適然耳，不得以外經早出，疑其爲先內景而作也。」

紫霞考 王氏法帖書苑，言道家有黃庭內景經、黃庭外景經、黃庭遁甲緣身經、黃庭玉軸經，世俗例稱爲黃庭經。內景乃大道玉宸君所作，即扶桑帝君傳魏夫人者；外景爲老子所作，即右軍所書者。或謂：「玉宸乃靈寶天尊號，内景經不書老君而書玉宸君，何也？」曰：「老君著内景，化身玉宸君，其時居無垢天宮，玉即無塵之義，宸乃帝居通稱。又雲房答吕祖三寶三清論云：『天寶君治玉清境，靈寶君治上清境，神寶君治太清境。』九天生神氣經云『三號雖殊本同一』（三君皆老君所化）也。又西昇經云：『偏歷九天，上昇上清，白闕丹城蕊珠宮。』此老君化生上清也。故黄庭開經讚云：『上清紫霞虚皇前，太上大道玉宸君，閒居蕊宮作七言。』言居上清之境，紫霞之天，虚皇金闕之前也。太，至大也；上，至尊也。至大至尊之聖人，執掌長生大道，居於無垢天宮之君主也。蕊宮，即珠宮，真靈位業圖有太和殿、寥陽殿、蕊珠宮等名。」

紫霞考 梁邱子黄庭内景序：「一名大帝金書。扶桑大帝君宮中盡誦此經，以金簡刻書之，故曰金書。」

紫霞考 黄庭乃道家早有之書，崇文總目有記天皇氏至帝嚳受道得仙事，特上古傳授甚秘，故知者少耳。

紫霞考　野客叢書、西清詩話、黃伯思東觀餘論皆言王右軍只書道德經換鵞，無書黃庭經換鵞事。而王氏法帖書苑力辯其非，並云黃庭換鵞與道經換鵞自是兩事，惟李太白知之，故書右軍一篇云「掃素寫道經，筆精妙入神。送賀賓客歸越云：山陰道士如相見，應寫黃庭換白鵞」。

呂祖佩黃庭，至道成後，猶不能捨，嘗遊宿州天慶觀題詩云「肘傳丹篆千年術，口誦黃庭兩卷經；鶴觀古壇槐影裏，悄無人跡户常扃」。

紫霞考　儒家所讀黃庭，多以晉人帖本爲正，此徒存簡畧而已。宋歐陽公云：「黃庭經，晉魏間道士養生之書也，其說事於養內，多奇怪，故其傳之久，則易於訛舛，今處處異本，莫可考正。余家有黃庭石本，乃永和十三年晉人書，其文頗簡，以較今世所傳者，頗爲有理，故爲刪正諸家之異，以石本爲定。」

蘇東坡先生喜書内景全册，有書黃庭經贊云：「余既書黃庭内景，以贈葆光道師，而龍眠居士復爲作經相其前，而畫余二人像其後，筆勢儁妙，歎未曾有，遂爲希世之珍。」故復贊之曰：「太上虛皇出靈篇，黃庭真人舞胎仙；髯耆兩卿相後前，丱妙俠侍清且妍。十有二神服銳堅，巍巍堂堂人中天；問我何修果此緣，是心朝空夕了然。恐非其人世莫傳，殿以二士蒼鵠騫；南隨道師歷山淵，山人迎笑喜我還，問誰遣化老龍眠。」子由先生亦有和韻。

陸放翁先生嘗得黃庭兩卷真本，時佩誦之，故其年高德盛，屢形於詩。其書懷絕句云：「早佩黃庭兩卷經，不應靈府雜羶腥；憑君爲買金鴉嘴，歸去秋山劚茯苓。」又道室雜興云：「身是秋風一斷蓬，何曾住處限西東；棋枰窗下時聞雹，丹竈崖間夜吐紅。採藥不辭千里去，釣魚曾破十年功；白頭始悟頤生妙，盡在黃庭兩卷中。」又道室即事云：「一篸殘雪寄林亭，手把黃庭兩卷經；琴調養心安淡泊，爐香挽夢上青冥。」

張船山太史有仙才，可繼太白、東坡兩先生之後，喜讀黃庭、道德諸經，有詠道德經詩云「無儒無釋況神仙，妙論憑空寫自然；讚到猶龍猶恍惚，後人何處畫先天」，詠陰符黃庭詩云「手爇名香寫道經，陰符鈔罷又黃庭；勝看才士詩文集，播弄天機損性靈」。

劉道愚居士，號明陽，誦黃庭句云：「淨几明窗只自知，黃庭一卷入深思；琴心彈破玄關理，靜養溪山坐待時。」

讀黃庭經集句四首

騰巖持平子王道均

一

入室東向誦玉篇，是由精誠亦由專；行自翱翔入雲路，琴心三疊舞胎仙。

二

是爲黃庭曰內篇，約得萬遍義自宣；心曉根蒂養華采，使人長生昇九天。

三

何處遠索求因緣，使我速煉獲飛仙；急守精室勿妄洩，呼吸虛無入丹田。

四

閒暇無事心太平，思詠玉書入上清；一身精神不可失，延我白首返孩嬰。

讀黃庭內經集句二首

張道淵子深

一

太上大道玉宸君，能存威明乘慶雲；神仙久視無災害，不死之道此其文。

二

太上微言致神仙，是爲黃庭曰內篇；能存元冥萬事畢，何處遠索求因緣。

跋

昔呂祖賜紫霞詩，有「萬里江山明月夜，開窗映雪讀黃庭」之句。其後，紫霞感丹霞、青霞兩元君至，云受魏夫人托，授紫霞黃庭真本，舉世間訛誤，一一清證，以還秘閣舊觀，並傳科儀及天符雲篆，真方外一大奇緣也。龢師事紫霞，親見其盛，回頭不覺二十餘年矣，爰集黃庭成二絕句，以誌云。

殊塗一會歸要終，五色雲氣紛青葱；黃庭内經玉書暢，但思一部壽無窮。
隱景藏形與世殊，扶養性命守虛無；神仙久視無災害，何不登山誦我書。

大江劉道龢始陽子識

黄庭經徵驗

紫霞子集

許棲巖

許棲巖，岐陽人也，舉進士，習業於昊天觀，晨夕焚香，朝真禮聖，恪誦黄庭、老、莊，以希長生之福。一日失路，至蜀山巖洞中，遇太乙真君。真君曰：「爾於人世，亦好道乎？」曰：「日誦黄庭、老、莊耳。」曰：「三景之中，得心何句？」對曰：「黄庭云『但思一部壽無窮』，老子云『其精甚真』，莊子云『真人之息以踵』。」真君莞然曰：「去道不遠也。」令坐酌，小杯飲之，曰：「此石髓也，嵇康不能得，爾能得之。」遂引入太白洞天。許居月半，思家求還。真君曰：「汝飲石髓，壽可千歲，歸去旋來，與子再見。」此太白洞天，瑤池上宫也。許歸，問鄉人年代，云已六十餘載。大中末，復入太白山不返。

黄敬

東晋大興間，有黄敬者，爲部從事。天資穎異，有神仙風。南海太守鮑靚見而異之，因命其熟讀黃庭，必有所悟。越日叩之，敬即仿黃庭歌曰：「大關之中有輔星，想而見之翕習成；赤童在焉指朱庭，指而搖之煉真形；消遣三尸除死名，審能守之可長生。」靚聞而訝曰：「汝道器也。」敬事以師禮，靚謝曰：「比肩猶耻之，況師弟乎？」後爲赤城大帝引去。

王琮

東極真人王太虛，隱居王屋山中。咸通壬辰，王屋令王琮，夙志好道，常誦黃庭經，欲自爲註解，未了深玄之旨，但日誦五六十遍，以表精誠。既而罷官，遂尋王屋小有洞天。初行數十里，石穴甚狹，漸乃坦然平曠，大放光明，峭崖倚空，直拔萬仞。下有嵌室，可坐數百人，石床案几，儼若有人居者。案有經文一卷，未敢遽取，稽首再拜，言曰：「下土賤臣，形濁氣穢，素慕長生之道，幸入洞天之中。今覩上天遺蹟，玉案玄經，不敢妄取，願真仙鑒佑。」叩頭良久，忽有人坐於案曰：「子其緱山氏仙裔乎？好道若此，可以名列青簡矣。吾東極真人，子之同姓也。此黃庭寶經，吾之所註，今授於子，勉而勤之。復飼仙桃，以延其壽。子雖有志，未可居此，二十年後，期於兹山矣。」言訖不見。琮乃挾經而出，容貌益少云。

劉長生

長生真人劉處玄，字通妙，福州人，七真之一也。幼慕玄宗，喜讀道德、陰符、黃庭諸經，遇重陽祖師，爲講明經旨。真人乃清淨固守，乞食煉形，離人遠物，退藏於天，定力圓滿，天光發明。所著有道德註、陰符演、黃庭述，俱留於世。

應夷節

應夷節，字適中，汝南人也，喜讀黃庭、老子、周易、大洞諸書，持戒勤修，遇上清真人度之。

劉道成

劉道成，灊山人也，學黃庭、老子之術，精持香火，得大羅真符，全家昇拔。

龔元正

龔元正，字端本，武陵人，號冲逸大師。天性淳慤，向道精專，端坐誦黃庭經，其後儼然而化。

章砮　「砮」「察」同。

章砮，字隱之，成都人也，號冲逸居士。精研易理，常誦黃庭，遇南嶽真一子，服以靈丹，化如蟬蜕。

陳慧度

陳慧度，潁川人，初居茅山，後遷南嶽，研太上黃庭經，佩五嶽真形圖，丹成光氣滿山。

劉翊

劉翊，字子翔，蘇州人也，仰企道德，精念黃庭，遇老君授隱地八術，服五星華法，號元陽子。范文正公少與之遊，亦常聞其指歸焉。

女仙徵驗

藐姑、麻姑

藐姑者，麻姑之師也，出於太古，自昔東方太陽之精，與西方太陰之氣，化一女真，名曰玉女，性喜蓮花，一塵不染，凡山有蓮花形者，皆往居焉，東嶽蓮花峯有玉女池、西嶽蓮花峯有玉女盆，其遺跡也。玉女居兩嶽之間，清凝湛寂，渾乎無倫，復移神於汾水之濱，法身藐小，人稱藐姑。山以姑名，始稱藐姑射之山。

高陽氏時，廣成子史名錄圖，以黃庭經五十卷授顓頊，既而西遊中條霍山，與汾水相近，默見藐姑體合無爲，復以黃庭內外景示之曰：「赤松、蒲衣、王倪、齧缺皆得此道者也。」爲說黃庭之文，進以自然之妙。臨行囑姑曰：「子後遇三十六人同居廊下者，即汝弟子也。」領命訖錄圖翁去。姑乃入豫章龍虎山象山之麓，按黃庭以存其真焉。

姑道德崇高，無爲自化，躬持清靜，默運陰陽。一日見東方少陽之精，與兑方少陰之氣合，化爲神女，在少皞帝摯之墟，其地名魯。姑往觀之，一女嬰撫掌坐地，笑眼向天，狀貌如玉童子。知其不凡，變形爲老母哺之，借地爲姓曰魯母，女曰魯女，性嗜胡麻。母即造胡麻飯，間嘗以生者繼餐。服食既久，芳顏不衰，日行數百里，走及麞鹿，一切嘉穀盡辟之，人遂稱爲麻姑。藐姑恍然曰：「吾得三十六人於廊下也。」即現原身相示，肌膚如冰雪，綽約如處子。麻姑望而神驚，藐姑乃爲說修煉根原，傳以錄圖子黃庭妙道，命即在象山修之。山有良田美池，無異平陸，種麻得麻，更爲易易。

藐姑居象山之東，定神入石，有似人形，世奉爲白石夫人，祈嗣多應。相近有蓮花峯，尤注意焉。

東海王方平，遊蓬島西回，路遇麻姑，意氣相投，結爲兄妹。順帝初，方平隱市朝，見漢室將頹，棄官遠遯。中平間，降臨川蔡經家，命人問麻姑云：「方平敬報，久不遊民間，今集於此，想姑能暫來語否？」有頃使還。聞空中答云：「麻姑再拜，不相見倏已五百餘年，尊卑有敘，修敬無階，頃信來，知在彼，登山顛倒，而先受命，當按行蓬萊，今便暫往，如是當還，還便親覲。」願未即去，如此一時，麻姑至矣。經舉家見之，是好女子，年可十八九許，頂中作髻，餘髮垂至腰。衣有文章，而非錦繡，光彩耀目。入拜方平，方平爲之起立。坐定，召仙廚進饌。麻姑云：「接侍以來，見東海三爲桑田，向到蓬萊，水又淺於往日畧半，豈將還爲陵陸乎？」方平歎曰：「聖人皆言『海中行，復揚塵』也。」姑欲觀蔡經眷屬，時經弟婦新産數日，姑望見知之曰：「噫嘻！且止方前。」即求少許米擲之地，謂以去穢，視之皆成丹砂。方平笑曰：「姑猶作少年戲耶，吾不復爲此狡獪神通也。」姑指甲長如鳥爪，經見之，念背大癢時，得此爪爬之當佳。方平已知，即使人引經鞭之，曰：「麻姑，神人也，汝謂其爪可爬背耶？」復叱曰：「可速改邪念，吾鞭不可得也。」宴畢，姑乘雲歸去。

晉有麻狄者，爲石氏築城西陵，與郝城連。狄性凶，督丁夫甚暴。時藐姑在象山，常責麻姑惟務嬉戲，教其勤立功行，以益身心。姑遵命。聞麻狄凶狠好殺，喜其姓麻，欲化之向善，乃投其家爲女。年十二三，儀容靜好，絕似成人氣象。狄愛之，皆稱爲小麻姑。姑屢諫狄曰：「殺人還自殺，好生還自生，願勿妄殺也。」狄不聽，晝夜督功，惟雞鳴稍息。姑恤之，假作雞鳴，羣雞皆應。狄覺，欲撻之，姑遯入江西南城山中，上有丹霞洞，姑居其間，茹芝飲水。忽有東海高真景林子，寄以金書黃庭經，命其保固形軀。又聞有仙樂從靈山來，知有異人，往就之，遇文殊大師，受智利之妙。王方平念舊而來，喝姑曰：「浩劫高真，應世而降人間，遽忘却耶？」自此指破前因，姑即長念黃庭，結壇修煉。年餘道成，取神功泉水釀酒，攜歸探狄。狄思女目盲，大悔前非，忽聞女還，不勝喜躍，飲其酒，兩目復明。姑辭去，仍還象山，拜謁藐姑，以復其命焉。天帝聞之，敕封藐姑爲大凝清靜元君，麻姑爲大祥慈惠元君，及麻姑之徒何貞陽爲清靈變化元君，並爲「送子三仙」云。

何二姑

何二姑，道號貞陽，廣州增城人也，父諱泰，母安氏。二姑生時，紫霞繞室，頂有六毫。年十三，隨女伴入山採茶，失侶迷徑，見東峯下有一道士，修髯紺目，冠高冠，衣輕綃，二姑亟拜之，道士曰：「吾王方平也，覯子體態，當爲上仙。」出一桃飼之，並授以經書一卷，謂之曰：「食此桃者，必能昇天。欲解經義，須俟麻姑。」二姑如其教，自是不饑不渴，惟經書文字，茫然不解。方平歸蓬島，爲麻姑實道其事，姑即降增城教之，命食雲母粉，並爲解經書曰：「太上作黃庭經，先傳顓頊，凡五十卷，以合河圖之數；繼授藐姑，約五十卷爲一卷，名内景；繼授東華，又因内景之義，再約一卷以傳之，名曰外景。東華傳魏夫人，夫人廣傳於後。後人將内卷作三十六章，外卷作二十四章，内、外首章即東華開經讚也。歷年既久，遂以讚爲第一，而不知黃庭真文實從第二章起。但太上作之，東華述之，亦可以讚爲首耳。經中有『太上告我者』、『太上隱環』、『太上微言』等語，此太上以前之太上，非東華稱老子也。其書與道德經相爲依輔，道德多言妙，黃庭多言竅。子熟誦之，其昇天漢不難也。」二姑聞言，欣然信受。久之，往來山谷，輕身飛行，朝出暮歸，必有鮮桃遺母。

則天長壽間，詔命赴闕，行至中途，黃門使悅其容貌，意欲挑之。二姑早覺，曰：「中使奉命而來，有心如此，吾不復往矣。」踴身而上，不知所之。其後在豫章南城，累現於麻姑壇上，封清靈變化元君。

魯妙典

魯妙典，九嶷山女冠也。生即敏慧，性高潔，不食葷飲酒。十餘歲，即謂其母曰：「旦夕聞食物臭濁，往往鼻疼痛，願求不食。」舉家憐之。居十年，又謂母曰：「人之上壽，不過百二十歲，哀樂日以相迫，況女子之身，豈可復埋真性，混於凡俗乎？」有麓牀道士過之，授以大洞黃庭經，謂曰：「黃庭乃扶桑大帝宮中金書，誦詠萬遍者，得為神仙，但在勤心不懈耳。經云：『誦之萬遍昇三天，千災以消百病痊，不憚虎狼之凶殘，亦以却老年永延。』居山獨處，詠之一遍，如與十人為侶，輒無怖畏。何者？此經召集身中諸神，澄正神氣。神氣正，則外邪不能干；諸神集，則怖畏不能及。若能形全神集，氣正心清，則察見千里之外，纖毫無隱矣。特患人不能知，知之而不能修，修之而不能精，精之而不能久，中道而喪，自棄前功，不惟有玄科之責，亦將流浪生死，苦報無窮也。」妙典奉戒受經，入九嶷山，巖棲靜默，累有魔試，而貞介不撓。積十餘年，有神人語之曰：「此山大舜所理，天地之總，九州之宗主也。古有高蹈之士，作三處麓牀，可以棲庇風雨，歲月既久，旋皆朽壞。今爲制之，可以隨性晏息，默念黃庭也。」又十年，真仙下降，授以靈藥，白日昇天，士民即其地爲黃庭觀以祀之。

魏夫人

魏夫人，任城人也，晉司徒劇陽文康公魏舒之女，名華存，字賢安。幼而好道，志慕神仙，子史經書，無不該覽。攝心夷靜，親戚往來，一無關見。常欲别居閒處，父母不許。年二十四，强適太保掾南陽劉文字幼彥，生二子，長曰璞，次曰瑕。幼彥爲修武令，夫人心期真靈，精誠彌篤。二子粗長成，乃離隔宇室，齋於別寢。將踰三月，忽感羣真來降，各賜琅函，其間惟清虛真人王裒所授甚多。而景陵真人又奉扶桑大帝君命，特授夫人黃庭内外經，令晝夜存念，讀之萬遍，必能洞觀鬼神，安適天魂地魄，調和五臟六腑，生華色，返嬰孩，乃不死之道也。其後幼彥物故，夫人撫養内外，旁救窮乏。攜二子渡江，璞爲温太真司馬，至安成太守；瑕爲陶太尉從事，至中郎將。夫人自洛達西南，寇盜之中，嘗以黃庭經自隨，多感神明保佑。既見二子成立，因得冥心齋靜，累感真靈。凡住世八十三年，以晉成帝咸和九年，歲在甲午，王君與東華君復來降，授夫人成丹二劑，乃托劍化形而去，徑入陽洛山，與羣真相遇。復詣上清宮玉闕之下，授夫人玉札金文，位爲紫虛元君，領上真司命，與南嶽夫人比秩。夫人能隸書，嘗述黄庭内景註敘。其後累降茅山子瑕官侍中。夫人令璞傳法於瑯琊王舍人楊羲、護軍長史許穆。穆子玉斧，並受黄庭昇仙。陶貞白真誥所稱南真，即夫人也。世世降神，不可殫述。

謝自然

謝自然，其先兖州人。父寰，居果州南充，舉孝廉，建中初，李端以試秘書省校書，表爲從事，母胥氏亦邑中名族。自然初生，性情穎異，不喜食葷血。年七歲，喜言道家事，辭氣高逸。家在大方山下，頂有老君古像，自然從母遊，見而禮拜，即不願居塵寰，母從之，乃徙居山頂，常誦黄庭内篇及道德經。年十九，從司馬子微及程太虚。貞元六年四月，刺史韓佾至郡，疑其妄，延入州北堂東閤，閉之，累月，方開閤出之，膚體宛然，聲氣朗暢，佾乃令其女自明師事焉。其父本儒家，歸見自然修道，絕粒不食，以爲妖妄，亦鎖閉堂中，四十餘日，風神益爽秀，寰方驚異，任其所之。七年九月，韓佾輿於大方山，爲之置壇十一月，徙自然於州郭。九年，李堅至，爲郡刺史，自然告曰：「居城郭非便，願依泉石。」堅即築室於金泉山，移自然居之。山有石竇，水灌其中，可澡飾形神，揮斥氛澤。所處丹房，常有神物護之，親屬咸不敢近，自是呼爲仙女之室，其後有天真上聖屢降其室。自然居深山，日誦黄庭經十遍，有童子二人侍立，每一遍即鈔錄，至十遍，童子一人便將去上界報之。李堅與夫人同誦黄庭，先誦外篇，次誦内篇即魏夫人傳本也。自然云：「精思講讀者獲福，浮慕粗行者招罪。」又言：「凡禮尊像，四拜爲重，三拜爲輕。人能清靜一室，焚香誦黄庭、道德經，或一遍，或七遍，勝布施修齋。誦經在精思，不在遍數。多事之人，中路而退，所損尤多，不如原不會者，慎之慎之。修道要山林靜居，不宜近村墟城郭，以其葷腥，仙靈不降，與道背矣。煉藥飲水，宜用泉水，不宜用井水。仍須遠家及血屬，慮有情思忽起，即失修持之功。食米體重，食麥體輕。服氣先調氣，次伏氣，出入不由口鼻，令滿身自由，則生死不能侵矣。」十一月，詣州與李堅別云：「中旬的去矣。」亦不更入靜室。十五日辰時，於金泉道場，白日昇天，士女數千人，咸共瞻仰。祖母周氏、母胥氏、妹自柔、弟季生問其訣别之語，曰：「勤修至道，精誦黄庭而已。」刺史李堅表聞，詔褒美之。堅述金泉道場碑，爲記甚詳。

何仙姑

姑永州零陵人也，父諱英，喜布施，母氏鍾，喜清靜，一夕夢遊瀟湘之濱，見水面有縞衣女子，足下踏大白蓮花，浮波而至，曰：「吾瀟湘神女也，將寄汝家，一遊人世。」母注目久之，覺而有孕。以元和三年十一月初一日生，生不食乳，母攬蓮粉飼之。年八九，姿容端麗，喜入女道觀遊，諸女冠教以經書文字，若素熟習者。十三歲，怙恃俱無，姑與老蒼頭守己幽居。性甘茹素，有求布施者，亦如父母在時，皆樂助焉。後有南嶽觀老女冠，募姑改注生真君像，臟腑中忽得黃庭經兩卷，有跋云「何人有緣，何人有福，若得此經，瑤池快樂」。姑見而喜之，以爲兩「何」字，雖無定詞，而今則明明合我也，請以他經易歸。老女冠慨然相與。自此家居，長誦黃庭。年十八，守貞不字，就家上女冠，焚香掃地，拜禮扶桑帝君。久之，有青童君奉東華命，降於其家，授以紫芝丸餌之，並爲講黃庭「琴心三疊」「漱嚥靈液」之法。姑受之，自此則「體生光華氣香蘭，却滅百邪玉煉顏」矣。零陵有求聘於姑者，姑乃佯狂作癲，出入零陵市上，污體穢形，人乃目爲瘋癲而不之顧。亦有强稱爲仙姑者，姑乃益加韜晦。年六十，鄉里人皆物故，而姑仍如二十許人。適吕祖南遊衡湘，見姑於市上，知爲上根道器，度入終南，拜見鍾祖，教以神丹服食，遂能身輕步虛，上下無礙。吕祖曰：「功夫至此，已臻大乘。」乃引之東遊，見少陽祖師於扶桑。又引見木公金母，金母攜歸閬苑，命掃蟠桃落花。積功已深，乃陞東海青霞洞真大元君，道號一陽，自此則遊行人間，顯跡最盛云。

崔少玄

崔少玄者，唐汾州崔恭之女也，其母夢神人衣綃衣，駕紅龍，持紫函，授於碧雲之際，乃孕十四月而生。少玄既生，異香襲人，端麗殊絕，右手有文曰「盧自列妻」。後十八年，歸於盧陲，陲小字自列。歲餘，陲從事閩中，道過建溪，遠望武夷山，忽見碧雲自東峯來，中有神人，翠冠緋裳，告陲曰：「玉華君來乎？」陲怪其詐，曰：「誰爲玉華君？」曰：「君妻即玉華君也。」陲以言返告少玄。少玄曰：「紫霄元君果來迎我！」事已明矣，難復隱諱，遂整衣出見神人，對答甚奇，陲莫能辨，逡巡揖退。陲乃就少玄問之，曰：「少玄雖胎育之人，昔居無欲天界，爲玉皇左侍書，謚曰玉華君。爲有欲想，謫居人世，爲君之妻。二十三年，未遇紫霄元君，體當與君相近，今既見之，不復與君近矣。」至閩中，獨居靜室，陲亦不敢輕踐其門。洎陲罷府印，崔恭亦解組，遂得家於洛陽焉。陲以妻之誓，不敢陳洩於恭。後二年，忽謂陲曰：「少玄之父，壽算止於二月十七日。」我雖神仙中人，生於人世，爲有撫養之恩，若不救之，無以報矣。」乃請於父曰：「大人之命，將極於二月十七日，少玄受劬勞之恩，不可不代爲獲罪。」遂發絳箱，取扶桑大帝金書黃庭內景經致於其父曰：「大人之壽，常數極矣，若非此經，不可救免，今將授父，可讀萬遍，以延一紀。」於是請恭沐浴，南面而跪，少玄當几側，授以功章，寫於青紙，封以素函，奏之上帝，又召南斗注生真君，附奏金闕。須臾有三朱衣人自空而來，跪少玄側，進脯羞，噏酒三爵，手持功章而去。恭大異之，私訊於陲，陲諱之。經月餘，遂與語曰：「玉清真侶，將雪予罪於太上，今復召爲玉皇左侍書，欲返神景，還於無形矣。君莫洩是言，貽予父母之念，人世之情，畢於此矣。」陲聞其語，潸然淚下，曰：「濁界愚夫，忝污仙品，乞留指喻，以救沉迷。」少玄乃授黃庭真本兩卷及道詩一章，曰：「得之一玄，匪授自天。太老之真，無上之仙。光含影藏，形於自然。真安匪求，神之久留。淑美其真，體性剛柔。丹霄碧虛，上聖之儔。百歲之後，空其墳邱。」言畢而卒。入斂九日，舉棺如空，發柩視之，但留衣蜕耳。後陲遇九嶷道士王方古，爲解其詩，曰：「此玄珠心鏡，宜秘寶之。」

薛玄同

薛氏者，河中少尹馮徽之妻也，自號玄同。適徽二十年，乃言素志好靜，稱疾獨處，焚香誦黃庭經，日二三遍，率以爲常。又十三年，有青衣玉女二人降其室，光照庭廡，香風飄然，時秋初，殘暑尚盛，而清涼虛爽，飄若洞中。二女告曰：「紫虛元君，主領南方，下校文籍，命諸真大仙，於六合之內，名山大川，有志道者，必降教之。子誦黃庭經，精誠感格，地司屢奏，簡在紫虛之府，即日將親降於此。」玄同潔誠以候。咸通十五年七月十四日，魏元君與侍女羣真二十七人降其室，憩坐良久，示以黃庭「澄神存修」之旨，賜九華丹一粒，命八年後餌之，當遣玉女飆車，迎汝於嵩嶽。言訖便去。玄同自是冥心靜神，雖真仙降盼，光景燭室，靈風異香，雲璈天樂，而徽不知也。及黃巢犯闕，馮與玄同寓晉陵。中和元年十月，舟行至瀆口，欲抵別墅，忽見河濱有朱紫官吏、戈甲武士，序列若迎候狀。舟人驚愕，玄同命移舟近之，吏士皆拱拜，玄同曰：「未也，猶在春中，可且去。」遂散而隱焉。明年二月，玄同沐浴餌丹，二仙女密降，有三十六鶴，翔集庭宇。十四日稱疾而卒，形質柔緩，狀若生人，額中有白光一點，良久化爲紫氣，沐浴之際，玄髮重生，立長數尺。十五夜，彩雲滿室，忽爾雷電，棺蓋飛在空中，失屍所在，惟存空衣而已，異香浹旬不散。時僖宗在蜀，浙西節度使周寶表奏其事，詔付史館。出墉城集仙錄。

丙午八月初二日

太上化氣前身廣成子　著
樹下涵虛　述

陰符經類解

序

人知其神之神，不知不神之所以神。我觀涵虛，容貌如愚，人皆以愚虞之，我以不愚虞之也。及涵虛註解道德、清靜、定觀、五廚諸經，人又以奇其之，我又以不奇其之也。

近者，觀天明五賊，察地論安民，民安國富之經，强兵戰勝之術，一發之於陰符註解，由是而涵虛之蘊藏，吾亦不能測之也。自序謂「開闢以來應有文字」，力辨其爲古書，可謂有才有識也。

夫陰符者，出於黃帝之時，殺戮蚩尤之後，黃帝訪廣成，廣成授此經，默相在廷諸人，如風后、力牧、岐伯、桐君、鬥苞、大撓，是皆明殺機、悉生死、通甲子者，故廣成環而視之，發爲奇險之語，内藏平坦之途，蓋欲黃帝之左右，皆得聞此妙音，度黃帝即所以度諸臣也。廣成之成人真廣也哉！

三代以下之儒，或疑爲非三代以上之書，不過在字句間皮相耳。今有一神丹於此，入市求售，詭云「殺鼠之藥」，又謂「可以治病」，人必非之笑之，且詬罵之。爲其毒藥也，何以又云能治病？然有見識者，購而服之，則白日昇空也。此即陰符之謂夫！此即陰符之謂夫！

是爲序。

蓬萊山紫光洞道友張全一拜譔

自序

陰符以三才之理，萬化之基，定修煉之術，真似開闢以來應有文字。其所言者，皆自然也。或言是周末戰國時書，不過在盜機生殺間，疑其爲怪怪奇奇，而不知其理實平正也；或言是達觀子李筌所作，使筌能言此，吾即推之爲廣成；或言廣成是老子氣化前身，不應遽言夫此，殊不知，古亦天地，今亦天地，古亦日月，今亦日月也。但其書得之嵩山虎口巖，自唐始出，黃帝以來，已隔數千餘歲，後人不免生疑。

筌遇驪山老姆，授以陰符玄義，戒筌曰「陰符三百餘字，百言演道，百言演法，百言演術。參演其三，混而爲一，上有神仙抱一之道，中有富國安民之法，下有强兵戰勝之術」，非虛語也。夫上中下者，非言三篇之名，乃言三等之義耳。此三者參伍混淆於經內，反覆紬繹，隱躍篇中，正所謂「參演其三，混而爲一」也。仙家謂强兵戰勝，乃還丹向上之事，何又名爲下等？老子曰「佳兵者，不祥之器，不得已而用之」者也。

愚前註道德經，謬爲聖師許可。近讀陰符，又喜其文簡，其旨遠，字字切修煉秘語，乃復澄心觀物，更爲註以發明之。

卷石山人火西月自序於大江上

輯諸家評語

達觀子曰　内出天機，外合人事。觀其精妙，黄庭八景不足以爲玄；察其至要，百家子史不足以爲學；任其智巧，孫吳韓子不足以爲奇。是以動植之性，成敗之數，生死之理，無非「機」也。

張果曰　觀自然之道，無所觀也，不觀之以目，而觀之以心，心深微而無所見，故能照自然之性，其斯之謂陰；執自然之行，無所執也，不執之以手，而執之以機，機變通而無所繫，故能契自然之理，其斯之謂符。此亦一解。

吕純陽曰　宋儒邵子，善讀陰符。「宇宙在乎手，萬化生乎身」，此陰符語也，擊壤篇襲用其句，默契者微矣。

閭邱次孟曰　陰符經所謂「自然之道靜，故天地萬物生。天地之道浸，故陰陽勝。陰陽相推，變化順矣」，此數語，雖六經之言無以加。

朱子曰　「自然之道靜」四句，極説得妙。「靜能生動」，便是漸漸恁地消去，又漸漸恁地長；「天地之道」，便是常恁地示人；又曰「天地之道浸」，這句極好。陰陽之道，無日不相勝，只管逐些子挨出，這箇退一分，那箇便進一分。又曰：「若不是靜極，則天地萬物不生。」「浸」字下得妙。浸者，漸也。天地之道，漸漸消長，故剛柔勝，此便是吉凶貞勝之理。陰符經此等處特然好。

朱子曰　陰符「三返晝夜」之說，如修養家子午行持，今日如此，明日如此，做得愈熟愈有效驗。

陰符考異曰　驪山老姆註，往往後人僞托，語意殊淺。間引張果語，則知其出張後也。

歐陽巽齊曰　道術裂，能爲書者各爲書，正言者或駁不純。陰符獨用反言，而合於正。

魏鶴山曰　李嘉猷博通經子百氏，而深於易。晚得專氣致柔之説，以陰符、參同博考精玩，篤信不懈。然則知道者，固合是二書與易同用云。

陸潛虛曰　陰符、道德所言皆盜機逆用之事，至於「治國」「用兵」與「取天下」及「爰有奇器，是生萬象，八卦甲子，神機鬼藏」等語，皆有深旨。世人不知，指陰符爲兵機，用老子以治國，失之遠矣。

陰符經類解

太上化氣前身廣成子著　樹下涵虛述

陰符經者，修煉之書也。陰符對陽火言，言陰不言陽，陽在其中矣。易翼曰「一陰一陽之謂道」，以陰爲先而陽爲後者，蓋天地萬物之理，無靜不生動，剥所以居復之先也。陰符一卷，即陰陽交契機關，神之神滅於此，不神之神生於此，是乃殺與發隱顯之處，反與復出入之門，日與月消長之會，大與小往來之時，死與生制伏之根，恩與害相乘之地，水與火進退之鄉也。陰陽相制，則陰陽相勝，陰符操變化之神焉。但掌陰符者，須知身有奇器，藏器於身，待時而動，則卦象甲子，天地鬼神，無不合道，又何難富國安民、强兵戰勝、抱一全真而已哉？夾漈鄭氏藝文畧載陰符經傳註凡三十八部，五十一卷。迄今數百年，其增註又不知幾何矣。余復合老、易、參同解之，名曰「類解」。

觀天之道，執天之行，盡矣。

觀天之道，開口便説陰符，老子曰「功成名遂身退，天之道也」；執天之行，接口便補陽火，易象曰「天行健，君子以自强不息」。夫觀天道者，觀其生成暢遂，至冬令而退藏，「坤六」「道窮」之義在其中矣；執天行者，執其「潛」「見」「惕」「躍」至「九五」而「飛龍在天」，坤承天行之義乘其後矣。

首二句，暗將乾坤二卦包括在前。陰符，即易道也。盡矣，歎觀止已。

天有五賊，見之者昌。五賊在心，施行於天，宇宙在乎手，萬化生乎身。

賊，即下文「尅」字、「盜」字之義。五賊，五行也。

天有五行，相尅寓相生之妙，相盜藏相宜之機，人能洞見其理，則道氣昌隆。夫五行在人心中，倒行逆施，方能相尅相生，相盜相宜。觀此妙義，在天已然。人能體天施行，則宇宙在手，萬化生身矣。既曰生身，則五賊非賊也。

天性，人也。人心，機也。立天之道，以定人也。

性，即理也。五賊者，天之理，即人之理也，在人則運於心，而使之尅中相生，盜中相宜，只用一箇「機」字。易翼曰「立天之道，曰陰與陽」，言天而地在，言地而人在，故曰「立天之道，以定人也」。陰陽包五行在内，人豈能外陰陽哉？

天發殺機，星辰隱一作「隕」伏；地發殺機，龍蛇起陸；人發殺機，天地反覆。天人合發，萬化定基。

發者，生機也；殺者，死機也。生死即動靜機括，藏生機於死機之中，靜而後動也。隱伏者，暗地轉移，以靜言，言靜而動在；起陸者，奮地飛出，以動言，言動而靜在。陰符句語，每每各吐半邊，使人隅反。「人發殺機，天地反覆」，人與天地爲三，其殺機亦自相類，易所謂「反復其道，七日來復」是也。反復者，轉生殺之柄，握消長之權也。「天人合發，萬化定基」，此機同，此理同也。

昔呂祖化身爲陳家傭，陳與一道者講「人發殺機，天地反覆」，未曉「殺機」之旨。呂祖從旁接聲曰：「生者不生，死者不死，已生而殺生，未死而學死，則長生矣。」今按呂祖此語，知殺機乃生死關頭。惜陳爲道士所迷，甫驚異而旋惑也。

性有巧拙，可以伏藏；九竅之邪，在乎三要，可以動靜。火生於木，禍發必剋；姦生於國，時動必潰。知之修煉，謂之聖人。

有氣質之性，有本來之性。氣質之性，似巧實拙；本來之性，似拙實巧。此二者可以伏藏。伏藏則寂然不動，感而遂通，巧藏拙，拙藏巧矣。夫人之所以不能伏藏者，以其有九竅之邪耳。九竅之邪，又以耳目口爲三要。此三者，可以動，可以靜。靜則含眼光，凝耳韻，緘舌氣，三要反爲三寶；動則色令人盲，音令人聾，味令人爽，三要適成三害。不見夫火乎？火生於木而反尅木，猶之視生於目而反傷目、聽生於耳而反傷耳、味生於口而反爽口；又如姦生於國，靜則邪伏，動則邪潰也。若知動靜之機，主靜修煉，則可謂之聖人。

天生天殺，道之理也。天地，萬物之盜；萬物，人之盜；人，萬物之盜。三盜既宜，三才既安，故曰：食其時，百骸理；動其機，萬化安。

生殺者，天之妙理，即至道之妙理也。殺之者，先盜藏其生氣也。天地爲萬物之盜，故冬至春回，生氣先藏於歸根之處；萬物爲人之盜，故勾萌甲坼，生氣先藏於媾精之中；人爲萬物之盜，故取多用宏，生氣先藏於存養之內。殺中有生，培元氣以待時，盜之謂也。夫一動一靜，兩儀之常，而並育並行，三盜相養。既相養，則天地人物，互藏其用矣。

三才者，天地人，不言物而物在。有一不安，必有不相宜者。三盜既宜，則三才亦安矣。三才既安，則發育萬物，因時而動也。

「故曰」二字，承上文而引古語。時，即生機初動之時。食時者，氣機初動，即時吞入我家，則百骸俱理。機，乃殺機。大靜之後，初出生機，隨其時而服食之，則萬象太平，故曰「動其機，萬化安」云。

人知其神之神，不知不神之所以神。日月有數，大小有定，聖功生焉，神明出焉。

修煉之功，莫妙於神。人知靈動者之爲神，而不知不用靈動者之所以神也。此神從靜極而生，時至神知，善審動機。其動機也，如日月之有數焉。參同云「三日出爲爽，震庚受西方；八日兑受丁，上弦平如繩；十五乾體就，盛甲滿東方；十六轉受統，巽辛見平明；艮值於丙南，下弦二十三；坤乙三十日，東北喪其朋」，此日月消長之數也。夫六門大藥，聖人以日月之盈虛測之，而六候得丹，又當以陰陽之大小準之，參同曰「陰陽交結，小往大來」是也。小往則前行短，二候求藥也；大來則後行長，四候合丹也。十二分火候，即在「日月有數，大小有定」之中，聖人之功於此生，神明之用於此出矣。

其盜機也，天下莫能見，莫能知。君子得之固躬，小人得之輕命。

盜機者，伐奪之機也。不但五行相剋、三才相襲爲盜機，即抱神守氣、取坎填離，亦是盜機。至人默運神機，入水府，造金鄉，踵希夷，絕視聽，此中有莫能見莫能知者。神之神於此死，不神之神於此生，故君子得此盜機可以造命而固躬，小人得此盜機必至損躬而輕命，所謂「正人用之而正，邪人用之而邪」者也。

瞽者善聽，聾者善視。絕利一源，用師十倍；三返晝夜，用師萬倍。

瞽以耳爲目，即聽以察人笑貌，故曰「瞽者善聽」；聾以目爲耳，即視以揣人聲情，故曰「聾者善視」。然吾身有無目之人而能曲聽者，又有無耳之人而能旋視者。善聽善視，在辨水源清濁耳。

老子曰「水善利萬物」，以此知絕美之利，真一之源也。用師十倍者，易卦以地水爲「師」，土剋水而水不動，則其水愈覺澄清。用師者，用土剋水，行險而順，以此毒天下而民從之吉，又何咎矣？十以成數言。三返者，三數屬木也。夫離宮火精，木汞所生，木中藏火，同沉坤宮，坤實成坎而生水，水中真氣則爲金，木載金還之後，須用屯蒙抽添，故曰「三返晝夜」。用師萬倍者，萬以全數言。十月火符，乃能煉寶成丹。七返九還，即三返也。

心生於物，死於物。機在目。天之無恩，而大恩生。迅雷烈風，莫不蠢然。

心因物而動，生於物也；逐物而亡，死於物也。夫九竅之邪，在乎三要，三要之邪，莫要於目焉。欲止其機，必用無恩。天無恩而大恩生，死中有生，靜中有動也。迅雷烈風皆從蠢然之中自然靈動，使天長用其風雷，則風雷之靈氣，有時而盡，何以於重陰之下，待地雷之復，而起申命之巽風乎？

至樂性餘，至靜性廉。天之至私，用之至公。

承上「無恩」之義推之。無恩者，猶之無爲，樂之至、靜之至也。至樂者，其性閒適而有餘；至靜者，其性清淨而廉潔。故天有時而無雷無風，似至私也；能從蠢然中發出號令，又即天之至公也。至私似無恩，至公則大恩生。

禽之制在氣。生者死之根，死者生之根。恩生於害，害生於恩。沉水入

火，自取滅亡。末二句，王鳳洲藏本接在「害生於恩」下，其意聯屬，今照其本。

白虎通：「禽言爲人所禽制也。」禽之制在氣，氣以火言，禽以朱雀言。以氣制禽，以火制火也。參同云「朱雀爲火精，執平調勝負」，蓋言「土填水不起」之候，必得朱雀之火執其平衡，調其勝負，猛烹而極煉之，火蒸水沸，其金自隨水而上騰，則朱雀之制即在乎以火沉水、舉水制火也。其中有生死之機。水沸火升，入於離宮，離火反爲坎水所滅，生者死之根也；制伏拘鉗，不飛不走，鉛汞俱死，同歸厚土，這回大死今方活，死者生之根也。恩生於害，以火沉水也；害生於恩，引水入火也。沉水入火之妙，自生自死於其間，故曰「自取滅亡」。

愚人以天地文理聖，我以時物文理哲；人以愚虞疑也**聖，我以不愚虞聖；人以奇其**同「期」**聖，我以不奇其聖。**此六句，傳者謂岐伯贊詞，鳳洲藏本删去，今仍存之，移於「自取滅亡」之下。

愚人以通天文察地理爲聖，若只如此，究於身心何益？我於天文中考其時行之妙，地理中玩其物生之機，盜天地而奪造化，方不愧爲明哲，所謂「觀天之道，執天之行，至矣」；人以愚虞聖，我以不愚虞聖，所謂「知之修煉，謂之聖人」也；人以奇其聖，我以不奇其聖，所謂「人知其神之神，不知不神之所以神」也，又況日月有定，大小有數，三才相盜，皆自然之聖功也，何奇之有？此六句，皆似申贊上文言。

自然之道靜，故天地萬物生。天地之道浸，故陰陽勝。陰陽相推，而變化順矣。

自然之道，一「靜」而已，靜中生動，動則天地萬物生；天地之道，一「浸」而已，浸即自然之象，陰浸浸而下降，陽浸浸而上升，陰陽升降，妙在相勝，不相勝則不相推。陰陽相推，而變化順其自然已。變化者，進退之象也。

朱子曰：「『自然』四句，極說得好。」又曰：「『浸』字最下得妙。」

是故聖人知自然之道不可違，因而制之。至靜之道，律曆所不能契。爰有奇器，是生萬象，八卦甲子，神機鬼藏。陰陽相勝之術，昭昭乎進乎象矣。

因而制之者，因自然之道，制爲修煉之法也。夫自然之道，實從至靜中發出，至靜之中，別有歲月乾坤，人間律曆不能契也。靜在何處？有奇器焉，玄關一竅是也，萬象生於中，八卦變於中，甲子運於中，神機難測，鬼藏莫曉，陰陽相勝之數，無不出乎其間。昭昭乎人所共見之理，非隱怪難知之事也。進乎象矣，象即「易象」之象。象也者，像也。

清靜經解
日用經約解
定觀經約解
玉樞經約解
大通經約解
五廚經解
護命經約解
赤文洞古經約解
明鏡匣經
金穀經

清靜經解

老君曰

大道無形，生育天地。

無極生太極。

大道無情，運行日月。

無爲無不爲。

大道無名，長養萬物。

無物生有物。

吾不知其名，强名曰道。

「首」「辵」爲「道」，先天地而行生者也。雖曰強名，亦却自然。

夫道者，有清有濁，有動有靜。天清地濁，天動地靜，男清女濁，男動女靜。降本流末，而生萬物。

清與動爲本，濁與靜爲末。一降一流，一施一受也。清濁相融，動靜交媾，則萬物於此滋生矣。

清者濁之源。

無生有。

動者靜之基。

有返無。

人能常清靜，天地悉皆歸。

天清地靜，一齊返入於無矣。

夫人神好清，而心擾之。

擾神之心，妄心也。

人心好靜，而慾牽之。

好靜之心，真心也。

若能常遣其慾，而心自靜。

遣慾者，必先捨事；靜心者，必先遣慾。

澄其心，而神自清。

澄心者，洗心退藏也。心如止水，其神自清。

自然六慾不生。

無眼耳鼻舌身意，自無色聲香味觸法。

三毒消滅。

三毒者，陰神害人性，陰精害人命，陰氣伐人五臟，即三尸也。三尸皆人身陰賊，或言三彭、三姑者，皆妄。

所以不能者，爲心未澄，慾未遣也。

神不能清，先由慾不能遣。

能遣之者，內觀其心，心無其心。

知三心之不可得也。

外觀其形，形無其形。遠觀其物，物無其物。

知四相之俱忘也。

三者既悟，惟見於空。

返照入空矣。

觀空亦空，空無所空。

觀空到無所之地，空斯大矣。若有所，則不成空。

所空既無，無無亦無。

觀空到無所之後，空亦無矣。若有空，則不能無。無之又無，無亦不立。

無無既無，湛然常寂。

萬法皆空矣。

寂無所寂，欲豈能生？

寂之又寂，何慮何思？

欲既不生，即是真靜。

此靜之所以先宜遣慾也。

真常應物，真常得性。

真靜爲常，則曰真常。吾師云「真常能應物，應物自不迷，不迷性自住」，同此旨意也。

常應常靜，常清靜矣。

定觀云：「有事無事，常若無心；處靜處喧，其志唯一。」

如此清靜，漸入真道。既入真道，名爲得道。

人無妄心，則有真心。

雖名得道，實無所得。

沖而用之，不自滿假。

爲化衆生，名爲得道。

去妄歸真，可稱道人也。

能悟之者，可傳聖道。

性功既悟，命功乃傳。或問曰：上言「實無所得」，此言「可傳聖道」，然則清靜一經，尚未言道乎？涵虛曰：「非也，你把『無所得』錯講了，這就是入道返觀、尋究本來妙訣。」

老君曰

心長語重，故復開示。

上士無爭，下士好爭。上德不德，下德執德。執著之者，不名道德。

無爭，則無欲；好爭，則多欲。不德，乃有德；執德，便無德。人無至德，至道不凝。執德者，不宏也，安能具虛靈廣大之德，以合我虛靈廣大之道乎？

衆生所以不得真道者，爲有妄心。既有妄心，即驚其神；既驚其神，即著萬物；既著萬物，即生貪求；既生貪求，即是煩惱。煩惱妄想，憂苦身心，便遭濁辱，流浪生死，常沉苦海，永失真道。

此節反言，以申上文「清淨入真道」之意也。抑有可歎者，以不靜之妄心，驚至清之真神，著物妄想，心不能靜，真神反化爲妄心也，安能得道乎？

真常之道，悟者自得。得悟道者，常清靜矣。

悟道之人，終不外乎清淨。清淨之法，終不外乎遣慾。遣慾是一章喫緊處。又況心靜則火降，神清則氣慧。定中生慧，本命自來，更有自然而然不知其所以然者。

玉樞經約解

玄裔涵虛子註

居中而運，則謂之「樞」。北斗一星名「天樞」，取其運於中央也。人身以神爲樞，纖塵不染，有如玉之清明，故曰「玉樞」。此經大旨，蓋教人煉元神也。

天尊言：「爾諸天人，欲聞至道，至道深窈，不在其他，爾既欲聞，無聞者是。無聞無見，即是真道。聞見亦泯，惟爾而已。爾尚非有，何況於是？不聞而聞，何道可談？」

雪亮冰清，不煩言解。「何況於是」，「是」字指聞見言。

天尊言：「道者以誠而入，以默而守，以柔而用。用誠似愚，用默似訥，用柔似拙。夫如是，則可與忘形，可與忘我，可與忘忘。」

此皆虛無中功夫。

「入道者知止，守道者知謹，用道者知微。能知微則慧光生，能知謹則聖智全，能知止則泰定安。泰定安則聖智全，聖智全則慧光生，慧光生則與道爲一，是名真忘。惟其忘而不忘，忘無可忘。無可忘者，即是至道。道在天地，天地不知。有情無情，惟一無二。」

能入要能守，能守要能用。知止則不遷，知謹則不出，知微則深造，杳冥杳冥生恍惚，靈覺著焉，即慧光也。不出則神恬，不遷則氣靜，氣靜則神恬，神恬則太虛之中一靈獨運。只知有道，而不知有他，故曰「是名真忘」。真忘者，忘而不忘，忘無可忘者也。真忘即至道也。

天尊言：「吾於今世，何以利生？爲諸天人，演此妙寶，得悟之者，俾躋仙阼。學道之士，信有氣數。夫風土不同，則稟受自異，故謂之氣；智愚不同，則清濁自異，故謂之數。數繫乎命，氣繫乎天，氣數所囿，天命居告告，梏也。不得真道，愚可以智，濁可以清，惟命俾之。愚昏昏，濁冥冥，亦風土稟受之移之。天地神其機，使人不知，則曰自然；使知其不知，則亦曰自然。自然之妙，雖妙於知，而所以妙，則自乎不知，然於道則未始有以愚之濁之。」諸天聞已，四眾咸悦。

護命經約解

爾時，元始天尊在七寶林中，五明宮內，與無極眾聖，俱放無極光明，照無極世界，觀無極眾生，受無極苦惱，宛轉世間，輪迴生死，漂浪愛河，流吹慾海，沉滯聲色，迷惑有無，無空有空，無色有色，無無有無，有有無有，終始暗昧，不能自明，畢竟迷惑。

元始者，祖氣也。祖氣化生，真神即見。此神在天心之中，黃宮之內。一神正位，萬神朝宗，非若無極眾生，盡是一派識神，受無窮苦趣。彼眾生者，皆執迷也。執空不是，執色不是，無中執有不是，有中執無亦不是，殊可憫哉！

天尊告曰：「爾等眾生，從不有中有，不無中無，不色中色，不空中空。非有爲有，非無爲無，非色爲色，非空爲空。空即是空，空無定空；色即是色，色無定色。即色是空，即空是色。若能知空不空，知色不色，名爲照了，始達妙音，識無空法，洞觀無礙，入衆妙門，自然解悟，離諸疑網，不著空見。」

此節爲衆生說破空色無有之迷。若衆生有解悟者，即能離諸迷惑。

「清淨六根，斷除邪障，我即爲爾說是妙經，名曰護命，濟度衆生，傳教世間，流通誦讀，即有飛天神王，破邪金剛，護法靈童，救苦真人，金睛猛獸，各百億萬衆，俱侍衛是經，隨所供養，捍危扶衰，度一切衆生，離諸染著。」

此節重「清淨」一句。清淨六根，乃得此護命妙寶，離諸苦惱。

爾時，天尊即說偈曰：「視不見我，聽不得聞，離種種邊，名爲妙道。」

不見我、不聞我，則無我也。我爲種種之邊靠，無我則種種皆離。孔子「無意」「無必」「無固」，而歸於「無我」，蓋無我則「意」「必」「固」皆絕也。

日用經約解

日用者，猶言十二時中不可須臾離者也。有功夫自有效驗，總要清淨身心。經中二段云「十二時中，常念清淨」，末段云「十二時中，常要清淨」，此太上喫緊教人處，故一再言之。十二時中常以清淨爲功，清淨乃日用之本。經語明顯，不煩註疏。

玄裔西月謹識

夫日用者，飲食則定，禁口端坐，莫起一念，萬事俱忘，存神定意，眼不視物，耳不聽聲，一心內守。調息綿綿，漸漸呼出，莫教間斷，似有如無，自然心火下降，腎水上升，口裏津生，靈真附體，得至長生之路也。

首段言下手功夫。

十二時中，常念清淨。一念不起謂之清，靈臺無物謂之淨。身是氣之宅，心是神之舍。意行則神行，神行則氣散。神聚，則五行真炁，結成刀圭，自然身中有身，冲和氣透，醍醐灌頂。行住坐卧，常覺身體如風之行，腹中如雷之鳴，耳聽仙音無絃之曲，不言而自聲，不鼓而自鳴，神氣交結，嬰兒回轉，得觀内景，能自言語，見虛無之事，與聖同居，神自出入，天地齊壽，脱離生死矣。

「十二時」二句，以入室時言，身心清淨，效驗自呈。下文皆在此二句之中。

莫教有損。十二時中，常要清淨。神是氣之子，氣是神之母，如雞抱卵，存神養氣，能無離乎？妙哉！妙哉！

「十二時」再申二句，以養丹時言，觀「莫教有損」四字便知。

大通經約解

涵虛子註

大通者，廣大圓通之義也。經中「無形」「無體」「無象」「無相」「無爲」，皆大無方、通無礙也。

真空章

先天而生，生而無形；後天而存，存而無體。然而無體，未嘗存也，故曰不可思議。

先天氣無質，後天神無方。然神雖無方，而運化却有方，故曰「未嘗存也」。不可思議，妙用無窮也。

玄理章

靜爲之性，心在其中矣；動爲之心，性在其中矣。心生性滅，心滅性現，如空無象，湛然圓滿。

靜爲性而心在中，一切皆忘，性定心亦定矣；動爲心而性亦在中，一靈獨覺，心見性亦見矣。凡人所以不見性者，爲有妄心。既有妄心，其性即隱；若無妄心，其性即見，以性體本空耳。如空無象，性體湛然。

玄妙章

大道無相，故内攝於其有；真性無爲，故外不生其心。如如自然，廣無邊際。對境忘境，不沉於六賊之魔；居塵出塵，不落於萬緣之化。致靜不動，致和不遷，慧照十方，虛變無爲。頌曰：「有法悟無法，無修解有修；包含萬象體，不掛一絲頭。」

無相則無有，内攝其有，則還無相之道也；無爲則無心，外不生心，則返無爲之性也。攝有還無則無相，收心返性則無爲，無相無爲，則無邊際也。由是而對境居塵，似覺有相有爲，不沉不落，仍覺無相無爲，六賊萬緣，何足掛心哉！靜不動，定也；和不遷，安也。慧照虛變，則元神善運矣。要之，無相無爲也。

赤文洞古經約解

赤文，喻紫氣紅光；　洞古，喻觀見本來面目；　經，喻藥物，爲操真入聖之用也。

操真章

有動之動，出於不動；　有爲之爲，出於無爲。

有動之動，陽氣也，寂靜中生來，故曰「出於不動」；　有爲之爲，返還也，清淨中行持，故曰「出於無爲」。

無爲則神歸，神歸則萬物寂；　不動則氣泯，氣泯則萬物生。

無爲則神歸，神好清也；　神歸則物寂，清則淨矣。不動則氣泯，氣入亥也；　氣泯則物生，亥又子矣。

神神相守，物物相資，厥本歸根。

相守者，以無合無；　相資者，以有還有。如是則後天返先天，而根本固矣。

默而悟之，我自識之，入乎無間。

默而悟者，杳冥生恍惚也；　我自識者，一靈獨覺也。如此則深入玄通，而無間隔矣。

不死不生，與天地爲一。

操真之道得矣。

入聖章

忘於目則光溢無極，忘於耳則心識常淵。兩機俱忘，絕眾妙之門。

目機靜，則慧光自生；　耳機靜，則心地自澄。無欲觀妙，正在此時。得此一妙，則空絕眾妙矣。

純純全全，合乎大方；　溟溟涬涬，合乎無倫。天地之大，我之所維；

萬物之眾，我之所持。曷有窮終，以語其弊哉？

有物混成，先天地生，大無方體，高無等倫。天地萬物，皆我維持，雖有善言者，亦不能尋究其弊，以其無盡也。世間有盡者，即有弊端可語，道無窮終，安有弊之可語哉？

住世章

養其無象，象故常存；守其無體，體故全真。全真相濟，可以長久。天得其真故長，地得其真故久，人得其真故壽。世人所以不能長久者，爲喪其無象，散其無體，不能使九竅百骸與真體並存，故死矣。

無象者，氣也；無體者，神也。以神合氣，丹道自成，故曰「全真相濟，可以長久」。下九句明顯易知，茲不註。

定觀經約解

紫霞洞涵虛子敬述

定觀，即佛門「止觀」之義。觀，即「內觀」「外觀」「遠觀」「空觀」也。人能定觀，則神不動搖，必能內觀無心，外觀無形，遠觀無物，觀空亦空矣。道書全集有混然子註，語意支離，未明宗旨，茲照經義述之。

天尊告左玄真人曰

左，讀「佐」，輔也，助也，輔助玄功之臣也。書「周公左右先王」，皆作去聲註。左右，輔助也。

夫欲修道，必先捨事。外事都絕，無與忤心。

外事，乃不關身心之事； 忤，拂逆也。拂逆生煩惱，故先捨之，而盡絕之，乃不與煩惱之心。

然後安坐，內觀心起。若覺一念起，須除滅，務令安靜。

念，乃的有貪著之念。佛經云：「從起心動念處下功夫。」故須除之滅之。

其次，雖非的有貪著，浮游亂想，亦盡滅除，晝夜勤行，須臾不替。

的有貪著，即上節「念」字，如名利之類是也；浮游亂想，乃是未有貪著者，浮空而來，遊思不斷，雜亂無章，不關緊要之事也。替，廢也。

惟滅動心，不滅照心；但凝空心，不凝住心。不依一法，而心常住。

念即動心，照即返觀之心，空即無慾之心，住乃執著之心。不依一法，則萬法皆空，而心常定矣。

否則凡心躁競。

反言以結上文。

其次，初學息心甚難，或息不得，暫停還失。去留交戰，百體流行，久久精思，方乃調熟。勿以暫收不得，遂廢千生之業。

息心者，佛云「安心」也；暫停還失者，儒云「操存捨亡」也。亡則去，去則牽於境；存則留，留則返諸心。心境迴環，有如交戰，隨息來往，故曰「百體流行」。欲得停留之法，須思調心之理，無非由暫而常。精思既久，乃能調熟，始而暫收，繼而常住。千生之業，即上文「常住」之心也。

少得靜已，則於行立坐卧之間，涉事之處，喧鬧之所，皆作意安。有事無事，常若無心；處靜處喧，其志唯一。

少，稍也；已，止也。稍得靜止，必須境上試過，乃見其心之動不動焉。行立坐卧，處靜處喧，皆境也。作意，持志也。「有」「無」「動」「喧」四句，皆作意功夫。

若束心太急，急則成病，氣發狂顛，是其候也。

心好動而收之太迫，必成暴躁之病。氣即心中之氣，心動則氣動。狂即暴之證候，顛即躁之證候也。狂顛猶小，暴躁則甚。

心若不動，又須放任。寬急得所，自恒調適。制而不著，放而不動，處喧無惡，涉事無惱者，此是真定。

得所者，合宜也；自恒調適者，隨其自自在在，安安閒閒也。不著不動，即寬急得所；無惡無惱，即自恒調適。真定，常靜也。

不以涉事無惱故求多事，不以處喧無惡强來就喧。以無事爲真宅，有事爲應跡，若水鏡之爲鑒，則隨物而現形。善巧方便，惟能入定。

故求多事，安知無惱不生惱耶？强來就喧，安知無惡不生惡耶？真宅，以靜境言；應跡，以動境言。善巧方便者，隨心應物，即應跡也。常應常靜，只求能入定功耳，故曰「惟能入定」。

慧發遲速，則不由人，勿令定中急急求慧。急則傷性，傷則無慧。若定，

不求慧而慧自生，此名真慧。慧而不用，實智若愚，益資定慧，雙美無極。

由定生慧，隨其自然；用慧不慧，不慧乃慧；定慧雙修，其美無窮。

若定中念起，多感眾邪，妖精百魅，隨心應見。所見天尊諸仙尊人，是其祥也。

祥，兆也。古人有「禎祥」「妖祥」二解，此以「妖祥」言。

唯令定心之上，豁然無覆；定心之下，曠然無基。舊業日銷，新業不造，無所罣礙，迴脱塵籠。行而久之，自然得道。

上無覆，下無基，一空而已矣。此定觀進一層功夫，即前經「觀空亦空」「欲豈能生」之旨也。

夫得道之人，凡有七候：一者，心得定易（治也），覺諸塵漏；二者，宿疾普銷，身心輕爽；三者，填補夭損，還年復命；四者，延數千歲，名曰仙人；

五者，煉形爲氣，名曰真人：　六者，煉氣成神，名曰神人：　七者，煉神合道，名曰至人。其於鑒力，隨候益明，得至道成，慧乃圓備。

圓備，則七候皆歷盡矣。

若乃久學定心，身無一候，促齡穢質，色謝形枯也方空。自云慧覺，又稱成道者，求道之理，實所未然。而說頌曰：「知起生於境，火發生於緣：　各是真動性，承流失道源。起心欲息知，知起心更煩：　了知性本空，知則眾妙門。」

此經引人修心入道，委曲周全，慈悲至矣。特爲依經解義，以揭婆心。——涵虛識。

五廚經解

食木子涵虛註

經是五言古體句法，極爲拗衍，故詳述之。

唐京肅明觀尹愔真人曰：「夫存一氣和泰和，則五藏充滿，五神靜正。五藏充則滋味足，五神靜則嗜慾除。此經是五藏之所取給，如求食於廚，故云『五廚』耳。」

一氣和泰和，得一道皆泰；和乃無一和，玄理同玄際。

一氣者，先天一氣也；和泰和，會合五藏中泰和之氣也。既合五藏之氣，則得一氣爲道氣，由是一身皆泰和之氣也。一身皆泰和之氣，則和氣充周，渾然浩然，無一和之可名也。理，性也，言性而命在；際，交也。兩玄不可分，以玄交玄，則各正性命保合太和也。

不以意思意，亦不求無思；意而無有思，是法如是持。

下「意」字，以真意言，慧光是也。不以意思意者，二玄相交之際，慧發遲速不由人知，勿令定中急急求慧也。然亦不求無思，却要求注意規中，忘而不忘，不忘而忘，有意無意間，一氣生而慧光見，乃善行持者也，故曰「意而無有思，是法如是持」。

莫以心緣心，還莫住絕緣；心在莫存心，真則守真淵。

莫以內照之心外緣人欲之心，則內想不出，外想不入也。既存絕外緣之心，又莫執住絕緣之心，所謂「又須放任，寬急得所，自恒調適，制而不著，放而不動」也。心在乎內，亦莫存一箇在內之心，爲法所縛。只要得其真常，靜守深淵，契所謂「浮游守規中」是也。

修理志離志，積修不符離；志而不修志，己業無己知。

修性之功，先持其志，後離其志。持其志，則用志不紛；離其志，則委志虛無。若使積力修性，苦持其志，是名邊見，必起住心，必與離志之道不相符合。夫惟持其志而不持其志，綿綿若存，則修己之業，無庸以己見參乎其間，自自在在，安安閒閒，則清靜無爲矣。

諸食氣結氣，非諸久定結，　氣歸諸本氣，隨取當隨洩。

黄庭經曰：「人皆食穀與五味，獨食泰和陰陽氣。」由此印之，諸凡食滋味以養氣者，不過暫時融結之氣，旋飽旋餒，非一氣和泰和之氣，長存身中，久久定結也。五藏之中，各有泰和爲本，至人攢合五氣，立爲丹鼎，鼎中一氣生來，各歸諸氣之本，我隨取之，亦隨洩之。取則五氣朝元，洩則百骸俱理，易所謂「黄中通理，正位居體，美在其中，暢於四支，發於事業，美之至也」。洩，即暢發之義也。

明鏡匣經

明鏡匣，發明黄白細微，有如寶鏡出匣，光明清亮。其要在水銀一味，其法在先死水銀，其本在先煉真土。太上慈悲，直將大丹要旨，形於竹帛，人能至誠格天，必有太清真人爲之訣破微言，則萬法皆通矣。仙律甚嚴，不敢妄註，謹將真經要妙，畧吐於圈點之中。

世人不識一，一氣生萬物；若人知一趣，得一萬事畢。一乃水之基，繼續東方木；癸鉛生辛金，白淨瑩如玉。二乃火之精，不失庚方父；壬水生黄金，金作中宫土。黄金硃砂父，白金水銀母；壬癸水中精，識得爲戊己。黑鉛非真鉛，内有先天水；硃砂非真汞，内有玄元火。水火能既濟，不失坤方土；真母不通靈，須用正陽補。取坎復還離，萬物歸元祖；坤母育嬰兒，乾父育姹女。姹女嫁嬰兒，却配爲夫婦；水火結成團，夫婦自相顧。男女却媾精，媾精生男女；　無父不成母，無母不許父。父母全真形，不失真龍虎；　龍虎是黃芽，黃芽是真土。真土爲至藥，至藥不離祖；　離祖不成丹，成丹真道理。牝雞不能雛，有母緣無父；　空自單卵抱，氣散不成子。若要水銀死，先須死其母；　母死會玄元，方配硃砂父。父母媾真精，方死水銀子；　水銀死爲鉛，相類坤方土。坤土育嬰兒，化作水銀母；　水銀只一味，不離南方火。乾宮有朱雀，坤宮有玄武；　玄武產坤銀，朱雀化黃土；　禀會在中宮，方能水銀死。北斗天之樞，内含中宮水；　四象會中宮，南北爲戊己。真精生乾坤，鉛汞爲父母；　父母是庚辛，實禀西南數。識得庚辛精，纔煉中宮土；　真土產其中，方鎮中央水。若人識真汞，黃金内神火；　若人識真鉛，白金内神水。二氣結成丹，不愁水銀死；　水火不能識，安知乾汞理？濕土水難乾，乾土能制水；　若知生殺機，便是還丹理。黃金是真火，白金是真水；　多少煉丹人，都做迷魂鬼。己土非天硫，戊土非天癸；　若將此作土，不識其中趣。水銀要相生，水銀須先死；此是緊要處　要得水銀死，先須死其母。故重言之先天乾坤精，便是真戊己；乾黃坤體白，黃白藥無比。只用黃白精，不用黃白體；黃白精何得，只用硃砂配。硃砂死變赤，方得水銀死；水銀不能飛，成藥在於此。神仙得此精，盜奪天與地；世人得此精，堆金成富貴。一轉至九轉，九九八十一；若人知此理，密密深固濟。收藏不可言，方躋神仙位；得之廣濟人，不得空浪費。知此如輕洩，天神亦不喜；慎之復慎之，千言並萬語。

金穀經

金穀歌者，明種藥之法也。大丹如粟米，先種於玉田之中，耕耘收穫，即金穀而食之。其要在鉛中作，其用在水銀一物耳。

煉丹訣，煉丹訣，仔細對君說。母炁初傳子，初子性方拙；次子亦如然，混沌難分別；三子始光明，點化分剛決。一子誕一子，九子性猛烈。清淨步太虛，天仙來迎接。此丹傳至道，莫與非人說。

丹丹丹，一粒遐齡千萬劫。一生二，二生三，三生萬物無休歇。無緣難遇此丹經，此是聖人真口訣。

鼎無頭，釜無耳，庚爲表，辛無裏。更無別藥直下取，惟有水火相配對。燕雀不生鳳，狐兔不乳馬；若無真父母，所生都是假。種禾當用粟，無粟穀不生；煉丹須用寶，無寶丹不成。若用凡雜類，總是不成真。用鉛不用鉛，須向鉛中作；及至用鉛時，用鉛還是錯。若要水銀死，先須死水銀；水銀若不死，如何死水銀？生熟自相制，相制自通靈。黑赤丹砂汞結成，明知此理最幽深；不離男女生男女，生下男女更長孫。水銀一物別無物，先作肉兮後作骨；骨肉相親化作真，從此河車任反覆。此藥無爐只有鼎，一鼎化爲千萬鼎。金化金兮銀化銀，何曾別有外神靈？轉制分胎三次後，却嫌宗祖是囂塵。藥即是金金是藥，母能養子意偏深；姹女牢藏神室內，深閨養之自堅心。玉田金穀隨時種，吾今細說甚分明；得之守之宜秘隱，不秘不隱遭天嗔。

附錄四篇

附一：大江派九字

蒲團子按　原本無標題，係我所加。

呂祖序

元始玉音，命巖便宜衍道。巖觀生民氣質，有清不能無濁，有善不能無惡，因濁惡而不敢傳道，道終難傳也。不如將清濁善惡渾而一之，以大道傳播其間，使清者善者得道而行，則善氣益多，清氣益甚，陽大而陰小，泰長而否衰，則濁者益少，惡者益寡矣。吾見紫霞洞主東來正義一註及九層煉心一書，先不欲以示人，既則丕然心廣，汲汲焉欲以傳人，爰攜紫霞之神，上叩太清，得蒙道祖允授人寰，以培善氣，以增清氣。於戲！道何敢私哉！吾前開大江一派，意欲彙萃英才，同歸大海神山，故以「大江」爲名，即仙讖也，豈徒龍沙八百而已哉！得此書者，先須誦太上定觀、清靜諸經，以却人心之累，乃有道心之生，故命潛虛輔紫霞洞主斟酌而行，並將太上諸經列於卷首，諸子奉道者，以道爲珍，則中條老母之言，有本者爲師，受書爲徒者，宜遵行而衍其傳、廣其派也。今將大江派九字具書於左，純陽爲初，紫霞爲起，可循環而命名也。是爲序。

大江派九字

蒲團子按　此標題係我所加。

純陽祖師曰：　吾門有北真南宗，支分派接，今復在大江之上條開西榦，名曰大江派云。

西道通　大江東　海天空

後人照此九字循環命名。

火道人題頌

天下之水江爲大，統納羣流兼萬派；　雪浪銀濤匯十洲，一齊走入無邊界。　拍板笙歌朝帝鄉，目中觀海氣汪洋；　遊於聖人之門者，到此方知百谷王。

左列命名式

大江初祖，純陽帝君；　大江一代弟子，西△；　大江二代弟子，道△；　大江三代弟子，通△；　大江四代弟子，大△；　大江五代弟子，江△；　大江六代弟子，東△；　大江七代弟子，海△；　大江八代弟子，天△；　大江九代弟子，空△。是爲九代。

二環則曰：　大江二環弟子西△；　大江二環弟子道△；　餘類推。三環亦照二環式推。

二三環不必書代數，上有二三環字樣，可分別矣。如書代數，二環之「西」字則爲十，三環之「西」字爲十九。

附二：人元大道九層煉心文終經

循途錄　紫霞洞主人涵虛子手著

蒲團子按　民國鉛印本循途錄題署「列聖羣真評閱，紫霞洞主人涵虛子手著」，純陽宮本署「列聖羣真評閱，紫霞洞主人涵虛子手著，員陽子書編，受道弟子李道育、朱道生、劉道和、李道容仝刊」。

九層煉心道言

初層煉心者，是煉未純之心也。未純之心，多妄想，多遊思。妄想生於貪慾，遊思起於不覺。學人打坐之際，非不欲屏去塵情，無如妄想纔除，遊思忽起。法在止觀，乃可漸漸消鎔。止，則止於臍堂之後，命門之前，其中稍下有箇虛無圈子，吾心止於是而內觀之。心照空中，與氣相守，維繫乎規矩之間，往來乎方圓之內，息息歸根，合自然之造化，巍巍不動，立清靜之元基，從此一線心光，與一縷真氣相接，渾渾灝灝，安安閒閒。此煉心養氣之初功也。

二層煉心者，是煉入定之心也。前此一線心光，與一縷真氣相接，若能直造窈冥，自當透出玄竅。奈何定心不固，每爲識神所遷，心與氣離，仍不能見本來面目。法在心息相依之時，即把知覺泯去，心在氣中而不知，氣包心外而不曉，絪絪緼緼，打成一片。此煉心合氣之功也。

三層煉心者，是煉來復之心也。前此絪絪緼緼，打成一片，重陰之下，一陽來復，是名天地之心，即是玄關一竅。此刻精氣神都在先天，鴻濛初判，並不分真精真氣真神，即此是真精真氣真神，若能一心不動，便可當下採取運行。無奈見所未見，聞所未聞，美景現前，忙無措手，心一動而落在後天，遂分爲精氣神矣。法在玄關初現之時，即刻踏住火雲，走到尾閭，堅其心，柔其息，敲鐵鼓而過三關，休息於崑崙焉。此煉心進氣之功也。

四層煉心者，是煉退藏之心也。前此踏火雲，過三關，心與氣隨，固已入於泥丸矣。然在泥丸宮中內，或有識神引動，則氣寒而凝，必不能化爲真水洒濯三宮，前功盡棄矣。法在崑崙頂上，息心主靜，與氣交融，氣乃化爲美液，從上腭落下，捲舌承露，吞而送之，注心於絳宮，注心於黃庭，注心於元海，一路響聲，直送到底，又待玄關之現焉。此煉心得氣之功也。

五層煉心者，是煉築基之心也。前此入泥丸而歸氣穴，已有河車路徑，從此一心做去，日夜不休，基成何待百日乎？然或有懈心，有慾心，作輟相仍，丹基難固。夫築基所以聚精會神也。功夫不勤，精神仍然散亂，何以延年奉道？法在行憑子午，逐日抽添，取坎塡離，積金實腹。此煉心累氣之功也。

六層煉心者，是煉了性之心也。前此河車轉動，聚精會神，則靈根充實矣。從此心液下降，腎氣上升，是爲坎離交。杳冥中有信，浩浩如潮，一半水氣，濛濛如霧，一半雲氣，是名金水初動，方修玉液還丹。倘用心不專，則盡性之事難了。法在於金水初生之日，由丹田分下湧泉，霎時而合到尾閭，調停真息，鼓之舞之，乃能滔滔逆上，至於天谷，涓涓嚥下，落於黃庭。如此則朝朝灌溉，心地清涼，血化爲膏，意凝爲土，土中生汞，汞性圓明，遇物不遷，靈劍在手，孟子謂「盡其心者知其性」也，仙家名爲陰丹、內丹。此煉心明性之功也。

七層煉心者，是煉已明之性也。前此金水河車，仙師名爲内煉，到此還有外煉功夫，以外合内，真心乃聚而不散。蓋内體雖明，好飛者汞性；内修雖具，易壞者陰丹。設或保養不純，則心性復滅矣。法在以虛明之心，妙有之性，和砂拌土，種在彼家，彼家虛而由我實之，彼家無而自我有之。以有投無，以實入虛，死心不動，霎時間，先天一氣從虛無中來。一候爲一陽，有如震；二候爲二陽，有如兑。時值二候，正宜合丹。那邊吐出一弦真氣，其喻爲虎向水中生；這邊落下一點玄光，其喻爲龍從火裏出。兩邊龍虎會合，性情交感，一場大戰，宛如天地晦冥，身心兩靜矣。俄而三陽發動，有如乾卦，如潮如火，如霧如煙，如雷如電，如雪如花，身中陽鉛熀耀，我即持劍掌印，踏罡步斗，鼓動元和，猛烹極煉，透三關而上泥丸，一身毛竅皆開，比前玉液河車更不同也。吞而服之，以先天制後天，性命合而爲一，即大還也。性屬火，其數七；命屬金，其數九。返本還元，故名七返九還金液大丹。從此鉛來制汞，其心長明，永不動摇矣。此煉心存神之功也。

八層煉心者，是煉已伏之心，而使之通神也。前此七返九還，以鉛制汞，心已定矣。但要温之養之，要使身中之氣盡化爲神，身中之神能遊於外。於是取一年十二月氣候，除卯酉二月爲沐浴，餘十月爲進退，故名十月温養，非言要十箇月功夫也。否則心雖定而不靈。煉之煅之，靈心日見。靈則動，動則變，變則化，故有出神之事，而不爲物情所迷。此煉心成神之功也。

九層煉心者，是煉已靈之心，而使之歸空也。前此温養功深，神已出而不惑，隨心所欲，無往不宜，高踏雲霞，偏遊海島，致足樂矣。但靈心不虛，則不能包涵萬有，此所以有煉虛一著也。煉虛者，心胸浩蕩，衆有皆無，清空一氣，盤旋天地間，是我非我，是空不空，世界有毀，惟空不毀，乾坤有礙，惟空無礙，此所以神滿虛空，法周沙界也。

此煉心之始末也，無以加矣。

附三：辯惑論

紫清白真人作

海南白玉蟾，自幼事陳泥丸，忽已九年。偶一日，在乎巖阿松陰之下，風清月朗，夜靜煙寒，因思生死事大，無常迅速，遂稽首再拜而問曰：「玉蟾事師來久，自揣福薄緣淺，敢問今生有分可仙乎？」陳泥丸云：「人人皆可，況於汝乎？」玉蟾曰：「不避尊嚴之責，輒伸僭易之問。修仙有幾門？煉丹有幾法？愚見如玉石之未分，願得一言點化。」陳泥丸云：「爾來，吾語汝。修仙有三等，煉丹有三成。夫天仙之道，能變化飛昇也，上士可以學之。以身爲鉛，以心爲汞，以定爲水，以慧爲火，在片餉之間，可以凝結，十月成胎。此乃上品煉丹之法，本無卦爻，亦無斤兩，其法簡易，故以心傳之，甚易成也。夫水仙之道，能出入隱顯也，中士可以學之。以氣爲鉛，以神爲汞，以午爲火，以子爲水，在百日之內，可以混合，三年成象。此乃中品煉丹之法，雖有卦爻，却無斤兩，其法要妙，故以口傳之，必可成也。夫地仙之道，能留形住世，庶士可以學之。以精爲鉛，以血爲汞，以腎爲水，以心爲火，在一年之間可以融結，九年成功。此乃下品煉丹之法，既有卦爻，又有斤兩，其法繁難，故以文字傳之，恐難成也。上品丹法，以精神魂魄意爲藥材，以行住坐卧爲火候，以聽乎自然爲運用；　中品丹法，以肝心脾肺腎爲藥材，以年月日時爲火候，以抱元守一爲運用；　下品丹法，以精血髓氣液爲藥材，以閉嚥搐摩爲火候，以存想升降爲運用。大抵妙處，不在乎按圖索駿也。若泥象執文之士，空自傲慢，至老無成矣。」玉蟾曰：「讀丹書許多年，如在荊棘中行。今日塵淨鑑明，雲開月皎，總萬法而歸一，包萬幻以歸真矣。未知正在於何處下手用功也？」陳泥丸云：「善哉問也。夫煉丹之要，以身爲壇爐鼎竈，以心爲神室，以端坐習定爲採取，以操持照顧爲行火，以作止爲進退，以斷續不專爲防隄，以運用爲抽添，以真氣薰蒸爲沐浴，以息念爲養火，以制伏身心爲野戰，以凝神聚氣爲守城，以忘機絕慮爲生殺，以念頭動處爲玄牝，以打成一塊爲交結，以歸根復命爲丹成，以移神爲換鼎，以身外有身爲脱胎，以返本還源爲真空，以打破虛空爲了當，故能聚則成形，散則成氣，去來無礙，道合自然矣。」玉蟾問曰：「勤而不懈，必遇至人；遇而不勤，終爲下鬼。若此修丹之法，有何證驗？」陳泥丸云：「初修丹時，神清氣爽，身心和暢，宿疾普消，更無夢寐，百日不食，飲酒不醉。到此地位，則赤血換爲白血，陰氣煉成陽氣，身如火熱，行步如飛，口中可以乾汞，吹氣可以炙肉，對景無心，如如不動，役使鬼神，呼召雷雨，耳聞九天，目視萬里，偏體純陽，金筋玉骨，陽神現形，出入自然。此乃長生不死之道畢矣。但恐世人執著藥物火候之說，以爲有形有爲，而不能頓悟也。夫豈知混沌未分以前，烏有年月日時？父母未生以前，烏有精血氣液？道本無形，喻之爲龍虎；道本無名，比之爲鉛汞。若是學天仙之人，須是形神俱妙、與道合真可也。被陰陽束縛，在五行之中，要當跳出天地之外，方可名爲得道之士矣。或者疑曰此法與禪法稍同。殊不知終日談演問答，乃是乾慧；長年枯兀昏沉，乃是頑空。然天仙之學，如水精盤中之珠，轉漉漉地，活潑潑地，自然圓陀陀，光爍爍。所謂天仙者，此乃金仙也。夫此不可言傳之妙也，人誰知之？人誰行之？若曉得金剛、圓覺二經，則金丹之義自明，何必分別老釋之異同哉？天下無二道，聖人無兩心，何況人人具足，箇箇圓成。正所謂『處處綠楊堪繫馬，家家有路透長安』，但取其捷徑云耳。」玉蟾曰：「天下學仙者紛紛然，良由學而不遇，遇而不行，行而不勤，乃至老來甘心赴死九泉之下，豈不悲哉？今將師傳口訣，鋟木以傳於世，惟恐漏露天機甚矣，得無譴乎？」泥丸云：「吾將點化天下神仙，苟得罪者，天其不天乎？經云『我命在我，不在於天』，何譴之有？」玉蟾曰：「祖師張平叔，三傳非人，三遭禍患，何也？」泥丸云：「彼一時自無眼力，又況運心不普乎。噫！師在天涯，弟子在海角，何況塵勞中識人爲甚難。今但刊此，散行天下，使修仙之士，可以尋文揣義，妙理昭然，是乃天授矣，何必筆舌以傳之哉？但能凝然靜定，念中無念，工夫純粹，打成一片，終日默默，如雞抱卵，則神歸氣復，自然見玄關一竅，其大無外，其小無內，則是採取先天一氣以爲金丹之母，勤而行之，指日可與鍾呂並駕矣。」此乃已試之效驗，恐學仙者無所指南，謹集問答之要，名曰修仙辯惑論云。

閱丹經甚多，惟此無半點虛語，故刻於十三經之後，爲達者共賞。涵虛

附四：後天串述文終經

予著道德、黃庭、大洞、無根諸註，皆言先天之用，而非初學法門也。夫行遠自邇，登高自卑，若不明後天次序，譬諸世上功名，未舉茂才孝廉，空想進士翰林也。因作後天串述一篇，爲入門之路焉。一收心，二尋氣，三凝神，四展竅，五開關，六築基，七得藥，八結丹，九煉己。

太上有言：「貴以賤爲本，高以下爲基。」後天資補，賤下之道也。賤也者，師所謂「說着醜」也；下也者，經所謂「下面取」也。

培養丹基，純以精氣爲寶，其行法功也，要先收心入內，以中爲極，以和爲則，以神爲體定，以意爲用慧。尋氣在陰蹻爲先，中是活活潑潑、不見不聞之處，和是專氣致柔、抱神以靜之功。定中生慧，坐照如如，媾元精而生元氣，展竅開關不難也。元精者，陰蹻一脈逐日生人之元氣也。學人採取元精，必尋氣之活動處，而以靜合之，此之謂神氣交。神氣交，則男女媾精，真種化生。真種者，後天鼎之真氣也。後天鼎，即元神元炁交合之所也。

心名靈父靈母。此氣從鼎中煉出，即宜凝其神，柔其意，以柔制剛，自然入我內鼎，和之調之，煅之煉之，潛伏於丹田之中，呼吸乎虛無之內，是名命蒂，又號胎息。忽然而內鼎之間，冲出一物，跳跳躍躍，噓噓噴噴，直由衝脈上至心府，即展竅時也； 俟其冲突有力時，乃變神爲意，引出尾閭，一撞三關，飛上泥丸，即開關也。關竅既開，乃行養己之功，而談築基之道。築基者，採彼氣血，補我精神。精神雖壯，又恐動摇，於是以壬鉛制之。壬鉛者，一氣媾而生者也。原夫坎宮之氣，地氣也； 離宮之氣，天氣也。天地交合之時，混混沌沌，絪絪緼緼，結爲虛無窟子。虛無窟中旋産一氣，即以此氣爲壬鉛，此得鉛時也。鉛之體有氣無質，以故清而上浮，至崑崙時，要以目光上視，神氣相息於頂中，凝住一時。陽極陰生，始以舌倒抵上腭，鼻息要匀。抵腭久之，乃有美津降下，寒泉滴滴，雖不甚多，然一吞下重樓，以意送回黄庭。却又奇怪，發聲如漰湃一般，始知天上甘露，原不可多得也。降入黄庭，結爲内丹。以後則在慾絶慾，在塵出塵，對境忘情，煉鉛伏汞，趕退三尸五賊，銷磨六慾七情，骨氣俱是金精，肌膚皆成玉質，則内發天機，外合人事，毋意毋必，毋固毋我，積功累德，煉氣養神。物來事至，心鏡自放光明； 即景會心，慧劍劈開塵障。功修人間，名標天上，且食天禄，享壽無窮。此時抱璞守貞，防危慮險，天人合發，萬物定基，精神永固，一氣還虛，此煉己之功完備矣。

入門者，必先收心、尋氣、凝神、展竅、開關、築基、得藥、結丹、煉己，此九層功夫，乃爲入道之門。既已入門，陰陽歸一，無往不復，窮理盡性，以至於命，自有爲而入無爲，由勉强而抵自然，未有金丹不成者矣。

蒲團子按 純陽宮本無此後天串述文終經一篇由他本錄存。

棲雲山劉悟元　註
長乙山李涵虛　增解

無根樹二註

序

天台悟真，發明内外二藥、返還大事。當時淺識無知，或疑爲爐火採戰之書。葉文叔不明返還，又復以清淨浮言附驥行世，翁葆光見而笑曰此不知金丹者也，遂爲註以匡正之，陸子埜、陳上陽遂加發揮。悟真三註出，而葉註遂湮。

遼陽張三丰先生，天仙也，在武當時曾作無根樹道情二十四首，與紫陽悟真後先伯仲，世亦有認爲採戰爐火者。涵虛喟然曰：「道之不行，由於道之不明也。」每欲著解彰之，恨無同心丹友。棲雲劉悟元，以宏通大辯之才，作書數十種傳世，其中有無根樹註解。涵虛取而觀之，詞源浩大，理境圓通，由是欣然大喜，喜其先得我心之所同然也。其中有未盡洩者，涵虛乃爲補之。内外藥物，返還火候，先後爐鼎，發洩無遺。自是而無根二解，宛如悟真三註也。

解成，問序於予。予不敏，爲記其用心如此。

丁未立秋日青霞洞主人同師弟何西復拜識

自題無根樹詞二首

空青洞天寫刻本無此篇。

鷓鴣天

道法流傳有正邪，入邪背正徧天涯；飛騰罕見穿雲鳳，陷溺多成落井蛙。難與辨，亂紛譁，都將赤土作丹砂； 要知端的通玄路，細玩無根樹下花。

賣花聲

無根樹下說真常，六道含靈共一光； 會得威音前後事，本無來去貌堂堂。

明洪武十七年歲在甲子中和節大元遺老張三丰自記於武當天柱峯之草廬

三丰張真人源流

空青洞天寫刻本無此篇。

真人遼東懿州人，姓張名君實，字元元，號三丰子，又號昆陽。或云姓張名玉字君寶，號元元子。宋末時人。生有異質，龜形鶴骨，大耳圓目，身長七尺餘。修髯如戟，頂作一髻，常戴偃月冠，一笠一衲，寒暑御之，不飾邊幅，人皆呼爲張邋遢。所啖升斗輒盡，或避穀數月日者。延祐間，年六十七，入嵩南，遇呂純陽、鄭火龍，得金丹之旨，修煉成道。或云入終南，得火龍真人之傳，修煉成道。

秦淮漁户沈萬山，又名萬三，好善樂施，限於家貧，不能如願，真人傳以點石成金之術遂其願。萬山自號三山道士，其丹室有聯云「八百火牛耕夜月，三千美女笑春風」，世稱爲聚寶盆。城西南三山街，是其故居。

真人於元末居寶雞金臺觀，至正丙午九月二十日，自言辭世，留頌而逝。士民楊軌山置棺殮訖，臨窆復生，時年一百三十歲矣。從此入蜀，至太和山，結茅於玉虛菴。菴前古木五株，嘗棲其下，猛獸不傷，鷙鳥不搏，眾皆驚異。有人問仙術，絕不答；問經書，則論說不倦。常語武當鄉人曰此山當大顯。後永樂間，皇帝勅修武當，真人隱於工人之中，勤勞行功，人皆不識，惟碧雲孫真人深知。時碧雲爲武當山住持，與真人來往，多受真人益。真人名達天庭，皇帝遣使屢召不赴，惟以詩詞托碧雲奏之。後以道授道人丘元靖，不知所終。本仙鑒所載。

永樂皇帝訪三丰書

皇帝敬奉書真仙三丰張先生足下：

朕久仰真仙，渴思親承儀範，嘗遣使奉香致書，徧謁名山虔請。真仙道德崇高，超乎萬有，體合自然，神妙莫測。朕才質疎庸，德行菲薄，而至誠願見之心夙夜不忘。敬再遣使，謹致香奉書虔請，拱候龍車鳳駕惠然而來，以副朕拳拳仰慕之懷。

敬奉書。

三丰托孫碧雲轉奏書詞

聖師親口訣，明方萬古遺；傳與世間人，能有幾人知？衣破用布補，樹衰以土培；人損將何補，陰陽造化機。取將坎中實，金花露一枝；慶雲開天際，祥光塞死基。歸己昏昏默，如醉亦如癡；大丹如黍米，脱殼證無爲。優游天地廓，萬象掌中珠；人能服此藥，壽與天地齊。如若不延壽，吾言皆是非。

金丹重一斤，閉目靜存神；只在家中取，何勞向外求。煉成離女汞，吞盡坎男精；金丹並火候，口口是元音。

張三丰祖師無根樹詞註解

棲雲山劉悟元 註 長乙山李涵虛 增解

劉註 無根樹者，詞之名也。凡樹有根，方能生發；樹若無根，必不久長。人生在世，生老病死，忽在忽亡，百年歲月，石火電光，亦如樹之無根也。仙翁二十四詞，以「無根樹」爲名，叫醒世人，使其看破浮生夢幻，早修性命耳。**李解** 無根樹，以人身氣言。人身百脈，皆生於氣，氣生於虛無之境，故曰無根。丹家於虛無境内，養出根荄，先天後天，皆自無中生有，是無根乃有根之原也。煉後天者，須要入無求有，然後以有投無；煉先天者，又要以有入無，然後自無返有。修煉根因，如是而已。但人身之氣，有少、壯、老之不同；修煉之氣，有前、中、後之各異。二十四章，合一年氣候，皆勸人無根樹下隨時看花，此道情之盡美盡善者也。

一

劉云歎世。李云勸人養幽花。

無根樹，花正幽，貪戀榮華誰肯休？浮生事，苦海舟，蕩去飄來不自由。無岸無邊難泊繫，常在魚龍險處遊。肯回首，是岸頭，莫待風波壞了舟。悟元云不知此是何調？　涵虛云　唱道情者名挽烏雲。

劉註

花者，樹之精神發煥。人之身如樹也，人之真靈如樹之花也。凡樹有根，故能生發而開花；惟人身無根，生死不常，全憑一點真靈之氣運動。真靈旺則身存而生，真靈敗則身亡而死，人之存亡生死，聽其真靈之旺敗耳。是真靈者，雖爲人樹之花，而實爲人樹之根。王陽以此真靈謂「黃芽」，伯陽以此真靈謂「金花」，純陽以此真靈謂「靈根」，紫陽以此真靈謂「真金」，堯夫以此真靈謂「天根」，仙翁以此真靈謂「金精」，諸家丹經又以此真靈謂「先天一炁」，其名多端，總形容此一物也。此物生於先天，藏於後天，位天地，統陰陽，運五行，育萬物，其大無外，其小無內，放之則彌六合，卷之則退藏於密。以體而論，在儒則謂「太極」，在道則謂「金丹」，在釋則謂「圓覺」；以用而論，在儒則謂「明德」、謂「天地之心」，在道則謂「靈寶」、謂「黍珠」「玄珠」，在釋則謂「正法眼藏」、謂「涅槃妙心」。人之真靈，本來圓陀陀，光灼灼，淨倮倮，赤洒洒，不生不滅，不色不空，處聖不增，處凡不減，因交後天，庶民去之，君子存之，便有聖凡之分。庶民去之者，去此真靈而逐於假靈也；君子存之者，存此真靈而不逐於假靈也。因其庶民逐於假靈，於是真靈幽暗不明，順其所欲，貪戀榮華，爭名奪利，不肯休歇，認假爲真，百憂感其心，萬事勞其形，如苦海之舟，飄來蕩去，常在魚龍凶險之處亂遊。若能猛省回頭，頓超彼岸。莫待風波壞舟，喪却性命，一失人身，萬劫難出矣。

李解

山人在無根樹下幽居有年矣，每欲闡發幽玄，以招同類。時步山園中，見花木清幽，自饒丰致，乃悟此「幽」字爲二十四章無根樹生發之源。

幽，深也，虛也，虛無之境也。天下虛無之境，皆道人花木壇場。故吾山老師題竹抱齋句云：「三徑幽花香自在，四園修竹影交加。」妙哉言乎！與此同也。花不深幽，香不自在，紅塵問事，日夕難安。竹影交加者，虛心與靜氣相依，使人氣養其心，心養其氣。氣盛理充，心安神全，可以葆吾真，可以含吾靈。

悟元以「真靈」二字爲人之樹花、樹根，其言亦當。真靈者，真知靈知也。靈知屬性爲陰，真知屬情爲陽，性情不壞則真靈全備，無奈爲七情六慾銷之耗之，則內損其性，外損其情，而真靈没矣。真靈没，則有樹無花，有樹無根。悟元之大意如此。

吾更有說者：花生於樹，樹生於根，根生於無，真靈之體實從虛裏無胚胎，故曰「花正幽」。無裏胚胎者，即人先天之智慧，又爲人之虛靈，無影無形，具眾理而應萬事，聖賢用之而有餘，仙佛養之而各足。但不可與情欲相干，情欲相干，日取無中之有以爲應用，將日取其有必日喪其無，日喪其無必日喪其根，喪其根則喪其樹，喪其樹則喪其花。俗云「人老顛東，樹老心空」，智慧竭矣，虛靈散矣，有何真靈乎？凡此皆貪戀榮華，不肯休息，日做浮生之事。全不想百年倏忽，人死事丟，身坐苦海之舟；又不想一旦無常，性沉舟覆，無邊無岸，泊繫維難，一蕩一遊，魚龍險處，奔奔波波，勞勞碌碌，徒傷吾之智慧，錮蔽我之虛靈，有何益哉？仙師於此，悲憫殊深，乃掉慈航度之曰：「世人之所以深入苦海，隱溺難出者，皆因不肯回首、不識岸頭耳。若肯回首，即是岸頭。」岸頭者，覺路也。能登覺路，則智慧復來，虛靈長在，已往之非不可諫，將來之世猶可追，神氣雖衰，返還有術，切莫待風波洶湧打壞了舟，庶幾乎舟存人存，可爲彼岸之需、出坎之助矣。

二

劉云勉力學人。李云勸人栽接。

無根樹，花正微，樹老重新接嫩枝。梅寄柳，桑接梨，傳與修真作樣兒。

自古神仙栽接法，人老原來有藥醫。訪明師，問方兒，下手速修猶太遲。 悟元註本「微」作「危」，與「衰微」之意亦相似。

劉註

人多疑年老力衰，精神有限，如樹花敗危，無有生發，還不得元，復不得本，而遂自暴自棄，待死而已。試觀世間老樹，接以嫩枝，重新發榮，如梅樹寄柳樹、桑樹接梨樹，此皆無情之物，尚能復生，何況人爲萬物之靈，得天地之正氣，老而無有藥醫乎？藥醫之道是何道？即老而栽接之道。欲知此道，急訪明師，求問真方。果得真方，下手速修猶太遲也。

李解

微，衰微也。人老則元氣衰微，不可不急急栽補。觀之梅寄柳、桑接梨，則有式樣矣。寄者，比丹法「寄居兑户」「寄體西鄰」之意；接，比丹法「以性接命」「以我接彼」之意。故梅寄柳、桑接梨，正是今人修真樣子、古仙栽接方兒。

栽接者，醫老之方也。接樹有良方，而言梅柳、桑梨者，同類也。夫以老枝劈開，而以嫩枝插入，夾之捆之，好土合之，牝牡相銜，此接樹法也。醫老之方，亦必以類入類，妙土打合，而後返老還元。是法也，明師知之，在人訪求耳。

速修猶遲者，恐其時不待人，無常忽至，性未明而命未立，走入渺茫鬼域矣。

何仙姑云：「閬苑中，蟠桃上生垂柳枝，扶桑上結交梨子，此東王公與西王母指示仙方也。」三丰之言非無據。

三

劉言煉己之功。李言明花柳之妙。

無根樹，花正青，花酒神仙古到今。煙花寨，酒肉林，不斷葷腥不犯淫。犯淫喪失長生寶，酒肉穿腸道在心。打開門，說與君，無酒無花道不成。悟元註本「青」作「清」，然「青」乃初生新嫩之時，與清而無染者正相近也。

劉註

金丹之道，以至清毫無滓質爲歸著。然欲其至清，須要在至濁中度出。能於至濁中絕無點染，方是真清。故曰「無根樹，花正清，花酒神仙古到今」也。

何以見其花酒能成神仙哉？煙花寨，酒肉林，皆易足迷人之處，能於煙花寨中見色不色，不爲煙花所惑，於酒肉林中隨緣度日，不爲酒肉所累，則是不犯淫慾，不斷葷腥，而食色之性俱化，道心常存，人心常滅，真靈無傷無損，大道可冀。其曰「不斷葷腥」者，非貪葷腥，乃酒肉穿腸而心不計較也。

不犯淫，而心無煙花矣；酒肉穿腸，而心無酒肉矣。心無煙花，自有長生仙花；心無酒肉，自有延命仙酒。有仙花，有仙酒，即到清真之仙鄉。彼世之避煙花而忌酒肉者，豈知凡花凡酒中能出神仙？豈知無酒無花道不能成乎？

敲爻歌云「酒是良朋花是伴，花街柳巷覓真人，真人只在花街玩」，可謂「花正清」之妙用矣。

李解

凡人食色之性最重，三丰仙師即借花酒以指點。夫貪花酒者多矣，抑知有花酒神仙乎？身中元炁，青青秀嫩，人能食之、御之、飲之、簪之，自然神清氣爽，此之謂花酒神仙，自古及今皆有，然非世上之煙花寨、酒肉林也。煙花酒肉，昏人神志。酒肉氣葷腥，煙花動淫慾，斯二者皆害也，而淫慾甚於葷腥。善煉己者，逢食便食，不另需索，故不斷葷腥而葷腥已忘；見色非色，不戀嬌娥，斯不犯淫慾而淫念乃絕。非然者，精亡液漏，爲害不少。故黄庭經云「葉落樹枯失青青，專閉御景乃長寧」，以是知犯淫慾者必喪失長生之寶。酒肉穿腸，道猶在心，花酒何嘗迷人哉？人自迷於花酒耳！不覓凡花凡酒，必見仙花仙酒。仙花仙酒，成道之助，即無根樹上青嫩之花也，味厚色佳，最能滋補。仙師打開元門，說與君聽，若無此等花酒，道難成也。

四

劉云劈旁門。李云歎孤修。

無根樹，花正孤，借問陰陽得類無？雌雞卵，難抱雛，背了陰陽造化爐。女子無夫爲怨女，男子無妻是曠夫。歎迷徒，太糢糊，靜坐孤修氣轉枯。

劉註

修真之道，須要陰陽得類，方能成全一箇真靈之寶。若有陰無陽，有陽無陰，是謂孤花無類，真靈不成。亦如雌雞之卵焉，難抱雛者，蓋以背了陰陽交感造化之爐也。又如女子無夫，男兒無妻，怎能生育？彼世之盲漢，不窮陰陽之理，不推造化之源，糊塗幹事，或觀空，或定息，或思神，或守竅，或搬運，皆是靜坐孤修，陰而不陽，不特無益於性命，而且有傷於性命，愈修而氣愈枯矣。

李解

孤，指内修言。内修養性，不能立命，以其孤而無耦，不生命寶。猶之雌雞無雄雞匹配，雖能生卵，却不能抱出雛雞。今人以修性爲養氣者，而不知其氣正孤陰也。欲要不枯，須以真陽配真陰，乃爲同類之物。借問修道人，得了同類否？今夫真陽者義也，真陰者道也，配義與道，則不孤矣。但此中有三疊層次：始以真陰生真陽，次乃以真陽配真陰，次又從陰陽交感中產出真靈浩氣，豈若雌雞之卵難抱雛哉？不能抱雛者，因其背了陰陽之義、造化之爐也。

陰陽者，夫婦也。聖人之道，造端乎夫婦，化生乎萬物。人間男女夫妻，亦如是也。女若無夫則孤陰不生而爲怨女，男若無妻則孤陽不養而爲曠夫，此理之曉然易知者。乃世上迷徒，過於糢糊，以爲靜坐孤修，可以明心，可以見性，可以一超直入，全不講陰陽匹配。吾恐日日坐，日日修，頑空殿上行，寂滅海中戲，久之而其氣轉枯索矣。

五

劉言匹配陰陽。李言顛倒陰陽。

無根樹，花正偏，離了陰陽道不全。金隔木，汞隔鉛，陽寡陰孤各一邊。世上陰陽男配女，生子生孫代代傳。順爲凡，逆爲仙，只在中間顛倒顛。

劉註

易曰：「一陰一陽之謂道。」悟真云：「陰陽得類歸交感，二八相當自合親。」若陰陽各偏，或陽感而陰不應，或陰求而陽不招，或陽過而陰不及，或陽盛而陰不足，皆是真靈之花有偏，不中不正，道不成全也。

人之真情如金，真知如鉛，二物屬剛；靈性如木，靈知如汞，二物屬柔。真情真知，剛而易沉；靈性靈知，柔而易浮。若以性求情，情來歸性，以真制靈，靈歸於真，剛柔相應，陰陽和合，化爲一氣，生機長存而不息矣；如情不歸性，靈不歸真，是謂「金隔木，汞隔鉛，陽寡陰孤各一邊」，焉能返本還元結成真靈之丹哉？

試觀世上男女相配，生子生孫，代代相傳而相續，可知修真之道，陰陽和合，生仙生聖，亦能代代相傳而不息，但不過有順逆之分、仙凡之別。順則爲凡，逆則爲仙，所爭者，在中間顛倒耳。這箇「中」字，其理最深，其事最密，非中外之「中」，非一身上下之「中」，乃陰陽交感之「中」，無形無象，號爲天地根、陰陽竅、生殺舍、元牝門，人生在此，人死在此，爲聖爲賢在此，作人作獸亦在此。修道者能於此處立定脚跟，逆而運之，顛倒之間，災變爲福，刑化爲德，所謂「一時辰内管丹成」也。噫！中間人不易知，顛倒人亦難曉。採戰家以男女交合之處爲中間、以男採女血爲顛倒，搬運家又以黄庭穴爲中間、以氣血後升前降爲顛倒，凡此皆所以作俑而已，豈知神仙中間顛倒之義乎？好學者早爲細辨可也。

李解

偏，指陰陽相隔，不能成全作丹也。夫陰陽合中，則刀圭凝而道術全備。金木鉛汞，即陰陽也。木精汞性皆屬陰，金氣鉛情皆屬陽，精氣相須，性情交感，金戀木仁，木愛金義，汞去迎鉛，鉛來投汞，方無間隔之病，得生大藥真身。若是陰孤陽寡，各在一邊，則陰陽不配，偏而不全，安能化生至寶，流傳萬代乎？

匹配之法，仙凡相似，只是凡人用順，仙家用逆耳。悟元謂中間顛倒人不能知，吾謂這「逆」字人亦不知。中間顛倒，先要知「逆」字妙用。人能知逆，則金木汞鉛皆在中間，陰陽乾坤盡行顛倒，而且有等等事件，皆迴旋於「逆」字之內，得藥還丹，片晌可期也。

六

劉言藥生之時。李言坤中之理。

無根樹，花正新，產在坤方坤是人。摘花戴，採花心，花蕊層層艷麗春。時人不達花中理，一訣天機值萬金。借花名，作花身，句句敲爻說得真。

劉註

新者，本來之物，埋没已久，忽而又有之謂。花至於新，光輝復生，如月現於西南坤方，純陰之下，一點微陽吐露，比人之虛室生白，真靈發現，復見本來面目矣。這箇本來面目，即我本來不死之真人，有此人則爲人，無此人則非人，乃我之秉受於天而得以爲人者是也。但此真人，不輕現露，非可常見，當虛極靜篤，萬緣俱寂之時，恍惚有象。虛極靜篤，即坤純陰之象，故曰「產在坤方坤是人」。這箇人，久已爲塵垢掩埋，絕無蹤跡，一旦現象，便是新花。時不可錯，急須下手摘之採之，以爲我有。摘花戴者，摘此真人之花也；採花心者，採此真人之心也。漸摘漸採，由少而多，積厚流光，真靈不昧，則花蕊層層，萬理昭彰，隨心走去，頭頭是道。其艷麗如春日陽氣徧地，處處花開矣。但此花人人俱有，人人俱見，人人不達，每多當面錯過。若有達之者，超凡入聖，刹那間耳。故曰：「一訣天機值萬金。」仙翁慈悲，借花之名，作花之身，即有形無。句句敲爻，分說先天之旨，蓋欲人人成道，箇箇作仙。奈何時人不達此花中之理，而猶有以御女閨丹妄猜妄作者，雖仙翁亦無如之何也，可不歎諸？

李解

悟元講「人」字是本來面目，是曾見過此「人」者，故不覺語長心重，達己達人，慈悲切矣。但「坤是人」的「是」字，尚未醒露。原夫花以比人，人即借花爲喻。花正新者，如人到歸根處，致虛守靜，觀彼一陽來復，不覺春色又新矣。這花在坤方發現，即坤見花，即花見人，花生處即人生處，故曰「坤是人」也。丹法種鉛於金鄉，播汞於火地，金火位乎西南，西南得朋，金火合處，正在坤方之上。此人乃金身火體，一片純陽，吾人真氣是也，一曰真情。惚兮恍兮，其中有象，熱如火，艷如花，花氣薰人濃似酒，得之所以如醉也。此時也，吾即摘而戴之，時不可過也。吾更採取其心，直須吞盡也。由花及蕊，透入層層，真箇是艷麗春宮。時人知其外而不知其中，必不達花中妙理。花中妙理，純是天機。天機流露，一訣能值萬金。

此中四、五、六、七句，皆呂祖敲爻歌語。丰翁云：「呂祖以人身借花之名，以花身作人之身，我句句用敲爻語，極說得真切有味也。」

七

劉言乘時採取。李言臨爐定靜。

無根樹，花正繁，美貌嬌容賽粉團。防猿馬，劣更頑，挂起娘生鐵面顏。提出青龍真寶劍，摘盡牆頭朵朵鮮。趁風帆，滿載還，怎肯空行過寶山。「牆頭」作「瓊花」，「瓊花」作「牆頭」，吾皆見過。此註作「牆頭」講有味，故從之。蒲團子按「過寶山」，一本作「到寶山」。

劉註

先天真靈發煥，一本萬殊，隨時玩象，無物不在，花甚繁也。當其正繁，英華畢露，精神外用，易於爭奇好勝，賣弄風流，故曰「美貌嬌容賽粉團」。於斯時也，須要防危慮險，牢拴猿馬，挂起娘生銕面，提着青龍寶劍，對景忘情，摘盡牆頭方露之花，不使些子逐於色相，耗散真氣也。娘生面顏者，即無識無知之銕面；青龍寶劍者，即不染不著之真性。娘生銕面，即是青龍寶劍，兩者同出而異名。以體言，爲娘生銕面;以用言,爲青龍寶劍。銕面者,定體也;寶劍者,慧器也。定以用慧,慧以成定,定慧相需,體用不離。先天真靈,即色即空,常應常靜,無滲無漏,是謂「摘盡牆頭朵朵鮮」也。牆頭朵鮮,是方出牆而未離牆頭,真氣未散之時,於此而摘取之,絕無滓質,純是天真。漸生漸採,漸摘漸收,必摘至於無所摘而後已。噫!大藥難遇,大法難逢,幸而遇逢,時不可錯,乘此風帆,急須摘取鮮花,滿載而還,怎肯空過寶山,自貽後悔也?

李解

繁,即盛滿時也;美貌嬌容,比先天一氣,即仙翁五更道情所謂「羣陰盡,艷陽期,一枝春色金花麗」是也;賽粉團者,藥生之時,即花魔賽美之時;古仙云「先天發現,藥魔易起,若非煉己純熟,見美不動,誰能得金花於半刻哉」,故曰「防猿馬,劣更頑」,即一枝花道情所謂「嬌天體態,十指纖纖,引不動我意馬心猿」者也。

挂起娘生鐵面顏,挈出定力,「正教他,也無些兒動轉」也;「提出青龍真寶劍,摘盡牆頭朵朵鮮」,與「退羣魔,怒提起鋒鋩慧劍,敢採他出牆花兒朵朵新鮮」同一義也。悟元以鐵面爲定,寶劍爲慧,真是知音。但定慧二者,非從煉己得來,則定非真定，慧非真慧，不可取用於臨事也。一枝花云：「時時防意馬，刻刻鎖心猿，晝夜不眠，煉己功無間。」宜須煉到那「俺是箇清淨海，一塵不染」，方是真定；「俺是箇夜明珠，空裏長懸」，方是真慧。

牆頭者，花已出牆，而猶在牆，這叫做出牆花兒。火最清，候最真，非得師傳人不解，非係過來人不知。若曉得花枝出牆時，即行採來，便是仙家手段。摘盡者，一口吸盡，吞入我家，非言漸摘漸收也。漸摘漸收，乃温養抽添之事，尚在後頭一著。「趁風帆，滿載還」，四候合丹，急起河車運回矣。怎肯空行過寶山，寶山乃先天生處。

丹法煉時爲藥，採時爲藥，養時則爲火，然有藥則有火，但非温養之火耳，此章註採藥解爲正。

八

劉言進退陰陽。李言温養還丹。

無根樹，花正飛，卸了重開有定期。鉛花現，癸盡時，依舊西園花滿枝。對月纔經收拾去，又向朝陽補衲衣。這玄機，世罕知，須共神仙仔細推。悟元註本「又向」作「旋趁」，字異而意同也；惟「纔經」作「殘經」，作「人心私慾」解，收拾所以退陰賊也，未免誤中誤。

劉註

人之精神衰敗，真靈耗散，如花之飛揚謝落矣。然花謝落猶有重開之期，人衰敗亦有返還之道。返還之道爲何道？即陰中復陽，已謝重開之道。鉛花者，道心真知之光輝；癸水者，人心客氣之私慾。鉛花發現，道心不昧；癸水消盡，人心常靜。道心不昧，人心常靜，依舊真靈無虧無損，本來圓成之物復見於此，是花已謝而重開滿枝矣。

因其癸水要盡，故「對月殘經收拾去」；因其鉛花要現，故「旋逐朝陽補衲衣」。人心之私慾，如外來之客氣，如月之殘經；道心之真知，乃本來之正氣，如日之陽光。對月而殘經收拾，掃去人心之私慾，所以退陰符也；朝陽而旋補衲衣，漸添道心之真知，所以進陽火也。退陰退至於陰氣絕無，方是殘經收拾了；進陽進至於陽氣純全，方是衲衣補完成。陰盡陽純，還元返本，本來面目全現。謝了重開，豈虚語哉！

這箇謝了重開之天機，世人罕知，若欲知之，須共神仙推究，原始要終，方能知也。

李解

悟元所註，其理甚佳，然非此章本義。按：　此就還丹温養言。飛，上下也，乃朝進陽火暮退陰符之意；　卸了者，還丹得葉落歸根，正指復命也；復命之後，又取外爐金水，抽鉛添汞，温養靈胎，悟真謂「外爐增減要施功」，參同謂「候視加謹慎，審察調寒温；　周旋十二節，節盡更須親」，丰翁謂「遇子午專行火候，逢卯酉沐浴金丹」是也，故曰「重開有定期」。重開之物，即下文「西園花枝」也。

「鉛花現，癸盡時」者，還丹大藥，鉛生癸後，鉛生則採之，金逢望遠則不堪嘗，惟於五千四十八日癸水初潮之後，斟酌用功，擒住首經至寶，乃爲上上。癸生爲十四，癸盡爲十五，一片陽光，正此時也。以人身言，無非大靜中之大動耳。採而吞之，遂成還丹。但大丹到手，外鉛復生，丹家必取爲温養之用，故曰「依舊西園花滿枝」云云。

對月纔經收拾去，抽鉛也；　又向朝陽補衲衣，添汞也。收拾之法，須明月之晦朔，故以「對月」爲言；　補衣之法，須用日之朝暮，故以「朝陽」爲喻。此玄家微意也。

這等玄微，世間罕有知者。如欲知之，須共得道神仙，仔細推求，庶幾不謬耳。

九

劉言偃月爐。李言天上寶。

無根樹，花正開，偃月爐中摘下來。延年壽，減病災，好結良朋備法財。從茲可成天上寶，一任羣迷笑我獃。勸賢才，休賣乖，不遇明師莫强猜。

劉註

先天真靈之寶，無形無象，無方無所，從何而採以結還丹？然雖無形無象，無方無所，亦有花開之時。當開之時，恍惚中有象，杳冥內有精，其精甚真，其中有信。法象如偃月，俗工家不知古人取象之意，或指爲兩腎中間，或指爲眉間明堂，或指爲肉團頑心，更有作倆魔頭指爲婦人產門，大錯大錯！夫所謂「偃月」者，偃仰之月也。天上之月，每月初三，西南坤地黑體之下，現出蛾眉之光◐，其光偃仰，故名「偃月」。在卦爲純陰之下微陽漸生，爲復䷗；在人爲靜極又動，虛室生白，天地之心萌動。此心內含一點先天祖氣，從黑暗之處，微露端倪，有象偃月之光。因其這一點祖氣，爲天地之根，爲五行之本，能以造仙佛，能以作聖賢，能以固性命，又號爲偃月爐。這箇天地之心，與天地合其德，與日月合其明，與四時合其序，與鬼神合其吉凶，難逢難遇。幸而偶逢，時不可錯，急須下手摘來，謹封牢藏，勿令滲漏，可以延年壽，可以減病災。但此延年壽、減病災之事，非有大功大行者不能行，非有大志大力者不能作，必須外結良緣以修德，內備法財以用誠，乃能感動皇極而得天寶。

法財者，非凡間之財，乃法中之財，即專心致志，真履實踐，一念不回之善財。上陽真人云：「天或有違，當以法財精誠求之。」蓋欲求天寶，須盡人事，人事不盡，是無法財。無法財而妄想天寶，難矣。欲求天寶者，可不先備法財乎？

天寶非別物，即真靈煉成之金丹，亦即天地之心復全之還丹。曰真靈、曰天地之心者，以未修煉言也；曰天寶、曰金丹者，以修煉成熟言也。

天寶既得，萬有皆空，根塵俱化，入於不識不知、無人無我之境，一任羣迷笑我獃矣。這箇獃事，須要明師口傳心授，非可强猜而知。仙翁云「勸賢才，休賣乖，不遇明師莫强猜」，其提醒後人者多矣。

李解

開，言玉蕊初生也。偃月爐，在人身中無定所，亦無定時，因其陽氣初動，靜中有光，故以晦極生明之新月比之。此月在天，有庚方，有初三，皆有時地可指； 若在人身，則現處即庚方，現時即初三，不可預定也。

偃月何形？ 劉圖是也☯。 偃兼仰，言九分黑一分白，黑中見白，陽氣初生，故現白光於上，而爲偃月。 今人所言者，有如此形☯，是仰月而非偃月也，何以云「摘下來」乎？ 其「摘下」者，以其氣在空中也。 丹家見此一線白光，亦不可輕起河車，惟宜以淡泊之神冲和之意，從氣生處採之，故曰「偃月爐中摘下來」。 神氣相合之際，俄而陽光大現，有如十五圓形○，是爲中秋月，是爲氣足潮生，方行驅之黃道，送之黃庭，由是則年壽可延，病災可減矣。

良朋、法財者，同心好道之士，肯出善財爲人護法，助人成道者也。 悟元修真辨及此章註解，仍以法財爲身中之物，此蓋矯貪之論也。 平心言之，法財有二： 一，內法財，真金也； 一，外法財，假寶也。 借假修真，確不可少，但不宜格外貪取耳。

至於天寶煉成，裝憨賣癡，抱璞懷玉，羣迷笑我爲獃子，俱可一概任之矣。 然煉天寶者，豈易言哉？ 非遇明師不知也。

十

劉言還丹成熟。 李言還丹入山。

無根樹，花正圓，結果收成滋味全。 如朱橘，似彈丸，護守隄防莫放閒。

學些草木收頭法，復命歸根返本原。選靈地，結道菴，會合先天了大還。

劉註

真靈之寶，去者復來，舊者仍新，無傷無損，依然本來原物，是花之圓也。「圓」之云者，言其「結果收成滋味全」也。夫金丹成就，五行攢簇，四象和合，仁義禮智信混成一理，精神魂魄意歸於一氣，更得符火烹煎成熟，化爲純陽之物，活活潑潑，其赤如朱橘，其圓如彈丸。當斯時也，守護隄防，十二時中不得放閒，韜光養晦，學些草木收頭之法，復命歸根，返於本源，以待靜極又動，會合先天以了大還丹之事。此言還丹成就，再追大丹之功也。

蓋還丹只完的當年本有原物，乃超凡之事，呂祖所謂「三鉛只得一鉛就，金果仙芽未現形」者是也；大丹是從還丹又做向上事業，乃入聖之事，呂祖所謂「再安爐，重立鼎，跨虎乘龍離凡景」者是也。若只修還丹，不再造大丹，只了得初乘之道，不過是一箇完全人耳，焉能入於聖人之域哉？

所謂「選靈地，結道菴」者，非外之靈地道菴，乃內之靈地道菴。修道至於歸根復命，還丹事畢，温之養之，神氣充足，則丹靈矣，是謂靈丹。從此靈地，再安爐，重立鼎，是謂結道菴。曰「選靈地」者，等候一陽生也。一陽生，乃先天中靜極而動之陽，非若還丹，乃後天中所生先天之陽也。雖皆先天，但有先後之別耳。欲了大還丹，非會合先天中之陽不能成功，故曰「會合先天了大還」。

大丹成就，方入聖基。若大丹未成，只是半途事業，非修道之全功。釋典云「百尺竿頭不動人，雖然得入未爲真；百尺竿頭重進步，十方世界是全身」，即此「了大還」之謂乎！

李解

圓，指還丹，有性情團圓之意也。其法功在致虛守靜，觀彼庚方月生，喻如陽氣初動，即運己汞迎之。外觸内激而有象，内觸外感而有靈，如磁吸鐵，收入丹田，還外丹也。此法至簡至易，故古仙云「不出半箇時辰，立得成就」。

夫丹有二品，而分之則有三乘。三乘丹法，皆採鉛花，皆稱還丹，但有大小先後之不同耳。一曰初乘，名爲結丹，又名玉液還丹，後天中返先天，去癸取壬，而以玉液培之，圓成内丹，此盡性之學，人仙也；一曰上乘，即號還丹，又曰七返，以後天所返之先天，種出先天，立爲丹母，此立命之學，地仙也；一曰大乘，名爲九轉大還丹，其藥以十五夜月圓爲喻，先天中先天，火到即行，化爲白液，吞歸腹內，凝而至堅，是爲金液還丹，至靈至妙，成聖成真，此性命雙了之學，天仙也。

花正圓者，即以上乘丹基言之，也算結了一果，收了一成。然其煉鉛之法，二物相呑，五行皆備，此之謂「滋味全」也。是丹也，雖非大乘之丹，然亦赤洒洒有如朱橘，圓陀陀宛似彈丸。功夫至此，必須默默照顧，綿綿若存，否則懷抱不親，易於走失，故當「護守隄防莫放閒」焉。

學些草木收頭法，易所謂「以此洗心退藏於密」也；復命歸根返本原，契所謂「白裏真居，方圓徑寸」也。

「選靈地，結道菴」，悟元謂靈地道菴在人身中，然亦有内外二用：内邊靈地道菴，必求靈臺清淨，神氣冲和，而以道人之心太平菴結於其中；外邊靈地道菴，必求靈山福地，囂塵不擾，而以道人之白雲茆菴結乎其內。如是則心跡雙清，真力瀰滿，鉛中產陽，會之合之，道成九轉大還，則聖功了當矣。

十一

劉言真一之氣。李言交媾之所。

無根樹，花正亨，說到無根却有根。三才竅，二五精，天地交時萬物生。

日月交時寒暑順，男女交時孕始成。甚分明，說與君，猶恐相逢認不真。

劉註

先天真靈之寶，具衆理，應萬事，寂然不動，感而遂通，天下之故，無處有礙，無往不利，是花之亨也。花既亨，是樹雖無根，而花却有根。其根爲何根？乃生天生地生人三才之竅，陰陽五行妙合二五之精。因其是三才之竅、二五之精，先天而生乎陰陽，後天而藏於陰陽，一氣分而爲陰陽，陰陽合而成一氣。故天地陰陽，上下相交，合爲一氣，而萬物生；日月陰陽，來往相交，合爲一氣，而寒暑順；男女陰陽，彼此相交，而孕始成。觀於天地、日月、男女，一陰一陽相交方有造化，可知性命之道，非陰陽相交合一，不能完成。是一氣者，即性命之根，生死之竅。有此一竅，則陰陽相交而生；無此一氣，則陰陽相背而死。人之生死，只在此一氣存亡之間耳。但人不知此一氣是何物事，存於何處，或疑此氣爲呼吸之氣，或搬運上升下降於黃庭，或聚氣於丹田，或聚氣於眉間，或聚氣於天谷，或聚氣於腦後，種種不絕，千奇百怪，終落空亡。殊不知先天真一之氣，視之不見，聽之不聞，摶之不得。聖人以實而形虛，以有而形無。實而有者，真陰真陽；虛而無者，二八兩弦之氣。兩者相形，一氣居中，凝結成丹，此乃虛空中事業，何得以有形有象之物猜之？ 又何得以有方有所之竅作之哉？ 仙翁以其人皆不識此一氣，故以三才竅、二五精示之，又以天地、日月、男女相交示之，分明將一氣與人指出，惟恐人遇此一氣，當面認不真耳。 悟元斗膽，不避罪譴，今再爲仙翁傳神寫意，分明説與大眾。 要知先天真一之氣，不是別物，即是一點真靈之氣。 因其此氣剛健中正，故謂真一； 因其此氣易知簡能，故謂真靈。 一真靈真，絕無滓質，故謂先天之物。 真一也，真靈也，同出異名，非有兩物，不知有人認得真否？

李解

亨，通達也。 一氣通達，即從下文「交」字中出來。 夫花生於樹，樹生於根，根生於無，是無根却有根也。 無根之根，即生天生地生人之根，此根乃虛無一竅，故稱爲「三才竅」。 此竅爲交精之所，故曰「三才竅，二五精」。 二五者，天五爲一五，地十又爲一五，二五即二土也。 二土合而刀圭成焉。 泥丸云：「玄關一竅無人識，此是刀圭甚奇絕。」蓋二五交精之地，即産藥之淵源也。 大修行人，於此虛無一竅，知其爲交媾之所，必能使先天一氣自虛無中來。「交」之爲用大矣哉！ 以故天地交則萬物生，日月交則寒暑順，男女交則孕始成，此皆交媾之證也。此其理，甚是分明，人人易曉，却人人不曉。仙師廣大慈悲，說與君聽，只要在二八相逢之處，將兩氣合成一團，斯大藥可生也。但恐龍虎相逢，吐出兩弦之氣，煉丹人認不真耳。

十二　劉言金精開旺。李言認取金精。

無根樹，花正佳，對景忘情玩月華。金精旺，耀眼花，莫在園中錯揀瓜。五金八石皆爲假，萬草千方總是差。金蝦蟇，玉老鴉，認得真時是作家。悟元註本「對景忘情」作「月月開時」。

劉註

先天真靈，剛健中正，純粹精也，其花最佳。當正佳之時，如月華開放，金精旺盛，而人宜玩之，不可當面錯過也。月月開者，應時而開，非時不開，按月定期，動靜有常，絲毫不爽也。

金精者，金之精明，在月則謂月華，在人則謂真精。真精者，真靈之精，無時有味，故以月華金精喻之。真靈，人不易知，觀於月與金之真而可知；真靈，人不易見，觀於月之華、金之精而即見。凡物之精華，久而有壞，惟月華月月開放，金精萬年不滅。月華金精如是，人之真精亦如是。但真精有時不精者，因後天陰氣蔽之，而其本體未嘗泯滅也。金精旺，即是真精旺。真精正旺，明照世界，氣充宇宙，白雪飛空，黃芽滿地，金光耀眼，左之右之，無不是花矣。但此真精，無形無象，非色非空，不可以有心求，不可以無心守，只可神會，不可口言，雖是明明朗朗，現現成成，人人常見，人人不識，最難認真。修道者須要極深研幾，真知灼見，方可下手，不得認假爲真，似是而非，却在園中錯揀瓜也。彼世間盲修瞎煉之輩，或疑金精爲有形有象之物，而遂煉五金八石，服萬草千方，與我非類，焉能結丹接命，豈不大差乎？

蝦蟇爲水中之物，屬陰，蝦蟇而云金，爲陰中之陽、黑中之白，我之真知是也；老鴉爲上飛之物，屬陽，老鴉而云玉，爲陽中之陰、雄中之雌，我之靈知是也。真知、靈知，方是我同類之物，方是我性命之寶。取此二物合而成丹，真而至靈，靈而至真，真靈不散，渾然天理，不色不空，不生不滅。所謂月華者，即此；所謂金精者，即此。月華開，金精旺，豈有不長生者哉？但人多認不得真知、靈知是何物事，若有認得真者，便是修道老作家，未有不成道者。

噫！金丹之道，差之毫釐，失之千里，認得真者，有幾人哉！

李解

佳者，美也，「美金花」之稱也。丹家以真鉛爲美金花，參同云「鉛體外黑，内懷金花」。兹於黑鉛之中，取出白金，以朱汞配之，産出先天一氣，此正是「美金花」也。返之於己，便成還丹。但還丹必先煉己，煉己純則還丹易。

對景忘情者，煉己純熟之後，一切美景，毫不動情，只貪玩這點真氣。這點真氣，名爲月華。何又名爲月華？蓋以月之圓可以測氣之候也。悟真云「八月十五玩蟾輝，正是金精壯盛時」，此與「玩月華」同一法眼。

夫月自初三而生，陸仙比之氣嫩；月至十五而滿，陸仙比之氣足。氣足則金精壯盛。金精者，月華中發現之物，同出異名。旺則黄芽滿鼎，白雪瀰空，慧眼觀之，照耀如花。丹士以通天劍取來，及時進火，製成還丹，惟此花而已矣。切莫丢了真花，反在園中揀那假瓜，以致歎其錯誤也。非特揀瓜爲錯，即五金八石，亦皆假而不真；萬草千方，總屬差而不是。欲求不假不差者，惟此金精而已矣。

這金精從何處生來？你看那金蝦蟇、玉老鴉，即是生來之處。蝦蟇爲水中陰物，名之曰金，則坎中真陽也；老鴉爲天上陽物，名之曰玉，則離中真陰也。真陰與真陽交感，生出兩竅之氣，又以兩弦之氣，生出真一之氣，月華也，金精也，皆此物也，但要人認得真耳。如其認得真時，即是明通火候、辨鉛的老作家。

十三

劉言採取藥物。李言攀折黃花。

無根樹，花正多，徧地開時隔愛河。難攀折，怎奈何，步步行行龍虎窩。採得黃花歸洞去，紫府題名永不磨。笑呵呵，白雲阿，準備天梯上大羅。悟元本「愛」作「礙」，差。

劉註

宇宙之間，俱是道氣充塞，凡真靈光照之處，即是有花之處。其花甚多，徧地開矣。無如徧地花開，而人當面不識，如河之阻礙，雖欲攀折，最難攀折，亦莫奈何也。其難攀折者，以其舉世之人皆爲名利所牽，爲恩愛所絆，棄真認假，以苦爲樂，步步走的龍虎凶險之地，與性命之道相違，故難攀折耳。若是勇猛丈夫，決烈男子，直下脱卸世緣，求師口訣，借假修真，於眾花中揀採至中至正之黃花，歸於洞中，温養成丹，延年益壽，則紫府題名，永不磨滅矣。

黄花即色正中央戊己鄉之黄花，花正中正，純是生機，並無雜氣。生機歸洞，四時長春，如居於白雲窩中，逍遥自在，别有天地非人間，豈不呵呵大笑，自知快樂乎？到此地位，還丹已得，再安爐，重立鼎，做向上之事，準備天梯而作大羅天仙矣！

李解

先天本來之物，賢不加增，愚不加減，人人皆有，箇箇皆生，花正多也。特爲愛河所阻，致使本來湮没，縱然徧地花開，其如愛河之相隔何哉？愛河者，後天欲界之人心，能阻先天之道心。道心既阻，則欲攀折仙花，難矣。爲今之計，怎奈之何？仙師爲學者告曰：除非步步尋求，行行探訪，走了一重山，又度一重水，真入龍虎之窩，庶可見其本來也。這龍從火裏出，這虎向水中生，能從後天中吐出先天之氣。龍藏於陰，虎藏於陽，陰陽交媾，生出龍虎，龍虎交媾，生出金花。這金花在西南坤方，坤土色黄，其花亦是黄花。人能採得黄花，挈回洞去，結成金丹，則紫府題名永不磨矣。

笑呵呵，深造自得也；白雲阿，居安資深也。如欲竿頭重進，至於天仙，非再安爐鼎，高加天梯，不能做大羅天仙。欲作天仙者，由此而準備天梯可也。

十四 劉言陰中生陽。李言鼎中產藥。

無根樹，花正香，鉛鼎温温現寶光。金橋上，望曲江，月裏分明見太陽。吞服烏肝並兔髓，換盡塵埃舊肚腸。名利場，恩愛鄉，再不回頭空自忙。

劉註

先天真靈，眾美畢集，萬善同歸，其氣最香。當其正香之時，即鉛鼎温温現寶光之時。鉛鼎者，真知也。以其真知，能以去舊取新，能以修仙成真，故謂鉛鼎。寶者，即真靈之寶。真靈非真知不現，蓋真知具有道心，道心內含先天真一之氣，是謂真靈。鉛鼎温温，是剛柔相當，不偏不倚，而鼎立矣。鼎立則道心發現，道心發現則真靈之光漸生，是謂「現寶光」。

金橋者，金也；曲江者，水也。上金橋而望曲江，水中有金之象。水中有金，陰中生陽，即是月裏見太陽，亦即「鉛鼎温温現寶光」也。

鉛鼎光現，陰陽合德，神氣相御，乘時故入造化窝中，令其住而不令其去，是謂

「吞服烏肝並兔髓」。烏肝色青，日精也，象靈知之靈性；兔髓色白，月華也，象真知之真情。吞服烏肝並兔髓，則性不離情，情不離性，真而至靈，靈而至真，性情如一，真靈不昧，圓陀陀，光灼灼，淨倮倮，赤洒洒，一切後天積聚瀉去，道心常存，人心永滅，「換盡塵埃舊肚腸」矣。肚腸換過，萬事皆空，利名恩愛何戀之乎？

李解

香乃不聞不臭之香，至清至潔之香，即先天初現，不染於後天時也。鉛鼎者，外鼎也，造鉛之法，必立外鼎於西南，名曰坤鄉，又曰坤母。母體本虛，必資乾父日精，方能產鉛。日精者，龍汞也，即下文「烏肝」。龍爲長子，子代父體，投入母懷，則氣精交感，先天真鉛之鼎於此而立。鍾祖云「太陽移在月明中」，此即立鼎之法也；下文云「月裏分明見太陽」，即此温温之時也。鉛鼎温温，則寶光現矣。寶光者，命寶之光。此光發現，正爲先天之氣，白象從眉眼上映出，呂祖曰「温温鉛鼎，光透簾帷」，又曰「審眉端，有朕兆」，同此景也。

金橋者，下鵲橋也，在西南路上，爲金氣照耀之所；曲江者，氣遶鵲橋，光印西南也。昔人註呂祖「曲江上，月華瑩淨」之句，指曲江爲小腸十二曲，誤入魔道矣；

又有指爲口鼻之間者，其入魔道尤甚。惟陳泥丸先生云「西南路上月華明，大藥還從此處生」；記得古人詩一句，曲江之上鵲橋橫」，深爲得旨。何也？西南屬坤，坤爲腹，寶光現處月華正明，月華明處金氣正出，故於金橋之上，望見曲江，江上有月，正照金橋也。月華朗耀，陰中陽生，故「月裏分明見太陽」。

太陽者，日也，日中陽烏，日中之精也。吞服烏肝者，餌東方之日精；並服兔髓者，食西方之月華。精華合服，大藥乃生；日月并吞，金丹具體。故曰「吞服烏肝並兔髓，換盡塵埃舊肚腸」矣，又何有恩愛名利，擾我清心？再爲之回頭思想，終日空忙也哉！

十五

劉言臨爐下功。李言溫養功夫。

無根樹，花正鮮，符火相煎汞與鉛。臨爐際，景現前，採取全憑度法船。匠手高强牢把舵，一任洪波海底翻。過三關，透泥丸，早把通身九竅穿。

劉註

真靈之寶，塵垢退盡，至清至淨，花豈不鮮乎？然其所以鮮者，全賴符火相煎鉛汞之功。夫真靈者，真知靈知之體，真知靈知乃真靈之用。真靈分而爲真知靈知，真知靈知合而爲真靈。烹煎真知之鉛、靈知之汞，即烹煎真靈也。烹煎者，以真知而制靈知，以靈知而順真知，真知靈知凝結，復成真靈之寶，其花之鮮，言語難形容矣。

但真靈易結，火候最難。紫陽翁云：「縱識朱砂與黑鉛，不知火候也如閒；大都全藉修持力，毫髮差殊不作丹。」特以金丹之道，採藥有時，煉藥有法，若不知時、不知法，雖大藥在望，不爲我有。故臨爐下功之際，恍惚中有象，杳冥內有精，一點真靈之光，從虛無中透出，似有似無，非色非空，景象現前，此大藥發生之時也。此時即有三尸六賊、五蘊七精諸般之幻景，亦現於前，必須穩駕法船，牢把舵楫，對景忘情，一任海底翻波起浪，不動不搖。

如是用功，漸採漸煉，扶陽抑陰，愈久愈力。功夫到日，自然精化爲氣，氣化爲神，神化爲虛。過此三關，泥丸風生，法相現露，而周身九竅之陰氣亦皆化矣。三關非工家尾閭、夾脊之說，乃煉精、煉氣、煉神之三關。煉精化氣爲初關，煉氣化神爲中關，煉神化虛爲上關。過此三關，神合太虛，出入無礙，是謂透泥丸。蓋泥丸宮爲藏神之所也。周身九竅，方著幻身上說。過三關，上泥丸，法身成就，而幻身百脈九竅，陰氣化爲陽氣，亦皆竅竅光明，即百萬四千毫毛亦化爲護法神也。學者不可以辭害意也。

李解

此章以温養言。悟元謂過三關、透泥丸、穿九竅非工家尾閭、夾脊之說，乃經三煉之後，神合其虛，出入無礙，能使幻身九竅，竅竅光明，其說可也；但上頭數句者，若不就温養時言，則入室還丹、温養脱胎，盡雜於一詞之中，似非仙師逐段指點本意。今但以温養言之。

鮮者，鮮明也，温養功深，日新月盛之象；符火者，屯蒙值事，朝進陽火，暮退陰符也。夫子時陽生，進火宜子，至於朝則寅時矣，不於子而於寅者，火生在寅，陽氣發旺，故於此時進火；午時陰生，退符宜午，至於暮則戌時矣，不於午而於戌者，火庫居戌，陰氣主藏，故於此時退符。退符所以添汞也，進火所以抽鉛也，以鉛制汞，以汞含鉛，鉛日減而汞日增，故曰「符火相煎汞與鉛」。

臨爐者，以臨外爐言，非入室臨爐時也。入室煉鉛，必用鼎器，至於温養，則用爐而不用鼎也。然爐有外爐，亦有内爐：紫陽云「内有天然真火，爐中赫赫長紅」，此即内爐也；又曰「外爐增減要勤功，絕妙無過真種」，此即外爐也。臨爐之際，美景現前，此不是寶光現前，亦不是幻景當前，乃內爐文火、外爐武火也。文武烹煎，漸採漸取，漸取漸添，温養時有不可間斷功夫，全要法船匠手，不爲風波所動，擾我元功，然後法船廣運，往來不絕，如達摩之載金過海，直超彼岸矣。故曰「採取全憑度法船，匠手高强牢把舵，一任洪波海底翻」云云。

末三句，劉註已明，茲不復解。

十六

劉言認取真鉛。李言一味真鉛。

無根樹，花正濃，認取真鉛正祖宗。精氣神，一鼎烹，女轉成男老變童。欲向西方擒白虎，先往東家伏了龍。類相同，好用功，外藥通時內藥通。

悟元註本「濃」作「穠」，「擒」作「牽」，「方」作「園」，皆無異也。

劉註

穠者，穠盛廣多也。花正穠盛，其間即有美惡偏正相雜，須得真正仙花，方可採取而用。真正仙花爲何？花即真鉛也。真鉛即真知之真情，乃真靈之發現，以其真知外陰內陽、外黑內白，故謂真鉛，又謂水中金，又謂水鄉鉛，又名月中華，其名多端，皆象此真知之一物也。惟此真知，内含先天真一之始氣，乃陰陽之本，五行之根，仙佛之種，聖賢之脈，爲修道者之正祖宗。認得祖宗，取歸我家，敬之奉之，須臾不離，則精氣神三者自然歸於一鼎，無庸勉强，蓋以其父歸之，其子焉往。更加符火烹煉之功，雖女可以轉男，雖老可以變童。女轉男者，非形體轉男，蓋女子純陰，修煉成道，化陰成陽，亦同男子；老變童者，非面容變童，蓋老者氣枯，修煉成道，返還本元，亦如童子。

但女轉成男、老變爲童之道，雖是認取真鉛真知，還要先能煉己。若煉己不熟，真知不來，雖來而亦不留，故曰「欲向西園牽白虎，先往東家伏青龍」。白虎屬西方金，喻真情也；青龍屬東方木，喻真性也。真情真性，本來一家，何待牽伏？因其交於後天，真中雜假，真情變爲假情，恩中帶殺，如虎出穴，奔西傷人，不爲我有，而反依居他家矣。真情既變爲假情，於是真性有昧，亦化而爲假性。假者用事，真者退位，性情不和，如龍東虎西，兩不見面矣。若欲復真，必先去假；若欲牽情，必先調性。調性之功，乃煉己之功。煉己者，煉其氣質之性也。氣質之性化，則真性自現；真性現，則不動不摇，而真情亦露；真性露，則假情不起，可以牽回白虎，與青龍配合，情性相戀矣。白虎即真鉛祖宗，同出異名。以其真知剛强不屈，故謂白虎；以其真知柔中藏剛，故謂真鉛。牽白虎即是取真鉛。「牽」之云者，非有强制，乃不牽之牽。

性定自然情歸，特以同類者相從，陰陽内外有感應之道也。性主處内，屬陰，内藥也；情主營外，屬陽，外藥也。陰陽原是一氣，性情固是同根，内藥能通，外藥未有不通，内外相通，性求情而情戀性，性情和合，真靈凝結，還丹有象矣。純陽翁云「性住氣自回，氣回丹自結」，紫陽翁云「若要修成九轉，先須煉己持心」，此皆言還丹先要煉己也。噫！真鉛易取，煉己最難。煉己之功大矣哉！

李解

濃，言情之濃也；鉛，乃人之真情。真鉛發現，則其情正濃，只要認得真，取得來，則金丹立就。蓋此真鉛者，黃中正位之體，大丹之祖宗也，取來制汞，三家相見結嬰兒。推而廣之，千千百百，子子孫孫，皆自此真鉛發脈，故以真鉛爲祖宗。

「精氣神，一鼎烹」，此即鉛歸汞伏，三家相見之後也。但造真鉛者，其先有女轉成男、老變爲童之妙訣。原夫離宮之火，真精也；坎宮之水，真氣也；坎離中間又有妙土爲用，真神也，一曰真意。氣精交感，以神主之，則水底金生，火中汞降，又以神執其平衡，調其勝負，猛烹極煉，則火蒸水沸，金亦隨水上騰，此即「精氣神，一鼎烹」之力也。及其入於離宮，離火爲坎水所滅，不飛不走，氣得神而住，精得神而凝，鉛汞俱死，同歸厚土，三姓會合於中宮，煉成一箇紫金丹，此又「精氣神，一鼎烹」之妙也。

當其先，東家之子寄體於西，西方之兑正爲少女，少女代坤母行事，女鼎中現出震男，是女轉成男矣。此男號九三郎君，其年甚少，實是木公道父投身子胎而生者，故木公轉號公子，是老變爲童矣。這公子，騎的白虎，出遊西方，甚是勇猛，時有道人見而問之曰：「你這騎虎的童男，可是木公所化的麽？」童男知道人心有正覺，不敢隱瞞，答曰：「是。」道人遂回頭笑曰：「水鄉鉛，只一味。崔公之言真也。」今欲呼回童男，須要擒他白虎。白虎乃童男隨身元氣化的坐騎，你欲往西方擒他白虎，必先往東家伏了青龍。蓋白虎者，金情也；青龍者，木性也。

以木交金，則木中火發，火轉逼金而回；以金併木，則金中水騰，水轉滅火而住。此四者，相異而實相同，異類而實相類。既然同類，故好用我玄功，使其會在一處，由是内迎外合，外歸内伏，外藥既通内藥，内藥亦通外藥也。此篇只言真鉛，不言真汞，蓋有鉛即有汞，不言汞而汞在其中矣，故曰「外藥通時内藥通」。鉛也，氣也，男也，童也，虎也，皆外藥也；　精也，女也，老也，龍也，皆內藥也。至於神，則在內外精氣之間。

十七

|劉言採取火候。|李言六門火候。

無根樹，花正嬌，天應星兮地應潮。屠龍劍，縛虎絲，運轉天罡斡斗杓。煅煉一爐真日月，掃盡三千六百條。步雲霄，任逍遥，罪垢凡塵一筆消。

劉註

真靈藏於後天，爲積習客氣掩蔽，花最難發。間或有時而發，一點光輝從虛無中透出，如珠如露，嫩弱秀麗，其象最嬌，似開未開，渾淪元氣，在天應星之明而不大，在地應土之潮而未濕。星明地濕，皆陽氣初動之象。陽氣初動，即真靈花嬌時也。當其正嬌，易於識神借靈生妄，性亂情移，急須猛烹速煉，杜漸防微，扶陽抑陰，以護命寶。

屠龍劍，所以防氣性；　縛虎絲，所以制妄情。氣性不發，則真靈現；　妄情不起，則真情生。真性現，真情生，是運轉魁罡，斡旋斗杓，轉殺爲生，變刑成德，可以煅煉一爐真日月矣。

日者，陽中有陰之象，喻真性所含之靈知，靈知爲雄中之雌，真陰也；月者，陰中有陽之象，喻真情所含之真知，真知爲黑中之白，真陽也。煅煉真陰真陽，兩位大藥，歸於一氣，凝結成丹，吞而服之，延命却期。此乃最上一層之妙道，非三千六百旁門著空執相事業也。蓋以大道成就，步雲霄，任逍遥，萬般罪垢凡塵，皆一筆勾消。彼三千六百旁門，皆在臭皮囊上做作，適以惹罪垢凡塵，焉能消罪垢凡塵哉！

李解

嬌以秀嫩言，一陽初萌之時也。天比上，地比下。陽生之時，眉上有點點星光，昔人謂爲天應星；腹中有浩浩潮氣，昔人謂爲地應潮。藥生朕兆，良有如此，良不誣也。悟元以天之星輝、地之潮濕，比陽氣初生，不大不潤，亦是一解。更有以入藥鏡爲言者，天應星指上鵲橋，地應潮指下鵲橋，均有妙理。然吾竊聞之，「應星」「應潮」以「應月」「應時」言，即星悟月，即潮悟時，此正是大還丹要緊火候。余摘參同數語以爲印證。參同云「金計十有五，水數亦如之；臨爐定銖兩，五分水有餘。二者以爲真，金重如本初；其三遂不入，火二與之俱」，此即「應星」「應潮」之正義也。

金必十五兩重者，金準月數，取金精壯盛之意。五千四十八日，天真之氣始全，十五兩金能生十五分水，上半月十五日是也。水數與金數相應，即潮數與星數相應。若金水不足，則真水不生，此謂天不應星、地不應潮，何以定銖兩乎？若要應星、應潮，就以上半月之十五日爲定，自朔至望，以一日半爲一分，兩箇一日半，三日出庚矣。這纔是二分真水，天也應星，地也應潮。若至初五，則是三分，三分不入用；若至初八，則是五分，五分更有餘：均非應星、應潮也。必以二分之水，配以二分之火，乃是真應星、真應潮。二者，坎水之真信。金初生水，剛到二分時候，水源至清，有氣無質，即白虎首經也。虎正吐氣，龍即以二分真火迎之，煉爲丹本。至於生二分水之金，又必要等至十五，金精始旺，水潮乃生，所謂二七之期，真鉛始降，此是應星、應潮也。或者問：「火何以必須二分？」曰：「一時功夫分三符六候，止用一符二候之火，斯龍虎平勻，相吞相啗。到這時候，必要執劍降龍，拏絲伏虎，運罡斡斗，歸於中宮，日月交精，烹之煉之，則正道得矣。」

我吾山老師還有一講，更精密醒露，並詳述於此。乾天爲陽，星即天之火精，陽中陰也；坤地爲陰，潮即地之水氣，陰中陽也。精爲火父，氣爲水母，乾父與坤母交，則離火與坎水生焉，故曰「天應星，地應潮」。「應」之云者，彼此相與感應之機也。參同云「方諸非星月，焉能得水漿」，可知天光照地，應之以星者，地氣承天，即應之以潮也。仙家以天之星喻人心中之火，火即人之性也，性屬龍，設有不降，則星飛火散，故當執屠龍之劍以降之，劍比大慧也；以地之潮喻人身中之水，水即人之情也，情屬虎，設有不伏，則潮浸水流，故當持縛虎之縧以伏之，縧比大大智也。大巧若拙，大智若愚，智慧冥冥，即生妙心。轉天罡斡斗杓者，非妙心不能爲力。天罡，北斗也。天罡主生，在乎斗杓，斗杓指處，即有生氣。人身妙心，能運天罡之杓，則能轉殺爲生矣。斗杓迴旋，金丹入內。金丹入內，妙心還我。妙心者，不生不滅之真身，與天地合其德，與日月合其明，即人身真日月也。欲求妙心，必從後天中返先天。先把外日月交光於外，明火候，知符刻，乃能得之。及其歸也，又要以內日月交光於內，晝夜長明，調和養育，則煅煉一爐真日月矣。是爲金丹大道之妙諦，七返九還之重玄，掃盡三千六百旁門，可以步雲霄，任逍遥，罪垢凡塵一筆消矣。若不明此大道，斷無解脱日子，罪垢凡塵，日日加增。可不悟哉？

十八

劉言逆用氣機。李言善用盜機。

無根樹，花正高，海浪滔天月弄潮。銀河路，透九霄，槎影橫空泊斗梢。

摸著織女支機石，踏徧牛郎駕鵲橋。入仙曹，膽氣豪，盜得瑤池王母桃。悟元註本「泊」作「斡」，「盜」作「竊」。

劉註

先天大道，包羅天地，運行日月，超乎萬有，花開正高。其高如月在天上，光射海底，海浪滔天，水不能溺月之光，而月反能弄水之潮；亦猶人在苦海境遇之中，境遇不能傷其真，而反借境遇以煉其真；又如銀河路遠，直透九霄，人不易渡，然有仙槎橫空，斡旋斗梢，即能渡之，昔張騫乘仙槎渡銀河而見牛女二星相會，此可徵也。

以理而論，世間亦有仙槎，亦能渡銀河。世間仙槎爲何物？金丹大道是也。金丹大道，在虛空中作世業，能以轉乾坤，逆陰陽，奪造化，超凡入聖，是亦仙槎也。然仙槎之妙，在乎斗梢之運用。斗梢者，北斗第七星瑤光是也，又名天罡。天罡所指處吉，所坐處凶，蓋以指處有生氣存焉。扭回斗梢，剎那之間，陰陽相合，生機萌芽，絕不費力，故曰「摸著織女支機石，踏徧牛郎駕鵲橋」。

織女屬陰，牛郎屬陽，鵲橋爲牛女相會之處。摸著機石，踏徧鵲橋，以陰招陽，陽來會陰，陰陽相會，金丹有象。此種道理，盡在波浪裏做出，虛空中施爲，所以能「入仙曹，膽氣豪，竊得瑤池王母桃」也。

瑤池在西；王母爲老陰，即坤母也；桃者，丹也，即震之一陽也；王母桃，即坤中孕震之象。丹在西而竊取歸東，則爲我家所有，而丹還矣。但此還丹之妙，其妙在乎陰陽相會；陰陽相會之妙，尤在乎大海波中逆運氣機，不動不摇耳。能於大海波中不動不摇，真是有膽氣丈夫，九霄有何不可上？銀河有何不可渡？王母蟠桃有何不可竊乎？彼世之習靜忘形，僅在寂滅中作事者，焉知有此？

李解

高，指虛空而言；海浪滔天者，即紫陽翁所謂「風浪麤」，「產玄珠」之時也。風起浪湧，聲震虛空，故曰「滔天」；而一箇玄珠正如團團秋月現於海上，故曰「月弄潮」也。逆挽銀河，上透九霄，彷彿張騫乘槎，影横空際，氣機於此直達矣。然河槎前行，必先有箇指引，方不使水經濫行不由河道，此斗梢之上，所以爲泊繫之所也。這「泊」字下得最妙。人間泊船，乃「止宿」之意，仙客河槎，則以斗梢爲靠，端行直指，勢不容泊，其言「泊斗梢」者，正其不可泊、不得泊，就於斗梢泊之。隨斗運轉，行中有止，殺裏逢生，猶之英雄豪傑，直儻做事，風利不泊，乃是大結局、大興會之時，不泊勝於泊，泊猶之不泊，斯其爲「泊斗梢」也。

織女、牛郎，天上陰陽二星，年年七夕相會。織女屬陰，機石比汞；牛郎屬陽，鵲橋乃牛女相逢之處，即金汞會合之方。上言斗梢，此言女牛，是斗爲女牛之媒也。牛郎欲會織女，非斗不能圓成，斗轉則牛郎渡河，金與汞合矣。呂祖云「進火功夫牛斗危」，泥丸云「妙在尾箕斗女牛」，同此意也。

摸著機石，則以汞迎鉛也；踏徧鵲橋，則鉛汞一路。從此天緣有分，志氣能伸，可以遇仙曹而膽氣豪矣。此何故哉？以其盜得瑤池王母桃耳。悟元以「瑤池在西，王母爲坤母，桃即坤中孕震之象。丹在西而竊取歸東，以成還丹」，其註明矣。但「竊」字不及「盜」字現成：東方盜桃，一也；坎卦爲盜，二也。東方盜桃，恰往西方取金；坎卦爲盜，恰向水底求鉛。「盜」之爲義妙也哉！

十九

劉言陰陽摶結。李言化生玄珠。

無根樹，花正雙，龍虎登壇戰一場。鉛投汞，陰配陽，法象玄珠無價償。

此是家園真種子，返老還童壽命長。上天堂，極樂方，免得輪迴見閻王。

劉註

金丹乃陰陽二氣相激而成象，是花須成雙而後有用也。陰陽者，一龍一虎也，一鉛一汞也。龍爲真性，汞爲靈知，又爲元神，俱屬陰；虎爲真情，鉛爲真知，又爲元精，俱屬陽。龍虎戰者，性情搏聚也；鉛投汞者，精神凝結也。性情搏聚，精神凝結，陰陽相配，一氣混合，真靈圓明，法身有象，圓陀陀，光灼灼，如一粒玄珠，爲無價之寶矣。此寶非外來之物，乃我家園之真種子，本來原有，因交後天，迷失無蹤，今得陰陽調和，無而復有，去而復來，種於家園，本立道生，生生不息，返老還童，延壽無窮，上於天堂極樂之方，可免輪迴之苦矣。

李解

雙者，兩弦之氣也。兩弦之氣合，則龍虎登壇，相吞相啗。戰，即吞啗之意。一場大戰，龍虎平匀。虎戰龍則以鉛投汞，龍戰虎則以陰配陽，陽鉛與陰汞交，斯無價寶生矣。悟真云：「虎躍龍騰風浪麤，中央正位產玄珠。」玄珠，乃先天一氣，仙佛本原，吾家真種，而非外物，因爲後天所掩，久不現象，今在龍虎壇中，陰汞陽鉛結爲真夫婦，遂從後天坎離之內，返出先天，故曰「法象玄珠無價償」。從此家園真種子，得之者返老還童，延生益壽，上天堂，登極樂，免得輪迴見閻王也。此言龍虎陰陽相戰相配之法，須於花正嬌一章註内覓其火候可也。

二十

劉言一時還丹。李言還丹温養。

無根樹，花正奇，月裏栽培片晌時。拏雲手，步雲梯，採取先天第一枝。飲酒戴花神氣爽，笑煞仙翁醉似泥。托心知，謹護持，惟恐爐中火候飛。

劉註

先天真靈，無而能有，缺而能圓，花甚奇也。然正所以奇者，先天爲後天掩蔽，杳然無蹤，若欲栽培，片晌之間即能回春。回春之妙，要採取先天第一枝之花。第一枝是生物之祖氣，乃生天生地生人之靈根，不落於形象，不落於空亡，含而爲真空，發而爲妙有，至中至正，至精至粹，恍惚杳冥，如露如電，不可以有心求，不可以無心守。有心求之，則著於相；無心守之，則著於空。是在乎性定情忘，回光返照，虛極靜篤，不採而採，不取而取，自然先天真一之氣自虛無中來，凝而爲黍米之珠。内外光明，如戴仙花；神氣爽暢，如飲仙酒。戴花飲酒，樂在其中，不識不知，順帝之則，如入於醉鄉矣。當斯時也，還丹已結，復見娘生面目，無用外爐加減，急須內爐溫養，神明默運，謹守護持，一意不散，時防火候差遲也。

心知者，非外心知之人，乃內自知之心。火候緩急，心自知之。心知而不昧心，自然火候不差，金丹成熟也。

李解

奇者，令人不測也。不惟人不能測，即陰陽亦不能測。若是能測，則陰陽不會，難入杳冥，何以栽培先天乎？月裏栽培者，三日出庚，藥材新嫩，就在這庚方月內栽培金花，必以二分火配二分水，混沌片時，而後有先天第一枝鼎內生出，此片晌功夫也。片晌之間，先天第一枝果然發現，妙心主事，即時逆轉天罡，迴翔雲漢，此即拏雲之手、步雲之梯，採取先天第一枝也。

飲酒者，飲此第一仙酒，先天化白液矣；戴花者，戴此第一仙花，先天回陽春矣。花即是酒，酒即是花，飲之戴之，酒是良朋花是伴，令人神氣沖和，渾渾如醉，故曰「飲酒戴花神氣爽，笑煞仙翁醉似泥」。

心知者，同心也，即自己妙心也；謹護持者，以妙心看火候也。但護持有數件，爐火有兩端：火候未足，則屯蒙抽添以護之，須用外爐加減；火候已足，則晝夜含光以護之，不用外爐加減。十月數全，九年已過，則真人出頂門矣。否則，外爐不該去而急去，則火候未足而丹不大；外爐該去而不去，則火候太過而丹必傷；内爐不該去而急去，則火候未純而丹不靈；内爐該去而不去，則火候如愚而丹不出。凡此皆爐中火候有差池也，是所望於心知，精謹護持，乃不致有差池耳。飛，即差池之意。

與前花正飛章同看。

二十一

劉言調和陰陽。李言得藥還丹。

無根樹，花正黃，産在中央戊己鄉。東家女，西舍郎，配合夫妻入洞房。黃婆勸飲醍醐酒，每日醺蒸醉一場。這仙方，返魂漿，起死回生是藥王。悟元註本「産在」作「色正」。

劉註

黃者，中央戊己之正色。戊爲陽土主動，己爲陰土主靜，戊己居中，相合爲真信，又謂真意。花色正黃，則真靈入於中央正位矣。然真靈中正，非性情如一不能。

東家女，木性也；　西舍郎，金情也。　一性一情，配作夫妻，入於洞房宥密之處，更得黄婆於中勸飲醍醐，調停火候，則不和者而必和，既和而長和。

醍醐酒，非世間之糟汁，亦非身内精津血液有形之物，乃陰陽交感絪縕中和之氣，合而爲真一之精，通而爲真一之水，滋味香甜，古人謂玉液、謂瓊漿、謂甘露，又謂醍醐，總以形容此一點中和之氣耳。　勸飲者，不冲和而必調至於中和。　修道至於陰陽冲和，常應常靜，遠觀其物，物無其物，近觀其身，身無其身，内觀其心，心無其心，不識不知，順帝之則，日日飲醍醐而入於醉鄉矣。　這箇醉中趣味，是神仙之方，是返魂之漿，能以起死，能以回生，乃大藥王也。

中央、戊己、黄婆，皆真信之異名。　以陰陽和合言，則謂中央；　以運行陰陽言，則謂戊己；　以調和陰陽言，則謂黄婆；　以動作言，則謂真信；　以靜定言，則謂真意。　故一物而有數名，總而言之，一「真信」而已。　識得此信，即於此信上下實落工夫。　始而以性求情，既而以情歸性，又既而性情和合，又既而性情渾化，結成一箇真靈至寶。　始之終之，無非此一「信」成功，「信」之爲用大矣哉！　歸到實處，真靈中正即是性情相合，性情相合便有箇真信在内，真信現時，性情自不相離，真靈自然中正，三者相需而仍相因也。

李解

黄,正色也,佛家之「正覺」、儒道之「正氣」也,其在釋典則曰「黄花」,其在仙經則曰「黄芽」。但黄芽有二種:一箇是初三新藥,一箇是十五大藥。悟真云「黄芽生處坎離交」,此即初三新藥也。黄芽生處,即當交媾坎離,以種第二箇黄芽。悟真曰「種得黄芽漸長成」,此即第二箇黄芽,十五日之大藥也。黄芽長成,實因坎離交媾。夫坎離之交媾者,交媾於中央戊己鄉也。中央乃精氣成團之處,戊己鄉乃動靜調合之所,調合成團,片晌間,從中産出黄芽,故曰「産在中央戊己鄉」。這黄芽,名字極多,以本章言之,即「西舍郎」也。

西舍郎,金氣也; 東家女,汞精也。採回金氣,制伏汞精,此金汞返還之道,即「配合夫妻入洞房」也。既入洞房,又要有黄婆守之。黄婆,即上章所言「心知」也。夫妻兩箇,恐防不諧,則精神意氣難入中和之境,而丹不成,故要有黄婆伏侍,勸飲醍醐。

醍醐者,外資温養之精,内服中和之氣也。黄婆乃是知心人,爐中火候,自然不差,朝暮之間,頻頻勸飲,每日醺蒸醉一場,真快樂也。此酒不是凡間酒,乃仙方所製之酒,名曰返魂漿,可以起死,可以回生,小藥、外藥皆不能及,是爲藥之王也此章乃二候求鉛之後，四候還丹功夫。求鉛乃外事，初三月出庚施功，名之曰以火配水，以龍就虎，以陰會陽，以離交坎，以性合情，以汞投鉛，以女嫁男，以後天生先天，總之是以精合氣，乃外藥也，其功夫在外，只用一符二候，立爲丹基。還丹乃內事，十五月圓時施功，名之曰以水滅火，水乃天癸之水；以虎嫁龍，虎乃西方之虎；以陽伏陰，陽乃含真之陽；以坎填離，坎乃先天之坎；以情歸性，情乃金情之情；以鉛制汞，鉛乃真一之鉛；以男配女，男乃純乾之男；以先天制後天。總之是以真氣合真精，乃內藥也，其功夫在內，須用二符四候，結爲金丹。凡此，皆古人所未分晰者，吾於此詳陳之，庶閱丹經之際，了然於二藥之分也。

二十二

劉言凝結聖胎。李言擒伏火藥。

無根樹，花正明，月魄天心逼日魂。金烏髓，玉兔精，二物擒來一處烹。陽火陰符分子午，沐浴加臨卯酉門。守黃庭，養谷神，男子懷胎笑殺人。

劉註

先天真靈，本體光輝，通天徹地，照破一切，花正明也。其所以明者，如陰陽二氣和合而成之。人之一已純陰，如月之黑暗無光，必借他家不死之方，而後陽生，如月借日光而後得明。月魄逼日魂，陰陽相交，能以在天心朗耀，即真知靈知相合，真靈不昧之象。

金烏髓者，日魂也，在人爲雄中之雌，即靈知之真陰；玉兔精者，月魄也，在人爲黑中之白，即真知之真陽。前云「烏肝」「兔髓」，此云「烏髓」「兔精」，大有分别，不可同看。蓋烏肝兔髓，乃還丹藥物，是真知靈知陰陽未會而方會，故云「烏之肝」「兔之髓」；烏髓兔精，乃大丹藥物，是真知能靈，靈知能真，陰陽已會而相合，故云「烏之髓」「兔之精」。未會而方會，勉强之功，假中復真也；已會而相合，自然之用，真中更真也。取此兩味真藥，摶於一處，烹出陽中之陽，即行子午卯酉火候，完全金液大丹。

但所謂子午卯酉者，非天邊之子午卯酉，乃身中之子午卯酉。真知現，即是子，法當用剛進火，而鼓真知出玄；靈知來，即是午，法當用柔退符，而取靈知入牝；真知進於中正，即是卯，法當沐浴，此中正而不過進；靈知退於中正，即是酉，法當沐浴，此中正而不過退。此符火沐浴之道，萬古不易之法，若以天邊子午卯酉按時用功，則失之遠矣。符火不差，沐浴合時，陰陽相應，不偏不倚，元牝立而谷神即生於其中矣。

黄庭者，中央正位，即陰陽相合之中一竅，又號爲元牝之門。元陽牝陰，陰陽合，有此竅；陰陽偏，無此竅。有此竅，即有谷，有谷即有神；無此竅，即無谷，無谷即無神。谷即黄庭。黄者，中色；庭者，虛也。因其中虛，故以「黄庭」名。虛則靈，靈則神，是謂「谷神」。試觀山中兩山壁列，中間一谷，人呼之則谷應聲，此應之聲，即「谷神」也，俗名「崖娃娃」。人之陰陽會合，其中有神，亦猶是也。然不到陰陽相合地位，無此「中」，無此「谷」，安有神居？若果到陰陽相合時，便有箇「中」，便有箇「谷」，而神自生。所謂「先天之氣自虛無中來」者，即此；所謂「真空而含妙有」者，即此；所謂「要得谷神長不死，須憑玄牝立根基」者，即此。果陰陽和而爲一氣，則谷神鎮居黄庭，是謂男子懷胎。

曰「守黄庭」者，守中也；曰「養谷神」者，抱一也。守中抱一，十月功畢，身外有身，即與天地並長久。此等真實法象，係虛空中事業，不從色相中做出。彼一切在臭皮囊上弄搬運功夫，妄想成聖胎者，豈知谷神之所以爲谷神乎？

明，乃大藥發生，虚室生白，放大光明，大醒大悟大覺時也。這大藥，乃鉛中之陽，丹中之金，先天中先天，如月魄之在天心與日魂相逼而成團團輝光，非若初三一線，遠在天邊，現出蛾眉也。「逼」字下得要緊，乃相親相近，一處相煎之意。日月合璧，日魂盡注於月魄，萬里光明，天心雪亮。

二物擒來一處烹，不是擒了金烏又擒玉兔，乃是擒金烏以搦玉兔，單擒一物歸來，即所以擒二物也。當其擒來之際也，有子午卯酉四候投關之火，由是而金烏飛入廣寒宫，復以金烏之髓調和玉兔之精，既而使玉兔之精盡化爲金烏之髓，這纔是「月魄逼日魂，善於一處烹」者。斯時也，陽魂圓滿，陰魄無形，二物變爲一物，一物中有二物，陰盡陽全，光明大放，故稱爲鉛中之陽、丹中之金、先天中先天。到此地位，乃爲金液大藥，亦按子午卯酉行四候服食之功，此方是九轉大還丹也。

何時爲子？陽生爲子，故當進陽火。何處爲午？陰降爲午，故當退陰符。沐浴者，調停自然，不急不緩。此等功夫，當加於陽火臨卯、陰符臨酉之門，則陽不過剛，陰不過柔，剛柔得中，出入合度也。

李解

昔陶存存先生闡明參同契行火秘訣，而錄其師火候歌於註中，余深佩服，今亦附書於此，以爲印證。歌云：「憶我仙翁道法，總是吾家那著；原無子午抽添，豈有兔雞刑德？問吾子在何時，答曰藥生時節；問吾午在何時，不過藥朝金闕。卯時的在何時，紅孩火雲洞列；若無救苦觀音，大藥必然迸裂。此即沐浴時辰，過此黃河舟楫。再問何爲酉門，即是任同督合；此時若没黃裳，藥物如何元吉。過此即爲戌庫，請問庫中消息；此是一貫心傳，至道不煩他覓。」夫藥臨卯門必用觀音之靜者，觀音之靜，管攝嚴密，不使紅孩逞勢，則甘露發生；至於酉門，則以黃裳裹之，不使元珠傾瀉，則白液乃凝。此沐浴之妙用也。

黃庭者，中央也；谷神者，虛靈也。守中央而養虛靈，則法身呈象，一箇男子宛如女子懷胎，笑煞人亦愛煞人也。

二十三

劉言真空法相。李言圓通自在。

無根樹，花正紅，摘盡紅花一樹空。空即色，色即空，識破真空在色中。了了真空色相滅，法相長存不落空。號圓通，稱大雄，九祖超昇上九重。

悟元註本，「金花」作「紅花」，較好，故從之；「滅」作「法」字，錯。

劉註

金丹大道，以無聲無臭、超出萬象爲歸著，何嘗花有紅色乎？若稍有色，後天氣質猶未化盡，大道不成。古仙云：「一毫陰氣不盡不仙。」蓋有一毫陰氣不盡，就有一毫陽氣不全，真靈猶有損壞之時，算不得九還七返金液大丹之道。修道者，須要摘盡紅花，消滅無始劫以來客氣塵根，歸於萬有皆空，還於父母未生以前無聲無臭面目而後已。

然「空」之云者，非同土木無心寂滅之謂，有借假全真、以真化假之道，故曰「空即色，色即空，識破真空在色中」。蓋一味無心，則著於空；若稍有心，則著於色。曰「空即色」者，是不空也；曰「色即空」者，是不色也。不空不色，即空即色，是真空存於色中矣。

曰「了了真空無色相，法相常存不落空」者，真空一了百當，原無色相，既無色相，即有法相，既有法相，必不落空。因其是真空，所以有法相；因其有法相，所以無色相。無色相，有法相，所以空之真而真於空也。

修道至於真空而有法相，法相而存真空，一靈妙有，法界圓通，成金剛不壞之軀，水火不能侵，刀兵不能加，虎兕不能傷，稱爲大英雄。不但身列仙班，即九祖亦皆超昇天堂，同爲神矣。昔釋迦牟尼佛修丈六金身法相，居於大雄寶殿者，即此道也。

李解

紅，乃大藥法象。仙師道情歌與無根樹皆要緊之作，即彼可以見此也。道情歌云：「萬般景象皆非類，一顆紅光是至真。」紅光發現，其花正紅，紅花到手，真藥已得。除此紅花，無藥可採。温養事畢，爐鼎全丟，一切花花樹樹皆不講也，故曰「摘盡紅花一樹空」。

花既空矣，我道得矣，我道既得，空不空矣，空既不空，空即是色，色非有色，色即是空。識透真空不空，真空即在色中。此「色」非色相之「色」，乃法相之「色」。了當真空則色相全滅，色相全滅則法相長存，法相長存即是真空不空。

圓通者，功行圓滿，萬法皆通，真空之體用備矣。既號圓通，必稱大雄，既稱大雄，必做神仙宗伯，安得不九祖超昇同上九重哉？

二十四

劉言返歸虛無。李言證位三清。

無根樹，花正無，無相無形難畫圖。無名姓，却聽呼，擒入中間造化爐。

運起周天三昧火，煆煉真空返太無。謁仙都，受天符，纔是男兒大丈夫。悟元本「中間」二字作「三田」，然悟元仍作「中間妙竅」解。

劉註

先天真靈之寶，體本虛空，一氣混成，有何花乎？既無其花，無形無象，難畫難圖矣。難畫難圖，畫且不可，圖且不可，尚有何名何姓？然雖無名無姓，却又至虛至靈，寂然不動，感而遂通，如呼谷傳聲，真空中藏妙有也。有此感而遂通之妙，即於此通處下手，擒入於三田造化爐中，用三昧真火，煆煉成真，自真空而可返於太虛。道返太虛，則空無所空，一真而已，別無他物也。

三田非工家氣海、絳宮、泥丸之說，乃精氣神三丹聚會之丹田，謂元牝之門，又名玄關竅，又名中黃庭，又名造化爐，又名太乙壇，又名戊己門，總而言之曰虛無竅。先天真靈之寶，統精氣神之三物，真靈既復，三物皆復，自造自化，絪緼冲和，結爲一塊。始而自無以造有，既而自有以化無。煆煉真空，即是化無之妙。自有化無，形神俱妙，與太虛同體，功行圓滿，謁仙都而受天圖，爲十極大羅真人，大丈夫之能事畢矣。

讚曰　吐老莊之秘密，續鍾呂之心傳；揭示先天妙理，劈開曲徑虛懸。鼎爐邪正分判，藥物真假顯然；　空色混爲一氣，剛柔匹配兩弦。咦！　丹法始終皆洩盡，火符進退俱寫全；　二十四詞長生訣，知者便成不死仙。

李解

「無」字承上章「空」字之意進一層言，以作二十四首結局。煉丹至於空，已盡善矣，然有真空之念，則即有法相之念，空猶不及無也。老君曰：「觀空亦空，空無所空，所空既無，無無亦無，湛然常寂。」這纔是大超脱，大解悟，大清淨，大圓覺。何也？　湛然之妙，有而若空，空而且無，不可以形相求，不可以畫圖寫。因其無形無相，所以難畫難圖，只恁其湛然而已。

前此採取先天，尚有金姓名精者、黄姓名芽者、白姓名元者，今此湛然之真，却無名姓。雖無名姓，却聽招呼，空谷傳聲，聲聲相應。問焉以言，受命如嚮，天下之至精也；　寂然不動，感而遂通，天下之至神也。此何故哉？　以其湛然之真，藏在無中耳。聖賢仙佛之理，深達造化，無中藏有，到此地位，詭怪神奇，如冷啟敬、張景華、周顛仙之流是也。

我三丰先生，以道爲體，又必以無擒無，入於中間虛無之境，大造大化爐中，運起周天三昧真火，煅之煉之，務使虛空法身，返於太無。太無者，聖真之境，玉清混洞太無天、上清赤混太無天是也。煉成仙道，只受太清官秩； 能返太無，則先朝道德，次朝玉宸，次朝元始，證果三清也。

「返」之云者，天下愚夫愚婦，皆是三清中人，只因宿念有差，一劫低一劫，仍作愚夫愚婦，不能復返聖真之境。倘其回心向善，訪道尋師，由築基煉己，七返九還，煉至於空，復至於無，由無而返於太無，仍然是三清客也。

但煅煉真空，必用周天三昧之火。周天者，非河車之謂，乃在天而動，空際盤旋，深造密化，道法自然也； 三昧者，非陽火之謂，乃天一地二合而爲三，我於天地之中，立鼎安爐，神冥氣漠，此以仙煉仙之火，天元神丹也。

功成行滿，上朝三天，謁仙都，受天符，或封真君，或封帝君，或封天尊，或命作五嶽名山、洞天福地師相選仙等職，這纔是真正男兒，極大丈夫，神乎至矣！

讚曰 洒彌天之花雨，布滿地之黃金； 手敲漁鼓簡板，口歌上洞仙音。四洲齊度，萬古道情。呵呵！ 悟元處處說真靈，先把吾家主意存； 山人照本宣真訣，度世宏開不二門。

道竅談

長乙山人李涵虛　著
皖江陳攖寧校訂

道竅談讀者須知

一，本書作者，姓李，名西月，字涵虛，又字團陽，乃四川省樂山縣長乙山人，於清咸豐丙辰歲成道。

二，吾國仙道，舊有南北兩派，南派始於浙江天台之張紫陽，北派始於陝西終南之王重陽。至明嘉靖時，陸潛虛著方壺外史，大闡玄風，世稱爲東派。而本書作者李涵虛，則羣目之爲西派。西派傳代有九字：「西道通，大江東，海天空。」

三，張紫陽得丹道於成都異人，但未言爲誰氏。同時有王冲熙者，遇劉海蟾傳金丹口訣，冲熙嘗謂，舉世道人無能達此者，獨張平叔知之。於是陸彥孚遂據此語而斷爲紫陽亦得海蟾之傳。攷海蟾乃正陽真人鍾離雲房之弟子，與呂祖同門，王重陽文集中亦稱「正陽的祖，純陽師父，海蟾師叔」。由此可知，南北兩派，蓋同出一源。又明之陸潛虛，自云見呂祖於北海草堂，親聞道妙；清之李涵虛，亦曾在峨眉山遇呂祖於禪院，密付本音。是則南北東西四派，皆可認爲呂祖所傳也。

四，北派工夫，重在清靜，而七真之劉祖則以在妓院修鍊著名，未聞如長春真人之枯坐也；南派口訣，重在陰陽，而五祖白玉蟾則自幼出家，終身雲水，未聞如道光禪師之還俗也。同一講道文章，陸作則精醇，而李作則複雜；同一人元丹法，陸說則簡易，而李說則繁難。由此可知，道本同而法或許有巧拙之殊，法雖同而訣未必無簡繁之異，是在學者會而通之，勿自限耳。

五，張紫陽乃宋神宗熙寧間得道，時在民國紀元以前約八百三十餘年；王重陽乃金世宗大定間得道，時在民國紀元以前約七百四十餘年；陸潛虛乃明穆宗隆慶間得道，時在民國紀元以前約三百四十餘年；李涵虛乃清朝咸豐年間得道，時在民國紀元前約六十餘年。

六，李涵虛著作有太上十三經註解、無根樹道情註解，並編訂之三丰全集，俱早已風行一世，惟道竅談、三車秘旨、圓嶠内篇三種，未曾刊版行世，而圓嶠内篇之鈔本亦未得見。今特先出道竅談並三車秘旨二書，以慰好道諸君之渴望。

七，本書乃福建毛君復初家藏鈔本，由福建連城鄧君雨蒼親攜至滬，囑寧代爲校勘，出版流通。其排版、印刷、裝訂、紙料等費，則由鄧君雨蒼與張君竹銘向丹道刻經會商妥籌墊。今後本書始能與讀者相見，毛、鄧、張三君不爲無功。

八，本書經寧手校正之處，約有數十字，皆屬當日輾轉傳鈔之誤，其誤僅在文句之通與不通，不在理論之謬與不謬，關係頗輕，故無須另作校勘記，以免多佔篇幅。

九，鄧君當日曾囑寧將本書中要旨提出，以便讀者。愚意丹經中歷來所習用如離坎汞鉛等，皆代名詞，說心腎可，說神氣亦可，說男女亦無不可，是在讀者深造而自得之。若必定指出某名即是某物，則仁智之見，各執一說，而是非之爭將無了期，竊恐本書應用之範圍，或因此反致狹隘，有違流通之本願，不如其已也。

十，本書中畫龍點睛處，就是「彼家」二字。如第三章云「欲養我己汞，必用彼家真鉛」，又如第五章云「內鍊己者，將彼家之鉛，養我家之汞也；內養己者，亦用彼家之鉛，養我家之汞」，又如第八章云「此鉛非還丹之鉛，彼家之真火也」，又如第十章云「本元走漏，精氣神皆落於後天，不能求之於我，則必求之於彼」，又如第十七章云「元精在我家，真精在彼家」，又如第十八章云「上德之體，得於天者甚厚，不必求之於彼家也，故曰天元」，又第二十五章云「我運一點陰火之精，種在彼家之內」，又如第二十九章云「採鍊者，採彼家陽鉛，鍊我家子珠之氣也」。觀以上所列舉「彼家」之說，可謂詳矣。究竟「彼家」二字是如何解釋，頗有研究之餘地。如謂彼家是指腎中之氣而言，則單鍊心中之神者非矣；如謂彼家是指身外之太虛而言，則執著肉體在腔子裏摸索者非矣；如謂彼家是指同類異性者而言，則一己孤修專事靜坐者非矣。讀者須於此等玄之又玄處著眼，方可謂頭頭是道。

中華民國二十六年丁丑仲春百花生日皖江陳攖寧識於上海西鄉之眾妙居

張序

先伯父鏡川公，好丹砂術，原亦期其養氣修性而已。至道學稍進，愈覺奮發有爲，凡爲此道之書，無不心愛而存之。間有刻本者，有手鈔者，不一而足，皆平日之娛情者也。辛未季春，忽臨大限，特囑先兄伯純曰：「吾素所好者，惟此數本道書，吾死當爲吾惜之，十年後當有人來取，爾輩勿吝而不與。未至其期，勿輕而不修。此即吾之遺命也，幸毋忘。」僕雖在童穉，亦曾聞及斯言。

自先兄棄世之後，弟仲寬曬書，間有蟲蛀者，尚未之覺。適僕遇而見之，意欲重鈔一過，爲他日底本。事始行，友人劉君宣甫過訪，見書而問曰：「足下亦爲理道耶？」僕告其始意。渠曰：「佳哉斯舉也。吾素亦喜此書，惜無爲吾指謬者。今觀令伯舊本，皆摘要去繁，抽幽出顯之作，誠令我心悦神怡於不能自禁時也。願惠假一鈔，且願多鈔一本，分足下勞，何如？」僕本欲秘而不宣，因思伯父有言，有人來取，尚當如數奉交，况僅假去一鈔，且多鈔一本爲贈，即何靳而不與？

此卷乃其鈔者，今而後長保此書，謂非宣甫之助歟？即宣甫果成其學，謂非十年後之驗歟？我伯始之，我友成之，俾我坐而享之，可謂太易矣。爰筆其始末以識之。

枚皋張日章謹序

若有善男信女發善心，將此道竅談、三車秘旨二書刊刻行世，自身今生不能修鍊，來世祖師孚佑帝君、善教真君，務必多方點化，委曲開導，教其棄俗入道，出離苦海，超證仙階。若有人能讀二書，究竟細微，從是思維行持，二位祖師必定暗中提拔，不待來生。縱不能證大羅金仙，決定免其輪迴之苦矣。有能印送此二書，與學道人開明大路，免遭旁門魔道者，九祖生天，子孫世世不生惡淫之嗣矣。

枚皋張日章再識

道竅談

長乙山人李涵虛　著　皖江陳攖寧　校訂

箴諸友書第一章

深宵打坐，清靜自然，繩床竹榻間，五更盤膝，坐已復起，悠然自得，乃即所得者挑燈書之，爲諸友言曰：

夜來氣清，息調神住。如其調而調之，既不蹈夫頑空；如其住而住之，又不類夫執著。斯時也，不忘不助，若忘若存，寂寂惺惺，圓圓明明，水自然清，火自然生，神自然交，氣自然會，風自然正，車自然行，抽自然抽，進自然進，添自然添，退自然退。惟其神妙獨得，故爾操縱如心，昏沉自然去也，散亂自然歸也，能弗快活歟？夫避燈而攢渴睡，吾不得而見也，在公等之自持也；搖几而作醒狀，吾不敢與聞也，在公等之自信也；閉目而多思慮，吾不得而知也，在公等之自除也。當清夜而昏沉者，是不勤於此功；當清夜而散亂者，是不專於此功也。不勤不專，是負祖師之厚望矣。吾道至妙玄，犯此病者，尚其改旃。

開關問答第二章

有友數人焉，問於團陽子曰：「足下談元，可謂清真淺顯，開入門之孔竅者也。但不識孫陶一派有云『開關展竅，當在築基之前』者。而潛虛翁則以爲：『古仙垂語，絕口不言，而今乃有之。』又云：『蛇足不添，駿骨無價，大道之厄，斯人爲之。』若以開關展竅爲可鄙者，君與同師，乞道其故也。」

團陽子曰：「吁！潛虛所言者，非鄙之也，蓋歎斯人不幸，而失其先天清靜，致令添此小術也。夫上德無爲，不以察求。童子先天未破，可清養而得胎仙，不假返還，奚用通關？故以此爲大道之厄，即太上所謂『大道廢，有仁義』之喟歎也。然吾儕以度人爲功，其所流傳者，安得盡屬童真？則展竅開關，所以啟玄門而闢徑路：還元返本，所以資同類而補真身也。中年學道者，只要凝神有法，調息有度，陰蹻氣萌，攝入鼎內，勿忘勿助，後天氣生，再調再烹，真機自動，乘其動而引，不必著力開而關自開，不必著力展而竅自展，真氣一升於泥丸，於是而河車之路可通。要皆自然而然，乘乍動又靜之際，微微起火，逼過尾閭，逆流天谷，自然鍊精化氣，灌注三宮。以後復得外來妙藥，擒制吾身之真氣，令其交凝，使不散亂。然後相親相戀，如龍養珠，如雞抱卵，煖氣不絕，同落於黃庭之間，結爲朱橘，乃曰内丹。則初候之功成，延年之妙得，全形之道備矣。」

友聞而喜曰：「微子言，蓋幾迷於向往也。吾儕雖不敏，請退而修之。」

後天集解第三章

從古後天法程，只言築基、鍊己二層，而陶存存先生又言：「修道之士，若不開關，遽言築基鍊己，乃是隔靴搔癢，無益於事。」於是以開關、築基、得藥、鍊己四層分爲後天次序。吾恐人之多疑也，因作此以明之曰：古分二條者，後天之大端；今分四層者，後天之節次。以開關關築基之路，以得藥助築基之需，以鍊己了築基之事，四端仍然兩端，兩端仍然一端。古人云：「細微節目，非真師不能傳，非善人不敢道。」築基鍊己，雖非上乘丹法，而其中之節次，且更有不止於陶翁所云者。參同云：「下德爲之，其用不休。」夫不休，則見其節次之多也。所聞異詞，所見異詞，要在人之會通。而孫教鸞真人云：「修身之人，必先用鼎器以開關展竅。」又曰：「鼎器者，靈父靈母也。」曷爲以鼎器稱靈父靈母？蓋以生仙生佛之父母，不同夫凡父凡母，故以靈父靈母名此後天鼎器也。靈父靈母，逆來交媾；凡父凡母，順去資生。逆來之法，始終不離者也。鼎器立則神氣交，神氣交則積累厚，積累厚則衝突健，衝突健則關竅展，關竅展則逆運之途闢、河車之路通矣。

但運河車者，不與開關之事同。開關乃後天真氣，河車乃後天金水。功夫到河車一步，日日築基兩無分也。潛虛曰：「循環灌注，久久純熟，氣滿三田，上下交泰，所謂『常使氣沖關節透，自然精滿谷神存』也。」

吾常以後天之學名爲養己，人能細覽愚言，究其包舉之節次，則延年保身之道得也。養己者何也？參同契云：「內以養己，安靜虛無。」此後天之要言也。己，己性也，即元神也；內，內境也，即虛無也。虛無之內，常靜常安。安而後能慮，靜而後能應。然欲靜其神，必須調息有度。一呼一吸，名曰一息。須順其自然，勿聽其自然。莊子曰：「真人之息以踵。」踵也者，相接不斷，緜緜若存也。氣徹湧泉，往來不絕。吾師云：「以內息踵外息，以外息踵內息，以息息踵息息。」此即「以踵」之妙也。內呼則外吸，內吸則外呼，內外兩息，反正相生，開闔有度，却有自然妙趣，不待强爲。古人云：「若問築基下手，先明槖籥玄關。」知內息即知槖籥也。丹家云「呼不出喉，吸歸於蔕」，言內息也。若言口鼻呼吸，安能使之不出乎？息既調矣，又須凝神。凝神者，寂然不動，內照形軀也。但此凝神調息，却非兩橛功夫。調息則神歸，神歸則覺照，覺照則氣生，氣生則靜攝於內。金鼎日充，元黄交媾，真氣衝心，引至尾閭，一撞三關，牛女路開，銀河可挽。

然而養己之道，却甚多矣。養己，包調息，包凝神，包聚氣，包衝關，而更包築基鍊己之事。上陽云：「寶精裕氣，養己也；對境忘情，鍊己也。」養己爲鍊己之內助，鍊己除養己之外緣。鍊己而不養己，則丹基難成；養己而不鍊己，則汞性難固：合而言之，養己與鍊己皆一道也。然欲養我己汞，必用彼家真鉛，乃後天中之先天，後天中之金水有氣無質時也。真鉛初生之始，鬱蒸乎兩腎之間，即起河車以鍊，循尾閭而上天谷，傾甘露而歸黃庭，灑濯三宮，將鉛制汞。氣化液而退陰符，則流珠之不走也；液化氣而進陽火，則河車之又起矣。而且鍊性修心，外除塵擾，大隱市廛，和光混俗，則身心兩定，內汞堅凝。然後求八兩之先天，配我半斤之後天，而還丹可問也已。

築基鍊己第四章

築基鍊己之道，是二是一。然有小築基、大築基，外鍊己、內鍊己，人亦不可不知也。小築基者何？攝元陽而入內鼎，胎息緜緜，然後生後天之藥而行玉鍊之功，此孫陶一派所謂「築基既畢，乃敢得藥；內藥既凝，乃敢鍊己」者也。大築基者何？養靈珠而生外鉛，金水溶溶，勤行周天之妙，而完盡性之功，此集解一篇所謂「以開關築基之路，以得藥助築基之需，以鍊己了築基之事」者也。內鍊己者，河車之事，玉液之功，即參同契「內以養己」之論也；外鍊己者，萬象皆空，一塵不染，即古人「對境忘情」之旨也。

要之，内鍊是大築基，大築基即是養己，養己仍助内鍊，内鍊仍須外鍊。一切丹經，三五錯綜，詞雖異而事則同，吾故曰「築基鍊己，是一是二」也。幸學者善爲會之。

養己鍊己第五章

愚前有言：「養己爲鍊己之内助，鍊己除養己之外擾。」蓋姑分言之，使人易曉，非謂其不相同也。然亦有不同者。

外鍊己，從對境鍊之，實與内鍊己不同，即與外養己不同，何也？外鍊己者，鍊己心而使之定，心定則身定，身定則色慾不能摇，財利不能眩，然後真汞能存，丹基可固。

若夫内鍊己，則又與内養己有相同也。丹經鍊己者，烹汞成硃也。陶翁云：「鍊己者，非徒空鍊也。」上陽云：「修丹容易，鍊己最難。」己者，己汞真火。必先鍊此真火，降此真龍，從我驅用，使無奔蹶，然後可以制伏白虎，而得至寶之真金。是鍊己原有功夫也。夫有功夫之鍊己，即是内鍊己，即是内養己也。内鍊己者，將彼家之鉛，鍊我家之汞也，使其相尅相生也；内養己者，亦用彼家之鉛，養我家之汞，使其相資相守也。故有相同之義云。

養己鍊己第六章　此章乃西派心傳，改築基爲養己，名雖異而理實同。

養己與鍊己，功夫自是一串。養己者，竇精裕氣，即築基也；鍊己者，對境忘情，即了性也。鍊己必先養己，養己其鍊己之先資乎。夫以精氣爲培養，己土益增其堅厚，「基」字所以從「其」「土」也，故築基即是養己；夫以情境爲磨鍊，己心益明而不死，「性」字所以從「心」也，故了性必先鍊己。

第養己雖要精氣，而精從内守，氣自外來，堅其守者必用己，候其來者必用己。養己之道，又須安靜爲功也。吾爲養己者分出兩條：自養一條，相養一條。相養者，精氣也；自養者，安靜也。鍊己者雖在情境，而情從内淡，境從外空。淡然自得者，己必有所樂；空然無累者，己必有所持。

鍊己之道，又須動靜兼修也。吾爲鍊己者分出兩件：内鍊一件，外鍊一件。外鍊者，和光混俗也；内鍊者，烹汞成砂也。

偈曰：「欲識修真正路，先行兩段工夫。發明養己鍊己，使人好看仙書。」

經云：「内心宜活，外心宜死。」然欲活其内心，必須内以養己；然欲死其外心，必須外以鍊己。此吾之所以發明内養己、外鍊己也。

後天次序第七章

初基以後天爲妙用。然有可用之後天，即有不可用之後天。夫不可用之後天，並不得以後天名之，以其至陰至濁，不足道也。今悉從可用者依次言之：第一曰後天，第二曰後天中之先天，第三曰先天，第四曰先天中之先天。

後天者，陰蹻之氣，生人之根，乍動爲元精者也。學人敲竹喚來，入於内鼎，自然鍊精化氣而開關竅。此氣冲五臟，薰百骸，縈繞脈絡，仍歸丹田。凝神調息，靜候動機。機動籟鳴，一縷直上，是爲後天中先天。採之以劍，調之以琴，運之以河車，封之於黄庭，此即玉液鍊己之功也。久久純熟，身心牢固，然後入室臨爐，而求先天。這先天，乃是元始祖氣。先把真陰真陽同類有情之物，各重八兩，立爲爐鼎，假此爐鼎之真氣，設爲法象，運動周星，誘彼先天出來，即刻擒之，不越半刻時辰，結成一粒，附在鼎中，是爲鉛母，號曰外丹。先天中之先天者，鉛中產陽，簾幃光透，採此至真之陽氣，擒伏己身之精氣，所謂「金來歸性初，乃得稱還丹」也。以後温養固濟，日運陰符陽火，撫之育之，乃化金液之質，吞歸五内，是名金液還丹。服食之後，結成聖胎，十月功完，陽神出現，五行難管，位號真仙矣。再圖向上，面壁九年，謂之鍊神還虛。面壁者，目中如萬仞當前，紅塵不到，並非面牆枯坐也； 九年者，九轉也，九轉功深，千百億化也。

内外二藥第八章

内藥者，了性之用； 外藥者，了命之需。

學人盡性至命，必先修内藥以及外藥，這内藥是半斤汞，這外藥是八兩鉛； 又必先採外藥以擒内藥，這外藥是腎中氣，這内藥是心中精。後天事畢於此矣。

至於將性立命，必先資内藥以種外藥，這内藥是硃裏汞，這外藥是水中鉛； 又必先修外藥以及内藥，這外藥是丹母氣，這内藥是聖人胎。先天事畢於斯矣。

然要知内外兩用，何者爲藥，何者爲丹。 内丹者，真汞也，己土也，歸於離之門，久則烹之爲妙靈砂； 外丹者，真鉛也，戊土也，藏於坎之户，久則現爲美金華。欲結内丹者，必先以鉛制汞，此鉛非還丹之鉛，彼家之真火也； 欲鍊外丹者，必先以汞迎鉛，其鉛非結丹之鉛，先天一氣也。故結丹與還丹不同。 結者，凝也，取他家之氣，凝我家之氣，造化在後天鼎中，不離周天火候，乃可成功； 還者，復也，採兑宫之金，復乾宫之金，造化在先天鼎中，須合同類陰陽，始得成就。 結丹完内丹，還丹用外丹。 内丹爲陰丹，汞本陽中陰也； 外丹爲陽丹，鉛則陰中陽也。 地元爲外丹，濟施之功，皆切於人也； 人元爲内丹，性命之理，皆切於己也。

更有當知者，內丹爲內藥，而金液還丹亦名內藥，因其造化在內也；　外丹爲外藥，而金丹亦名外藥，因其造化在外也。此大丹之兼乎內外者也。

又有須知者，外丹爲外藥，乃有未成丹而稱爲外藥者：　大坎離交，河車轉運，化氣爲液，下降黄房，亦名外藥，然未成丹也。內丹爲內藥，乃有未成丹而亦稱爲內藥者：築先天基，絳宮化液，流歸元海，液仍化氣，亦名內藥，然未成丹也。此清靜功之兼乎內外者也。

丹藥分際，備載於此，爲學者告。

藥物相類第九章

先天後天之學，其藥物層次，頗有相類者，特大小之不同耳。今舉相類者言之。

後天坎離，所以築丹基；　先天坎離，所以立丹基也。後天鉛汞，所以小結丹；　先天鉛汞，所以大還丹。三年鍊己，所以了其性；　九年面壁，所以了其命。

後天坎離者，元神元氣交媾而築丹基生小藥也；　先天坎離者，真陰真陽交媾而立丹基即丹母生大藥也。後天鉛汞者，金鼎烹來生藥物，藥物即外鉛也；　河車運轉制流珠，流珠即內汞也； 鉛汞相拘，而小結丹矣。 先天鉛汞者，同類陰陽成戊土，戊土即外鉛也；調停火候合己土，己土即內汞也； 鉛汞相見，而大丹還矣。 小丹烹鍊之時，腹裏醺醺如醉，復假周天子午，漸採漸凝，乃使鉛投汞伏，而成陰砂； 大丹凝合之後，爐中赫赫長紅，復假外爐符火，勤增勤減，遂使鉛乾汞現，而成陽砂。 鍊己了性者，養陰砂也，內則寶精裕氣，外則對境忘情，斯能身心兩固耳，三年者，「三月不違」之意也； 面壁了命者，養陽砂也，要使形神俱妙，真教粉碎虛空，斯能變化無窮耳，九年者，九轉大還之意也。

三品互養第十章

心印經曰： 「上藥三品，神與氣精。」此修鍊之至寶也。 其間生生化化，互相資養，特爲學者發明之。

行逆修之道，則精化爲氣，氣化爲神也； 行順修之道，則神生其氣，氣生其精也。 問何以逆取？ 蓋自本元走漏，精氣神皆落於後天，不能求之我，則必求之於彼。 求之於彼，斯逆矣。 精化氣者，此精在陰蹻，逆入紫府而鍊之，乃化爲氣； 氣化神者，此氣在陽爐，逆入黃庭而鍊之，乃化爲神。 夫此逆取之道，雖從精始，而順修之道，則從神始，二者有相需之妙，不相悖也。

逆修元精，先要凝神，神凝則氣聚，氣聚則精生。蓋其神氣交媾，自然產出天精，此精乃天一之水，在坎爲壬，一名母氣，又名外精。學人以母氣培子氣，以外精補内精，是爲同類施功。子氣者，心氣也；内精者，心精也。後天培養之學，自外入内，故必先修外藥以反内藥也。又有神化精、精化氣之理，所謂絳宮化液，流歸元海，液仍化氣，後轉河車者是也。更有氣生精、精生神之理，所謂白雲上朝，甘露下降，抽出坎陽，去補離陰是也。善夫！陶仙之言曰：「知内不知外，無以通關竅；收外不收内，無以固根源。」人能體此，則知精氣神互相資養之妙也。

鍊功五關第十一章

丹法以鍊精、鍊氣、鍊神分爲三關，然窮其修鍊，實有不止於三者。層次不全，則有躐等之患也。今試論之。

首關鍊精，必用鼎器，合元黄以交媾，化金烏而上飛，則精化氣也；次關鍊氣，必明子午，抽出坎中之陽，去補離中之陰，則氣化神也。化氣化神，築基與還丹，皆有這樣法功，特其藥物爐鼎，大小不同耳。至於鍊神之道，則有三關：一則鍊神了性，一則鍊神了命，一則鍊神還虚。鍊神了性者，玉液鍊己之道也，鉛來伏汞，結成丹基，内有真火，緜緜不絕，外有子午抽添，漸採漸凝，則烹汞而成陰砂矣；　鍊神了命者，金液鍊形之道也，鉛歸制汞，結就胎嬰，內有真火，赫赫長紅，外有陰陽置用，日增日減，則乾汞而成陽砂矣；鍊神還虛者，更上一層，與道合真之事，移神上院，端拱冥心，直要與太虛同體，普照大千世界，如此則法身圓滿，舍利交光，分身應用，充周不窮，所謂子子孫孫，百千萬化，至此而應時立功，則身歸三清，道超九祖矣。

產藥層次第十二章

藥物有三層：　始則自無而出有，繼則自有而入無，終則由無而產有。　自無而出有者，後天鉛火也，雖從外邊生來，然却無形無質，無形無質，金氣初生之時也；　自有入無者，送往西鄉也，雖從內邊種出，然却至空至虛，坤家洞陽之境也；　由無產有者，同吐兑方也，先天一氣，虛無中來，無形生妙形，無質生靈質，二候求之，四候合之，則金丹成，聖胎結，溫養畢，陽神現矣。　學人不識「自無出有」與「由無產有」相懸萬萬，故爲串述以告之。

藥物層次第十三章

藥有三層：　始則取外藥以制內藥，繼則由內藥以修外藥，終則食外藥以合內藥。　取外藥以制内藥者，築基鍊己之事也，此般外藥，乃是鍊小藥，鍊精化氣時也； 由内藥以修外藥者，乾坤鼎器之事也，此般内藥，乃是真汞播精施種時也； 食外藥以合内藥者，迎鉛制汞，將母見子之事也，此之外藥，乃是大藥，驟得之而大醉，永得之而長生，調和固濟則爲聖胎，温養事畢則爲聖人，大丈夫功成名遂時也。

或問團陽曰：「上陽云『内藥了性以結丹，外藥了命以還丹』，是學人當先修内藥以及外藥也。 如何瑩蟾子又謂學道必須從外藥起，然後及内藥乎？」團陽曰：「汝蓋以後天外藥與先天外藥同以外藥視之。 豈知後天外藥乃在癸先，先天外藥則在癸後，名雖同而實不同也。」執文泥象，不得師訣者之通病耳，故爲作三層串述以發明之。

丹砂二種第十四章

了後天之學，將鉛制汞以成砂，此砂乃七返之寶，至清無暇，小還丹是也； 了先天之學，抽鉛添汞以成砂，此砂乃九轉之至寶，金光罩體，大還丹也。

神氣性命第十五章

後天之道，神氣也； 先天之道，性命也。 性命神氣，相似而實相懸。 所以入藥鏡云：「是性命，非神氣；水鄉鉛，只一味。」此言甚可玩也。學人知此分際，當以神氣了後天，而以性命了先天。是何也？性所命者曰性命，兩件原是一件，此立命之心法也。

悟真云：「異名同出少人知，兩者玄玄是要機。」蓋以命爲異名而以性爲同出，以鉛爲異名而以汞爲同出，故「水鄉鉛，只一味」也。只一味者，一味鉛本於一味汞也。道德經云：「無欲以觀其妙，有欲以觀其竅。」觀妙觀竅，玄玄之機。人當至靜無欲以觀其妙，是乃定性之功。及乎時至機動，元始真一之氣自虛無來者，實有竅焉。夫兩者雖有異名，而皆本於太極，是其同出者也。於其無者以觀妙，已得一玄；於其有者而觀竅，又得一玄：玄之又玄，性在是而命在是也。

夫性者本乎天命，而命也本乎盡性。天以氣成物，而理亦賦焉，是由命以與人性，故曰「天命之謂性」也；人以理造物，而氣始生焉，是由性以立其命，故曰「盡性以至命」也。在天則理從氣出，在道則氣從理出。理從氣出者，以氣爲重焉，此氣乃絪緼化醇之氣，人得此氣而生身，然後理有所寄，故此氣爲可重也；氣從理出者，更以氣爲重焉，此氣乃元始真一之氣，陰受陽光，而鉛種鉛中，又見一陽生，故此氣愈可重也。金液還丹之道，非一鉛氣不能生成，識者寶之。

先天直指第十六章

先天者，超乎後天之上，最初最始，爲本爲元，蓋一炁之尊稱也。但此先天之氣有三端，先天之名有二義。二義爲何？先出於天者，一也；先原於天者，二也。先出於天者，比天更早，爲生天生地之先天也，此氣包鴻濛之體，初名太無，天地未分，先有此氣，此其先出於天也，故曰「先天」，此一端也；先原於天者，從天而起，爲生人生物之先天，此氣含絪緼之象，潛形太虛，人物未產，先有此氣，此其先原於天也，亦曰「先天」，此二端也；至於生仙生佛之先天，合前二義兼有之，此氣從虛無中來，稱「太乙」，金丹假此而後成，曰「祖」、曰「始」、曰「含真」，可與先出乎天、先原乎天者爲三相類，故亦號爲「先天」，此三端也。歷聖丹經，或謂生天生地之先天、生人生物之先天，無非比喻此生仙生佛之先天而已。

或有問生天生地者。團陽曰：「這個先天，太極生之，經所謂『有物混成，先天地生，不知其名，强名曰道』是也。萬象之祖，兩大之宗，無體無形，無聲無臭。始則杳杳冥冥，五行不到；又復恍恍惚惚，一炁自然。至於清濁判，玄黃別，則乾坤定位，天地分彰矣。」

又有問生人生物者。團陽曰：「這個先天，天地主之，一而三，三而一。一者，炁也；三者，精、氣、神也。鼓鑄羣生，不離三一。以言其精，爲二五之精；以言其氣，爲陰陽之氣；以言其神，爲虛空之神。虛空之神，即與陰陽之氣相來往；二五之精，即與陰陽之氣共生成。其氣靈，靈故神；其氣妙，妙故精。上蟠下際者，氣也，而天地之精神在其内矣。人得此氣而受生，即爲天元之氣。但此氣有清有濁，有剛有柔。得其剛者爲男，得其柔者爲女，得其清者爲智，得其濁者爲愚。父母未交以前，此氣存於於穆；父母施受之際，此氣降於厥初；迨其精血混融，胎元完具，而此氣已渾然在胞矣。此時無神，以氣爲神；此時無精，以氣爲精。氣肫而包固，即精也。然此乃元氣元精元神，爲人受生之先天，童子逢師得訣，守此清修，亦可希無爲天仙。又有真氣真神真精，爲我修丹之先天者，學者不識真機，無從下手，何以覓其至寶。今夫先天者，見之不可用，用之不可見，乃丹士致虛守靜，借假修真，從無產有者也。斯時也，三二一之道，分合自然。神爲不神之神，精爲至精之精，氣爲真一之氣，三也；不神之神，神乎其神，龍性是也，至精之精，精而又精，虎情是也，二也；至於真一之氣，乃是了命真鉛，即合龍虎情性，打成一片，號爲丹母者也，一也。得此真一而餌之，三尸五賊皆逃遁，六六宫中盡是春，夫豈受生之氣精神所可同哉？又豈後天之氣精神所敢跂哉？後天者，呼吸之氣、思慮之神、交感之精，三物可聞可見，可測可推，生身以後之用也，故曰『後天』。夫人在胞胎時，只有一點元氣，並無呼吸之氣；　及至十月胎全，脱離母腹，遂假口鼻之竅，外納天地之和，此呼吸氣之所由來也。於是而思慮之神亦緣此氣而進，借家爲寓，奪舍而居。此神乃歷劫輪迴種子，生時先來，死時先去，棄舊圖新，毫無休息者。赤子下地而先哭，蓋亦默著其輪迴之苦也；　迨其撫養漸成，識神用事，情欲纏繞，元氣日亡，並使呼吸之氣刻無停息，亦何慘也。更有後天之精者，生不帶來，死不帶去，只因身中元氣漸充漸滿，推而至於十五歲後，陽極陰生，陰長陽消，遂令渾淪之氣化爲交感之精。交感者，有交有感則有精，無交無感亦無精，此精乃慾念所逼、氣血所化者也。更有夢感夢交而遺其精者，必是氣血不固，腎竅難留也。此交感之精也。吾願學道之士，只取先天，不取後天，則上藥可得矣。即或築基鍊己，不敢驟尋極品，亦必鍊元精而化元氣，鍊元氣而產真鉛，以爲後天之先天，以足半斤之後天，則可求此無上之先天也。」

神氣精論第十七章

心印經曰：「上藥三品，神與氣精。」此修丹之妙物也。顧其最上者，元神、元氣與元精，真精、真氣與真神。元者何？先天也。真者何？亦先天也。先天之元，生於皇降，童子之天元是也；　先天之真，成於大道，我輩之人元是也。不得天元而修之，必也人元乎。

或問：「天元如此其重，請即天元而言之。」團陽子曰：「天元者，天地以陰陽五行，化生人物，氣以成形，而理亦賦焉。生人之氣，元氣也，父母未交以前，此氣存於於穆；父母施受之際，此氣降於厥初。儒所謂『天生蒸民，有物有則』，蓋指此也。此氣甚靈，靈則有神，神即爲元神；此氣甚清，清則至精，精即爲元精。胚胎未生之前，其中止有元氣，而無後天呼吸之氣。及至十月形全，宛存口鼻，乃隨阿母之呼吸，外納天地之太和，並使輪迴陰神，緣此呼吸而進，則後天之神氣兩全，即時哇然墜地也。幸而口不能言，目不能笑，無知無識，元氣渾淪，不慮不思，陰神無用，元氣以元神得以相資而養。迨至二八之年，神完氣足，陽極陰生，遂變出後天交感之精，而慾火蓬蓬，陰神肆志矣。故童真上德，有緣遇師，即將天元之體，清靜修持，可作無爲天仙。若等後天用事，則先天退位矣。」

或者謂：「天元之易修如此，何不舉童子而入山證果？即童子而即神仙乎？」曰：「善哉問。天地生人，所以立天之道，行天之德，故當内守成真者，不妨外出成人，以廣大其造化。否則仙道雖盛，人道必微也。故於順生人之後，重與逆生仙之方。此人元大道所以曲成萬物而不遺、範圍天地而不過者也。只要人識得這精氣神耳。」

或問：「元神與真神若何？」曰：「元神者，渾渾噩噩；真神者，朗朗明明。一隱混沌而無光，一經煆鍊而有用。儒以靜安能慮得，釋以行深大般若，道以泰定生智慧，此真神之妙也。以此言之，元神是無知無識，識神是多知多識，真神是圓知圓識。故童子猶有清修，凡夫必加靜鍊，乃克企乎至人之真神也。」

或又問：「元精與真精若何？」曰：「元精在我家，真精在彼家。其在我家者，絳宮渾然之氣，積久而生靈液者是也；其在彼家者，華池壯盛之氣，悟真所稱『首經』者是也。八月十五，金氣足而水潮生，正合二分真信。學人識得此精，一口吸來，霎時天仙有分，非凡物也。」

或有問：「元氣與真氣如何？」曰：「元氣者，童子得之於天，所謂『成形之氣，隨年加長』者也。若夫真氣則不然，先天元始之祖氣，自虛無內生來，要得真師口訣，先設乾坤鼎器，調和真龍真虎，打合真陰真陽，半個時辰，結爲鉛母，鉛中產陽，乃爲真氣。故天以元氣生人物，而道以真氣生仙佛。人元鍊氣之法，有奪天地造化者，非容易也。」

或聞團陽子人元鍊氣奪天地造化之論，遂起問：「天元與人元若何？」團陽曰：「居，吾語汝。天命之謂性，理從氣出，天元也；盡性以至命，氣從理出，人元也。上德無爲，不以察求，清靜之功也，曰天元；下德爲之，其用不休，返還之道也，曰人元。上德之士，得天甚厚，然猶有清靜修持，必將元氣元神鍊爲至清至虛，化爲正等正覺，乃克盡乎天元之理，是天元非上德現成之事也，其以上德爲天元者，以其故我無虧，自與天元相近耳；下德之士，得人最多，故先有還返妙諦，必將陰丹陽丹打成一團一片，鍊入太無太虛，乃克全乎人元之道，是人元非下德現成之體也，其以下德爲人元者，以其自他有耀，故號人元之術耳。上德本體，性命雙賦；下德妙用，性命雙全。而要以一氣爲陶鑄。是故人得元始真一之氣以成仙，即如天施陰陽五行之氣以成人。丹道所以奪天地之造化者，以天道同也。」

精氣神再論第十八章

上德之體，精氣神皆稱爲元，蓋得於天者甚厚，不必求之彼家也，故曰天元；下德之事，精氣神皆名曰真，蓋取於人者甚多，不能求之我家也，故曰人元。然此人元下手，亦有採元之妙諦，求元之秘機。是故以人還天者，採元精而補元氣，鍊元氣而養元神，鍊元神以成真神，則後天之事畢矣；即真神以生真氣，即真氣以求真精，奪真精以成真鉛，則先天之事畢矣。到得返本還元，抱元守一，直與上德之事大相同也。修下德而不造無爲之境，抱上德而不究無爲之玄，皆不能服食天元，位證天仙也。

性命順逆第十九章

性命之理，有順有逆。順成之性命得之天，以一兼二；逆成之性命造乎人，以一合二。以一兼二者，即氣以賦理，氣理合而性命渾全；以一合二者，舉水以滅火，水火交而性命長在。天命之謂性，命中有性焉，順成也，孟子以形色謂天性，蓋其所命者，有是形即有是性，良知良能皆於所命之形體寄之；盡性以至命，性中造命焉，逆成也，至人以神火種命寶，蓋其所性者，有是神乃有是命，於感於召皆於所性之神光爲之。今而知上德清靜，守其順成之道，而結仙胎，即天以全人也。並可知下德返還，修其逆成之道，而結聖胎，又盡人而合天也。學道者其知之。

玄關一竅第二十章

玄關一竅，自虛無中生，不居於五臟六腑，肢體間無論也。今以其名而言，此關爲玄妙機關，故曰「玄關」；此竅爲萬法歸一之地，有獨無對，故曰「一竅」。一言以備之曰，「中」是也。中在上下之中，亦不在上下之中，有死有活故也。何謂死？以黃庭、炁穴、丹田爲此中，就是死的。何謂活？以凝神聚炁，現出此中，就是活的。以死的論，就叫黃庭、炁穴、丹田；以活的論，乃算做玄關一竅。故曰：「自虛無中生。」真機直露，得者秘之。

玄關再說第二十一章

玄關者，神氣交媾之靈光。初見玄關，明滅無定；初入玄關，惝惚無憑；以其神氣乍合，未能固結也。到得交抱純熟，死心不離，始識玄關之中，人我皆忘，鬼神莫測離此不能躲無常，渾渾純純，兀兀騰騰。此中玄妙，變化萬端，不可名狀，無怪其名之多也。各人所見不同，各因所見而字，各就所用而號。古仙師秘而不言，都要摩頂受戒，乃有傳述。即有所諭，不過曰非心非腎而已。吾謂其並非黃庭、炁穴、丹田也。今再說破，識者秘之。

兩孔穴法第二十二章

丹家有一穴，一穴有兩孔，空其中而竅其兩端，故稱爲「兩孔穴」。師所傳「口對口，竅對竅」者，即此境界也。爲任督交合之地，陰陽交會之所，烏兔往來之鄉。一穴兩孔，其中有作爲之法，此法最玄玄也。

參同曰：「上閉則稱有，下閉則稱無；無者以奉上，上有神德居。此兩孔穴法，金氣亦相須。」斯數語者，即盡「爲之」之法也。上下者，天地也；閉者，冥合也；有無者，妙竅也；稱者，名狀也。一上一下，皆藏於此穴之間；若有若無，咸在乎此穴之內。當其致虛守靜，天地冥合之時，有以觀其妙，妙有之物，不可名而可名，故稱「有」，所謂「窈冥有精，其中有信」者也；無以觀其竅，虛無之竅，可狀而不可狀，故稱「無」，所謂「其中有物歸無物」者也。無者以奉上，非是空空回復，乃是先天真鉛，老子所謂「無狀之狀，無象之象，迎之不見其首，隨之不見其後」者也。丹法以無奉上，即是將無還有。其所謂奉者，是誰敬奉，是誰相奉，神德恭居，其氣自還。還即奉也，只怕上無神德耳。上即黄庭之上，德即謙柔之德，契所謂「反者道之驗，弱者德之柄」也。致虛用道，求鉛用德，德有爲而道無爲，不可不知其法也。兩孔者，玄牝之門也，爲金丹化生之所。人於一穴兩孔中，知行追攝之法，則兩門皆開，夫而後金來歸性，可稱還丹也，故曰「金氣亦相須」云云。相須者，相須此攝法也。

玄牝根基第二十三章

修玄之士，無論大丹小丹，均宜靜養谷神，立其根本。谷神者，先天虛靈之稱，吾人元性是也。養於何處？玄牝尚焉。上陽云：「玄牝乃二物，若無此二物，又安有萬物哉？」蓋以玄天也，牝地也，已見易之首卦矣。可知玄牝一竅，實爲生生化化之源。入道者，可不尋此生化之源哉？夫此生化之源，即是玄牝之竅也。**蒲團子按**　攷悟真三註「七絕第四十首」之「玄牝之門世罕知」句，此處所引「上陽云」，實係道光薛紫賢註語。

或引老君之言曰：「『谷神不死，是謂玄牝。』若又以谷神爲玄牝者，何也？」答曰：「假虛無之玄牝，養虛無之谷神，故以『谷神』之名名『玄牝』，此因用所名之義。」而且更有說者，金丹四百字云「此竅非凡竅，乾坤共合成；　名爲神炁穴，內有坎離精」，則玄牝不但養神，而並以養氣也。

今夫神氣交而玄牝現，故當凝神聚氣，二物交融，乃能結成乾坤圈子，此其中有顛倒之用焉。何則？自上凝下者，神也，以其玄天之尊體，而行牝地之卑躬，則上下交泰，氣神和合也。道德經云：「天下之交，天下之牝。」蓋此竅當中，故曰「天下之交」；中有柔道，故曰「天下之牝」。言牝道而玄道亦在內，故曰「玄牝」。

玄牝者，一乾一坤，一剛一柔也。不如是則神健氣健，反相敵而反相離，故謂「以男下女」「以神下氣」，顛倒相俱，陰陽相媾，斯神與氣會，而根基立焉。否則，神自神而氣自氣，氣自氣而神自神。神不得氣則無補神之物也，氣不歸神則無養神之用也，欲令元神長在，其可得乎？而且神住絳宮，則絳宮爲布政之明堂，知識見聞皆擾之，惟凝於黃庭，而後聲籟絕，念慮除，此亦不無清養也。

故悟真云：「要得谷神長不死，須憑玄牝立根基；　真精既返黃金室，一顆明珠永不離。」谷神者，至虛至靈之汞性；　真精者，至清至嫩之鉛情；　根基者，以汞迎鉛，造就金丹之地也；　黃金室，黃房也，以其爲還金之地，故曰「黃金室」也；　金鉛木汞交併，方成一顆明珠，明珠者，一顆金丹大如黍珠也；　金來歸性初，乃得稱還丹，一得永得，故曰「永不離」也。嘗謂紫陽此詩，直明千古真訣，先天後天皆宜之。愚所解者，先天也。即以後天論，亦須先求玄牝，乃可築其丹基焉。蓋谷神憑此而立，則真精亦憑此而返，以玄牝養谷神，以谷神養真精，神得精而培元，精得神而化氣。參同云「內以養己，安靜虛無」，又曰「性主處內，立置鄞鄂」，可知修身之要，必先以靜養谷神作根基矣。

「中」字直指第二十四章

道德經云：「多言數窮，不如守中。」識得這「中」，即是聖賢仙佛種子，否則修道無地，一舉足而即落魔坑。

「中」者何？玄關是也。參同云「運移不失中」「浮游守規中」，皆指此也。陶仙云：「中非四維上下之中，儒曰『喜怒哀樂之未發』，道曰『念頭不動處爲玄牝』，釋曰『不思善，不思惡，正恁麼時，那個是本來面目』，乃是真『中』也。」中境，妙自養己凝神，入室還丹，以至脱胎神化，無不在是。故初入道者，即要識得這「中」，乃有登進之路。在昔文始天尊問道於太上曰：「修身至要，載在何章？」太上曰：「在於深根固蒂，守中抱一而已。」今即其言試述之。

學人下手之初，務要牢持筋骨，力戰睡魔，塞兑垂簾，離諸妄想，迴光返照乎三穴。三穴者，黃庭、炁海、丹田也。然雖返照三穴，又要不執意於三穴，亦不馳意於三穴，夫而後神安其內，息任天然，渾乎俱忘，杳無朕兆，經所謂「無欲以觀其妙」者，正此時也；致虛守靜之際，神凝氣合之時，不意有一境忽從規中化出，其大無外，其小無內，則玄關現象矣，經所謂「有欲以觀其竅」者，又此時也。再攷之契云：「上閉則稱有，下閉則稱無。」竊謂此「上」「下」二字，都在「中」字裏潛藏，陰陽來往於其內，坎離升降於其間，合上下而入乎其中矣。是故上者而下閉，則管括微密，太虛之中，元氣獨運，故稱「無」，此亦「觀妙」之旨也；下者而上閉，則隱藏未見，然杳冥有精，其中有信，故稱「有」，此亦「觀竅」之旨也。「上閉」「下閉」皆歸於玄牝之內，「無欲」「有欲」盡存乎玄微之間，是故玄關一竅有稱爲「有無妙竅」者，有稱爲「上下釜」者，有稱爲「陰陽鼎」者，有稱爲「神氣穴」者，皆由此也，皆統於一「中」而已矣。

師評曰：「學道學道，先要得妙；不得其妙，難窺其竅。欲窺其竅，還須聞道；某與團陽，間觀一笑。」

藥物直陳第二十五章

藥物者何？上陽云：「此藥自物中來故也。」夫藥有小藥大藥，道分先天後天。後天則小藥，結丹用之； 先天則大藥，還丹用之。 後天則無形無質而實有，先天則有體有用而實無。

後天真鉛，棄癸取壬，陰中藏陽，以無生有也。 悟真曰：「三元八卦豈離壬。」三元者，精氣神之三元也； 壬爲天一所生，居子之先，爲一陽之元。 蓋壬癸皆居坎北，水屬陰，壬水則陰中之陽，癸水則陰中之陰。 又壬癸爲干，亥子爲支，欲求真鉛者，必以天干爲準，地支次之，天先乎地也。 要之，壬也者，只是個最初之義，無思無慮之始，動而仍靜之先； 子則有知有覺之時，靜而向動之際也。 癸陰不用，而亥未脫陰，亦不用也。 求小藥之法，在此時也。

先天則不然。 產在坤，種在乾，以有生無，以我求彼。 蓋乾金入坤，曰坤中金； 坤實成坎，曰水中金。 坎居北方，兑在西方爲鄰，故寄居於兑，名曰兑金。 欲求此金者，不求於乾，不求於坤，直求於兑可也。 不求於乾者，乾方播種也； 不求於坤者，坤方含元也； 不求於坎者，坎雖有陽，尚藏於水，未露氣機也； 直求於兑者，鉛中產陽，已現其金，喻初三日月出庚方也。 故以坎水爲川源，兑金爲藥物，非真有乾坤坎兑列吾身中也，無非是以有生無，以我求彼焉耳。 我運一點陰火之精，種在彼家之内，遂生鉛中之陽，陽氣一動，採取歸來，又種在我家胚胎宫裹，而成真人，悟真云「依他坤位生成體，種在乾家交感宫」是也。「種在乾」之「種」，是初播種；「種在乾家」之「種」，是養育也。崔、張二翁復起，當以愚解爲然也。種鉛得鉛，其機如此，但其種鉛之法，須要在丁壬先後之間，然後得震兑代行之效。吾師口訣，並識於此，内外二藥之真機，今已直露，得吾言者，三生有幸，勿輕褻視之。

鉛汞的辨第二十六章

心中之神曰汞性，心中之精曰汞液，收汞性於黄庭，凝汞液於紫府，是爲龍汞，是曰真汞，是號内丹，是名陰丹，稱後天半斤子也；身中之氣曰鉛精，身中之精曰鉛華，察鉛精於坎宫，採鉛華於兑户，是爲虎鉛，是曰真鉛，是號外丹，是名陽丹，是稱先天八兩母也。

鼎器直說第二十七章

丹法以乾坤爲鼎器，以坎離爲藥物，取坎填離，金始還焉。蓋坤形六段，其體本虚，地勢極陰之中，有一陽來復；乾形三連，其體皆實，天勢盛陽之内，有一陰乍生。天地間，實者不能容物，而虚者能受，故假坤之虚以藏其實，而以乾之實先投其虚。法功如此，又要知金之轉移，乃能分藥之老嫩。蓋自先天乾金隱居坤位，此時陰中含陽，雖似坎中有一，而水底潛形，秘而未露，迨至水中金現，有如兑西月出，方爲可用之金，而採以一符之頃，此正有氣無質之時也。取於兑猶之取於坎，產於兑猶之產於坤，然非乾父之精光，不能產此大藥也。饒他爲主，我反爲賓，欲他上浮，我却下沉，賓主浮沉，皆在鼎中作用，然後知鼎器之設，妙在乎空耳。

陶真人云：「鼎器之中，本來無物，二七之期，感觸乾父精光，而陽氣始動；乾鼎中，亦本來無物，採取之時，吸受坤母陽鉛，而金丹始凝。皆是劈空造作出來，其曰鼎器者，不過假此以作盛物之器也。」其言最妙，故識於此。

乾坤坎離章第二十八章

先天是乾坤，後天是坎離，然先天有乾坤兼有坎離，後天有坎離復有乾坤。其故何也？先天是乾坤者，童真元陽未破，内具乾象而陽固，外具坤象而陰固，故名先天乾坤也；後天是坎離者，中歲元陽已走，坤包乾陽而坎成，乾包坤陰而離成，故名後天坎離也；先天有乾坤兼有坎離者，蓋以乾坤爲鼎器，坎離爲藥物也；後天有坎離復有乾坤者，蓋以得坎離爲妙用，還乾坤之本體也。更有當知者，後天鍊己之物，又名先天坎離，言其取坎填離，得成玉液還丹也；先天還元之物，亦名先天坎離，言其取坎化離，得生金液還丹也。先天後天之取坎，皆名先天，特有他家來、我家種之别耳。

愚按：先天乾坤，即是天元藥物，猶後天坎離乃是人元藥物也。童子得訣逢師，坐守乾坤而成道。至落於後天，則乾坤更名鼎器也。

採鍊妙用第二十九章

採鍊者，採彼家陽鉛，鍊我家子珠之氣也。陽鉛即地魄，以其藏於外邊至陰之中，故曰「地魄」。鍊己時得之，則可以制我汞性，而使之成砂，悟真云「但將地魄擒砂汞」，只要人會採會鍊耳。云何採？採以不採之採。云何鍊？鍊以不鍊之鍊。何謂不採之採？龍閒虎靜，守雌不雄，建子之月，其氣始升，神即隨其升而逆入鼎内，就便引來，所謂不採之採也。何謂不鍊之鍊？彼在我家，即藥是火，相融之久，其陰自化，陽即因之而長，積在爐中，自然運化，故曰不鍊之鍊也。但其間須要凝神以待乃能採之，調息以守乃能鍊之，精盡化氣，腹内充實，而内丹可結矣。

河車細旨第三十章

河車者，得藥運行之要旨，非存想搬運之法，乃子午進退，陰陽闔闢，内外升降，天地自然之火候也。自築基以來，金鼎充足以後，調內息，凝內神，神息相依，風火交合，忽然而靈芽吐萌，氣機生動，吾即起河車以鍊之，使之自下往後，由督脈進，逆流天谷，而返中宮，此得藥當行之事也。惜後人不得真傳，多落存想搬運，空空往來，有何益哉？只緣妙悟少人，故仙師難說耳。今吾試言之。

其妙在意守於內，神馭於外。然自有此說，而疑者紛紛矣。蓋以真神即真意，如何兩處分身？主內復主外，安得獨充二役？此疑之必然者也。抑知神守內庭，只貴凝，而不貴運，運則必用乎意也。周天之妙，外運逸而內掌勞，故內掌必以意當之。譬之於人也，身坐燈前，影現壁上，身動而影亦動也；語發室中，聲流牆外，語出而聲亦出也。意也者，即如神之身與語，神也者，即如意之影與聲，未有不相見不相聞者也。故以意籌其內，而其神自運於外，是二仍是一，運內即運外，不要管着他，自然兩相知也。何則？真意居中，調遣呼吸，以內應外，此本知有內者也。然而真意流行，穿關過頂，又有隱隱相知者。是神乎？是意乎？此神還即此意乎？伍真人云「有兩相知之微意」，蓋即此也。吾不知神與意之何以化體分身也，又不知神與意之何以裏應外合也，即以不知爲真知而已，吾只伏吾意而調吾內。這裏氣動，那裏氣升，這裏風行，那裏風送，這裏是意，那裏是神，是神是意，分而不分，只覺守內者會理家事，馭外者即上天門，不知其何以有此兩相知之微意也。玄乎玄乎，泛仙槎，遊銀漢，朝碧落，歸黄庭，機暢神流，快活極矣。日日循環，朝朝來往，氣冲百節，灌注三宫，則所得之藥，方不致閒散無用，而真氣愈多矣。

吁！世人昧却河車旨，搬運勞勞枉費心；不把真傳詳細説，饒君到處去摹尋。

真心論第三十一章

金丹之道，貴得真神、真氣、真精，而後能成造化。然不用其真心，亦不能得此真精、真氣、真神也。真心者，識念未起之前，人欲未交之會，陰氣未染之萌也。

修身妙道，全在定靜中下手。學人鍊己未純，惟有此着功夫，稍能濟事，兵家所謂「出其不意，攻其無備」時也。當心地偶清之際，吾則閉塞三寶，凝神調息，内想不出，外想不入，此時欲念未發，有功即效。乘識神之未用，而可以見其真神矣；乘濁氣之未擾，而可以養其真氣矣；乘淫精之未播，而可以待其真精矣；一心專向，致虚極而守静篤，並可以認其玄關矣。此性命雙修之第一義也。真心之用，豈不妙哉？

如待有事物交接、人我應酬、笑言飲食之念觸動心機，而乃從而克制之，則内心浮動，雜念已生，吾止之而即止，幸也。苟或止之而復起，麾之而又來，愈逐愈多，如逢勍敵，閉目作天人之戰，撫衷爲靡爛之場，心敗矣，可奈何？大抵初基之士，比不得塵緣久淡、對境忘情之人。頓悟虛空者，固稱上智；漸悟了性者，亦非下流。學人只覓真心下手，雖鍊己未到，亦可覓靜入門，總要遇而勿失耳。其真心，或在平旦，或在晚間，或散於十二時中，自領之而自取之可也。

是說也，其名似創而實非創，且有便於初學之流，亦與前古丹經融通不悖。苟如此漸造之，時時守其真，日日抱其真，無時無日不見其真，由其漸而及其常，久久純靜，則並舉鍊己之功而亦包之矣，不更大歟？然則心地偶清明時，正是一派好功課，好光陰，好境界，願人以一刻千金珍重視之也。

心神直說第三十二章 篇中兼言調息之法。

心爲一身之主人，神爲三品之上藥，惟心與神，是二是一，不可不辨也。老君曰：「夫人神好清，而心擾之；人心好靜，而欲牽之。故常遣其欲，而心自靜；澄其心，而神自清。」陸潛虛曰：「調息之法，自調心始」「凝神之法，自調息始」。此聖賢仙佛之梯航，吾人入德之路也。

下手學道者，必須攝念歸靜，行住坐臥，皆在腔子裏，則守靜始能篤也。蓋有念爲妄心，無念爲真心，人能收念於平日，而還其所止之地，乃能專心於臨時，而堅其入定之基，聖人云「知止而後有定，定而後能靜」是也。心之靜者，息亦易調，心愈細而息愈微也。息調則神歸，於是而再安其神，凝於氣穴之中。

夫心也，而又曰神，何也？蓋心在絳宮，動以紛之則爲念，靜以收之則爲心，即靜心而返乎神室，則爲神。神也者，無思無慮，無爲之中無不爲，無用之中藏大用，此所謂三品之大藥也。凝神之際，務要與息相依。毋以神逐息，毋以神運息，逐息則神散，運息則神搖。只要息息動蕩，任其天然，隨其自然，斯其神愈覺凝然。迨至靜極而動，是神之得乎氣機，是氣初破鴻濛，寂然不動，感而遂通。修道之士，乃如是有爲也哉！

神息妙用第三十三章

神者，火也；息者，風也。欲識風火玄機，須將神息安頓。神貴含光默默，息憑真氣緜緜。但安其神，不逐於息，有如爐中聚火，箱管抽風，風自扇而火愈紅，火愈紅而金自化。可見是風來助火，並不是火去追風矣。但其中尚有機竅：欲令風箱之氣專篤而吹，必使風管逼爐，使他從消息中度去，乃能煽起爐燄，火色重青。學人凝神聚氣，即是火鎔金；息向坎中吹，又即是引管逼爐，助風追火之勢也。爐中火發，陽光騰騰，此時神即是氣，氣即是藥，猶之火鍊鐵紅，紅鐵亦火，瓊琯翁所謂「火即藥，藥即火」者，此也。火藥交融，金丹立就。若使息不內吹，徒向喉鼻中播弄，即是管不逼爐矣，不可笑乎？

神息再論第三十四章

息靜則神歸，凝神之法，固賴調息；神定則息住，調息之法，亦賴乎凝神也。蓋其存神於虛，則內息方有。所以息戀神而住，神依息而留，神息兩平，若存若亡，不知神之爲息、息之爲神也；風得火而煽，火得風而灼，相維相繫，又不知風之爲火、火之爲風也。功夫純熟，真有不可以文字形容者。

氣息妙用第三十五章

曹元君云：「我與諸君說端的，命蒂從來在真息。」以真息爲命蒂，何也？蓋吾人以後天之呼吸，配先天之呼吸，而先天之呼吸乃是身中真氣，被息引動，悠悠來往。斯時也，是息動耶？是氣動耶？息動氣亦動，兩不分明。息中有氣也，故曰真息氤氳；氣中有息也，故曰真息橐籥。真息動而真氣生，真氣來而命蒂生。復命之根，養命之源，護命之寶，誠在乎真息而已。

神意妙用第三十六章

神貴凝，契所謂「安靜虛無，內照形軀」是也；神非意，或謂「內照玄關，必用真意」是也。吾聞沖虛云「真意者，虛無中之正覺」，潛虛云「灌注上下，必以元神斡運乎其間」。元神之斡運，即元神之正覺，不得謂元神即真意也，自有體用之殊耳。蓋杳冥無爲、靜中宰運者神，從容大雅、理事不亂者意，故神爲丹君、意爲丹使也。神與意，實有體用之分。既分體用，則二也。用因乎體，故又可以一物視之。但有進說者，欲培真意，須養元氣。真意從靜極而生，乃克成吾之妙用，道所謂「常應常靜」，儒所謂「安而後能慮」，釋所謂「定中生慧」也。

神意再論第三十七章

垂簾打坐之初，神意有不必分者。至於動靜交作，則神意分焉。有時當以神守中宮，而或以意代之，不可也，如致虛守靜觀其復，當其臨爐之會是也；有時當以意守中宮，而或以神將之，不可也，如擒鉛制汞掌天罡，作媒合之際是也。何者？神則無爲，而意則有爲也；神則無爲無不爲，意則有爲有以爲。神爲意之神，意以神爲真元，神主靜也；意爲神之意，神以意爲正覺，意能動也。欲養元神，須以無念爲主，而後能無爲無不爲。上陽註參同云：「真人潛深淵，無念以應之；浮游守規中，無念以使之；呼吸相含育，無念以致之；三姓既會合，無念以入之。」「無念」之用，尚不止此也。欲運真意，須以鍊己爲先，而後能有爲有以爲。潛虛就正篇云：「鍊己求鉛，以己迎之；收火入鼎，以己送之；烹鍊沐浴，以己守之；温養脱胎，以己成之。」己土之妙，亦不止此也。神哉意哉，直貫金丹之始終，須臾不可離也。其他尚有妙用處，總在學人自參，吾特集諸説以啟其端焉。

共爭不朽之論第三十八章

古人有言：「太上立德，次立功，次立言，三者俱不朽。」夫存不朽之神者，道也。而三者亦不朽，以其爲道之助也。仁慈之德爲道體，謙柔之德爲道用；普濟之功爲道體，修養之功爲道用。至於言，則功德之記，而載道之文也。故能共爭不朽云。今夫朽則凡，不朽則聖。人之所以能爭不朽者，以其無所爭，亦以其有所爭。無所爭，則後其身而反先矣，柔其志而克剛矣；有所爭，則男子之鬚眉，丈夫之氣骨，英雄之果敢，豪傑之猛烈，不與人爭一時，直與人爭萬古，孔子曰「當仁不讓於師」，師正恐其不能爭，空自頽於無勇也。

先儒云「平旦之氣，清夜之神，直與聖賢無異，人能即此而充之，雖孔顏不遜也」，釋乘云「能仁寂默，何異釋迦；般若行深，何殊自在」，道書云「瞿曇不從地湧，鍾呂豈自天來」，此皆以道爲爭，而不必讓於前者，志士勉乎哉！千真萬聖，原不忌人之共爭夫道也。

功成名遂身退論第三十九章

道德經曰：「功成名遂身退，天之道。」愚以爲，天之道即人之道，亦即修身之道也。天以生成暢遂爲功名，時行物育，天道於焉退移，藏身冬令，此天道也。人以盡忠爲功名，功成勇退，名遂身藏，英雄所以從赤松子遊也。又以全孝爲功名，志體交養，其功也；宗族交稱，其名也。父母百年，人子事畢，退身保命，此人道也。丹士以致虛守靜爲無功之功，杳冥恍惚爲無名之名，至於返還功成，聖胎名遂，退身祖竅，抱一還虛，此修丹之道也。通德類情，識者思之。

仙佛同修說第四十章

性命雙修，此本成仙作佛爲聖之大旨。或謂佛修性，仙修命，儒治世，分門別户，蓋不深究其宗旨也。

愚按：佛重性，而其中實有教外別傳，非不有命也，特秘言耳。其重性功者，蓋欲人從性立命，能使性量恢宏，照十方而無邊無際也。仙重命，而其中亦有教內真傳，非不言性也，特約言耳。其重命學者，蓋欲人即命了性，能使命根永固，歷萬劫而無盡無窮也。若使性功圓滿，外無立命之修，則真性難存，終屬空寂，又何能法周沙界乎？若使命功周到，內無盡性之修，則真命雖守，徒保色身，又何能神通三界乎？惟佛有教外別傳，則從性立命，極樂之地益見空明；惟仙有教內真傳，則盡命了性，而大羅之天益見超脫。是仙也，佛也，聖也，此雙修而非單修者也。故釋迦到禪定時，而有貫頂穿膝之效；迦葉談真實義，而有倒却刹竿之奇。試思於意云何？呂祖云：「單修性兮不修命，此是修行第一病。」紫陽云：「饒君了悟真如性，不免抛身却入身；何如更兼修大藥，頓超無漏作真人。」略舉一隅，可以類推也。至於行深般若，五蘊皆空，丹熟大還，十年面壁，六十耳順，七十從心，夫而後性命雙了，同登空超之境，而仙佛聖皆成也。故達摩初祖了道歌云：「三家法一般，莫作兩樣看；性命要雙修，乾坤不朽爛。」人又何必是非哉？

且更有說者，三教嗣續，皆不能知，知此必不互相牴牾，只索各盡其道，以歸於道也。今設一大道主人於此，為三教說法曰：夫三教者，吾道之三柱，分而為三，合而為一者也。道不能分，無變化；道不能合，無統宗。是故以三柱立其極。釋道言性默言命，仙道傳命默傳性，儒道則以擔荷世法爲切，言性難聞，言命又罕，並性命而默修之，遂使三家後裔，各就祖派，分爲專門，掀天震地，講起是非，開出無邊境界。佛攻道，則有翻空出奇之妙想；道攻佛，則有踏實指陳的神思；儒攻佛與道，則有翻瀾不窮的文章，流竅不休的要子。而豈知皆道之分也。道既分三，其中豈無枝流之不同，邪正之不類者？奈何不思其本，而談其末也。夫以性兼命爲一脈，以命兼性爲一脈，渾乎性命爲一脈，此三脈皆道脈也，及其還無，一也。偈曰：「吹了明燈頑要子，誰知打着自家人；吾言若有相攻者，又是飛花點汝身。」

三車秘旨

長乙山人李涵虛　著
皖江陳攖寧　校訂

三車秘旨讀者須知

一，本書作者李涵虛，世稱之爲西派，書中大旨雖不出參同、悟真之範圍，但既已自成一派，必有其特異之處，而爲他種丹經所未嘗言者，學者應分別觀之。

二，因學人工夫有先後，程度有淺深，故創爲三件河車之説。第一件河車即指第一段工夫，第二件即指第二段工夫，第三件即指第三段工夫。至於運轉河車之路，仍只一條，並無歧異，勿誤會河車有三條路也。

三，三件河車，文中未免有形容太過及譬喻不當之處，讀者幸勿拘泥於字面而曲爲之説。

四，附錄中收心法下手工夫，頗爲切要，果能仔細參悟，必可獲益。

五，道情詩詞雜著中，亦偶有妙義隱藏其間，讀者如能觸類旁通，固甚善也。

六，此書乃舊鈔本，流傳至今，已八十餘年，未曾刊版行世。除「河車三篇」而外，其他如收心法及道情詩詞等篇，在原鈔本上既未另立專名，又不應隸屬於三車秘旨名義之下，而其排列次序，亦欠妥帖，今特標題「附錄」二種，並重爲整理一過，以便讀者。

七，前人丹經之作，或以訪外護，或以示及門，本非普渡性質，亦非爲傳世計，故不必求人人了解，並且預防人人皆能了解。於是隱語異名，層見迭出，閱者茫然，不知所謂，甚至意在此而言在彼，真相常常被其瞞過。學道者無人不歎丹經之難讀，即以此故。

八，讀本書若不得其解，當求之於道竅談中；讀道竅談仍不能領悟者，當參攷三丰全集。因其可以互相發明也。

中華民國二十六年五月皖江陳攖寧作於滬上

李涵虛真人小傳

真人四川嘉定府樂山縣李家河長乙山人氏，生於嘉慶丙寅年八月初四日寅時。生時母夢一道人懷抱金書一函入門，寤時則真人生焉。伯仲三人，師居其二。幼而穎悟，弱冠入邑庠生。善琴，嗜詩酒。年二十四歲遇吕祖，不識。後病傷血之症，奉母命至峨眉縣養病，遇鄭樸山先生。先生康熙時人，孫真人諱教鸞之高弟也。同寓，與之治病，並云：「金石草木只可治標，治本則宜用自身妙藥方能堅固。」聞之，恍若夢覺，即稽首皈依，先生遂傳口訣，囑云：「大劫將至，子宜速修救世，更有祖師上真爲師。」後至峨眉山，遇吕祖、丰祖於禪院。師初名元植，字平泉，吕祖爲改名西月，字涵虛，一字團陽，密付本音。潛修數載，金丹成矣。三師復至，叮嚀速著書救世。奉三真之命，著有太上十三經註解、大洞老仙經發明、二註無根樹，名曰道言十五種，又曰守身切要；將吕祖「年譜」「聖跡」「丹經」「救世」等書刪訂，名曰海山奇遇；撰集丰祖全書，名曰三丰全集；自著另有九層鍊心文終經、後天串述，俱刊行於世；更有圓嶠内篇、三車秘旨、道竅談三書，俱未刊行。

山於咸豐丙辰正月，至長乙山房，得瞻慈容，如三十許人。拜別後，師於本年五月初八寅時昇舉，異香滿空者七日。本日卯時，現仙容於自流井。飛昇後，顯跡甚多，不能盡述。師生二子，長業儒，次務農。大兄舉三子，長十一歲，聰明仁孝，師每稱羨。門人甚衆，而大丹成者，江西周道昌一人，得玉液還丹者數人。山德薄緣淺，侍師未久，略述其目擊大概云爾。

福建建寧縣巧洋弟子李道山敬述

三車秘旨

長乙山人李涵虛　著
皖江陳攖寧　校訂

三車者，三件河車也。第一件運氣，即小周天子午運火也；第二件運精，即玉液河車運水温養也；第三件精氣兼運，即大周天運先天金汞，七返還丹，九還大丹也。此三車者，皆以真神真意斡乎其中，人能知三車秘諦，則精氣神三品圓全，天地人三仙成就。

第一件河車

運氣功夫，所以開關築基，得藥結丹也。其中次叙，從虛空中涵養真息爲始。收心調息，閉目存神，靜之又靜，清而又清，一切放下，全體皆忘，混混沌沌，杳杳冥冥。功夫到此，如天之有冬，萬物芸芸，各返其根；如日之有夜，刻漏沉沉，各息其心。此無知無識時也。誰曉得無知無識之際，纔有一陽來復，恰如冬之生春，夜之向曙，驀地一驚，無煙似有煙，無氣似有氣，由下丹田薰至心闕，使人如夢初醒。初醒之候，名曰活子時。急起第一河車，採此運行，遲則無形之氣變爲有形。此氣也，名壬鉛，名後天，又名陽火，故曰子時進陽火。何爲進陽火？學人把初醒之心，陡地撥轉，移過下鵲橋，即天罡前一位，誓願不傳之真訣也。此心名曰天地之心，又名妙心，又名元神，又名真意，又名玄關發見。移至尾閭，守而不亂，霎時間真氣温温，從尾閭骨尖兩孔中，透過腰脊，升至玉枕，鑽入泥丸。古仙云「夾脊雙關透頂門，修行路徑此爲尊」，即指此也。

愚人不知運氣，便要舌舐上顎，以承甘露。吁！可笑亦可憐也，皆不得師之過也。須知運氣一道，只可引氣入喉，黄庭經云「服食玄氣以長生」。因此陽火之氣紫黑色，名曰玄氣耳。服食之法，須要口訣，乃能送入氣管，否則走入食喉，從何處立得丹基？須把這陽氣送下氣喉，至於玄膺，乃化爲甘露之水。黄庭曰「玄膺氣管受精符」，此之謂也。玄膺名玄癰，又名玄壅，言人之氣到此壅塞也。俗人不知玄妙，氣至泥丸，就想他化爲神水，如吞茶湯一般。吾恐氣管一滴，便叫汝咳而不休矣。蓋水者有形之物，安能入得氣管？故黄庭曰：「出清入玄二氣焕，子若遇之昇天漢。」猶言清氣出於丹田，玄氣入於玄膺，二氣轉换云爾。氣化爲水，灑濯心宫，仍落於虛無竅内，寶之裕之，是爲築基。築基既久，積累益深，乃有一個時候，照常靜坐，忽於丹田中突出一物，有聲如風雷之響，有色如星電之光，是爲後天中先天藥。即按第一車運之至於泥丸，始化爲液。餌而服之，方得玉液丹頭。此得藥結丹之始也。

以後工夫，須要緜緜不絕，固蔕深根，乃盡養丹之妙。請看下文分解。

第二件河車

運精工夫，所以抽坎鉛，制離汞，錬己性也。前此運氣日久，得了小藥，結了丹頭，以後緜緜內息，天然自在，固守丹田。每早晨間，清坐清臥，其丹如一團軟綿，升於心府，仍要收回虛中，杳然無影，方不走失。訣曰「神返身中氣自還」，正此時也。懷抱日深，忽然間丹田如春水初生，溶溶漾漾，即守自然之內息，烹之錬之，其水忽化爲熱氣，由兩胯內邊，流至湧泉。須要神注兩踵，真息隨之，此所謂「真人之息以踵」也。如此片時，湧泉定靜，即將心返尾閭，默默守候，忽覺有物來尾閭，似綿陀，似饅首，似氣塊，沉滯難行，就要調停內息，專心壹志，猛烹急錬，乃有一股熱湯，透出尾閭，徐徐過腰脊，滔滔上泥丸，方謂之黃河倒捲，漕溪逆運。此等河車，大洞經所云「勒精衛泥丸」，呂祖所云「搬精入上宮」，不與運氣同也。泥丸宮中，水聲震響，久之而水聲止息，神即休於其中。持守片時，乃以舌倒舐上顎，鼻中忍氣，牙關緊閉，兩手反抵坐榻，頭面仰對空梁，候他金液滿舌，其鼻息忍而不播，伊乃嚥了一聲，流入氣管，降下重樓十二階梯，神水灌注華池矣。這個華池，人多不知，或言舌胎下，或言下丹田，皆非也。此華池在人兩乳中間，名曰上氣海，與玄膺隔一層耳，白玉蟾云「華池正在氣海內」是也。水滿華池，走而不守，至於絳宫，心地清涼，落於黄庭，心火泰定，此之謂抽鉛制汞，牽虎降龍。既未兩卦，周流不息，即玉液鍊己之事也。但此玉液，不能日日常有，須加前頭運氣工夫，運之數次，乃有一次。若做到玉液長來之時，則黄中通理，皮膚潤澤，心君閒逸，性體光明，對境忘情，在慾出慾，隨緣度日，在塵離塵，真意堅牢，劍鋒犀利，圓陀陀，光灼灼，赤灑灑，亮錚錚，此鍊己純熟時也。於是講三車功夫，又聽下文分解。

第三件河車

運先天精氣，丹家名汞迎鉛入，情來歸性，七返九還之事也。前此鍊己純熟，汞性通靈，進退自如，雌雄應變，功夫至此，乃可行返還大事。七返還丹者，先將已成之汞性呼爲内丹，於是入室坐圜，把内丹藏於空洞之中，上邊如乾，下邊如坤，性邊屬有，命邊屬無。先要以有入無，然後從無生有。其象如乾精播於坤母，坤乃實腹而爲坎；坤精感自乾父，乾乃虚心而爲離。乾坤既列，名爲鼎器即有無妙竅也，離坎二用，借此現形。原夫以有入無之時也，寂寂靜靜，心死神存。稍焉，有自己識神化爲驚人愛人之物試爾内神，又有諸天魔將化爲好人惡人之物試爾内神。諸般不動，元神湛然，乃更一時焉，有一支陽氣發生，譬如坤陰之下，一陽來復，我即吐乾宮一陰以迎之腎氣上升，心液下降，本乎自然，名曰以汞迎鉛，又曰大坎離交，又曰内外陰陽消息。消息既通，於是命太乙神女儔邱蘭者，捧出雌劍，摘而取之，立爲丹本。此即七返還丹也。

丹本既立，神氣融和，由是一陽漸長而爲兑，坎男變爲兑女矣此即「庚方月」「西江月」「蛾眉月」諸喻時也。因此「兑女」二字，故丹家名曰「首經」，又曰「天癸」因類而言耳，愚人不知，盲修瞎鍊，未遇真師之故也。丹士採此首經，名曰攝情歸性。五千四十八日歸黄道之時，有如十五明月，金水圓滿。在人身中，總一先天精氣騰騰壯盛之時也。學人到此，急起大河車，運上泥丸。稍焉，有美液墜入顎中，大如雀卵葡萄，非麝非蜜，異樣甘香，此乃九還金液大丹也。道人服此金液，然後名之曰鉛投汞，金併木，後天返先天，嬰兒會姹女。嬰姹相逢，朝夕涵養，久之洞見臟腑，内外光明，中有一真，宛然似我，此嬰姹復生嬰兒矣。得此嬰兒者，必須默默調養，刻刻温存，由靈谷轉移上天谷，然後出神入化，高會羣仙。

附錄一：收心法

收心法題詞

平鋪直敘收心法，上天歡喜無譴責；窮年矻矻駕河車，心似勤勞實安逸。昨夜飛神朝上真，封爲善教大真人；道我四百年來事，三番遊戲到紅塵。懷抱金丹獨得意，也共羣仙說啞謎；覺來始動慈悲心，手中直寫瑯環記。不分善惡與賢愚，總要收心坐虛無；入得杳冥方見道，最初一著好工夫。

收心法下手工夫

養生之道，真息爲本。曹文逸云：「我爲諸公說端的，命蒂從來在真息。」誠要言也。下手工夫，先靜心，次緘口，次調息心靜則氣平，不調之調爲上，鼻息平和，然後閉目內觀，神注腎根之下陰蹻一脈穀道前，陰囊後。如此片時，將心息提上虛無竅內臍後腰前心下腎上中間一帶，不可拘執，停神安息，以自然爲主。心太嚴則炎，務必順其自然，即文火也；心太散則冷，務必守其自然，即武火也。文武烹鍊，始終妙用，內息勻稱，勿忘勿助。是時也，心如虛空。有息相依則不虛，有息相隨則不空，不虛不空之間，靜而又靜，清而又清，氣息緜緜，心神默默。至此要一切放下，人我皆忘，此之謂「鑽杳冥」。杳冥中有氣，一神獨覺，此乃真息也。真息發現，薰心酥癢，還要按入腔子裏虛無竅內，積之累之，則命蒂生而陽氣自長，乃可以開關運氣矣。

凝神調息，是下手工夫。凝神者，是收已清之心而入其內也。心未清時，眼勿內閉，先要自勸自勉，收他回來，清涼恬淡，始行收入氣穴，乃曰凝神。坐虛無中，不偏不倚，即是凝神於虛。調息不難，心神一靜，隨息自然，我只守之順之，加以神光下照，即是調。調度陰蹻之息，與吾心之息相會於氣穴中也。神在氣中，默注元海，不交而自交，不接而自接，所謂隔體神交也。守其性不散亂，存其神不昏沉，故能杳冥恍惚。

心止於臍下曰凝神，氣歸於臍下曰調息。神息相依，守其清淨自然曰勿忘，順其清淨自然曰勿助。勿忘勿助，以默以柔，息活潑而心自在，即有「鑽」字訣。以虛空爲藏心之所，以昏默爲息神之鄉，三番兩次，澄之又澄，忽然心息相忘，神氣融合，不覺恍然而陽生矣。

收心法雜談

門人問曰：「三車秘諦，盡洩天機，能不懼天譴乎？」涵虛曰：「非敢故違天譴，實望人改過自新。凡作功課，必先去人心，求道心，屏凡息，尋真息，然後定神氣，鑽杳冥。如此諸境，皆不可少。入吾道者，安得復爲小人？」

凡做功夫，「鑽杳冥」是第一樁難事。但先天一氣，自虛無中來，必有真杳冥，乃有真虛無。噫！先難而後獲，全身要捨得。昔我在洞天中，學「鑽杳冥」七八年，然後稍有把柄。今之學者，進銳退速，安能入道耶？

弟子問曰：「先生傳道，人言過濫，倘下士得之，行持無效，能不反脣相詆耶？」涵虛曰：「不遭下士之譏，不足以見吾道之大也。大道者，先要清淨身心，調理神氣。其甚者，要能一切放下，鑽入杳冥。必有此等真功夫，然後有真效驗。彼無功而妄想效驗者，亦終爲不得效驗之人也。反脣相詆，何足病之？」

弟子問曰：「如師所說，惡人皆可學道乎？」涵虛曰：「可。」即誦格語曰：「從前種種，譬如昨日死；從後種種，譬如今日生。諸惡莫作，眾善奉行，則能轉地獄爲天堂，變黑氣爲紅光。余有三字訣，修道之士，勤、誠、恒缺一不可。但勤矣、誠矣，而結果必歸於恒。孔子曰：『人而無恒，不可以作巫醫。』況道乎？儒生習文藝尚以數年爲期，甚至有十年者，豈修心鍊氣反不如讀書作文？」

誠，乃至陰之象，在易爲太極，在佛爲如如。孟子曰：「至誠而不動者，未之有也。」

不誠未有能動者也。動對靜言，則知誠爲陰象。孔門之道，推至誠如神，論至誠無息，皆靜中大體大用。故以誠入靜，靜心不亂；以誠入定，定心不移；以誠守中，中心不偏；以誠入杳冥，則通微無礙矣。

勤，爲學業之本。其在於道，更有不勤之勤焉。養自然之息，定自然之心，無爲而爲，爲而不爲。所謂「緜緜若存，用之不勤」者，真乃勤之至也。

鍊睡魔必用「勤」字。跑香打坐，精神倒退，此誤用其勤之過也。善鍊睡者，睡而不睡，不睡而睡，功夫自然不斷，神氣自然加增。熬更守夜，反惹睡魔。參同契曰：「寢寐常相抱，覺悟候存亡。」能用此訣，自然惺惺不昧。

門人問曰：「陸潛虛仙師云交媾乃太上閟秘之旨，其訣可得聞乎？」曰：「交媾者，至陰之本，杳冥之根也。人能鑽入杳冥，方能得成交媾。我勸人先在虛空中團鍊，靜之又靜，定之又定，無人無我，無無亦無，自然入得杳冥，不交媾而自能交媾，從至陰中生出至陽矣。」

交媾之法，先天與後天不同。先天交媾，以性立命；後天交媾，以神合氣。故入藥鏡云：「是性命，非神氣；水鄉鉛，只一味。」先天名目，獨有一物；後天名目，則分精神意氣、魂魄性情。若在先天，只鍊出一個，都皆有了，總要從交媾中取出真陽耳。人身五臟，原有部位，不可移動，道家云「乾坤坎離顛倒」，豈心可移於下、腎可移於上耶？非也。所謂顛倒者，乃心腎中之神氣耳。心神俯而下就，腎氣仰而上升，神氣顛倒，則有形之心腎亦如顛倒，無形之乾坤亦皆顛倒。顛倒交施，坤中生一陽爲坎，乾中生一陰爲離，離女與坎男交施，則如西方之兑女，相接東方之震男，又將南北移爲東西，水火變爲金木。金情木性，稱爲白虎青龍。龍交虎，如姹投嬰；虎交龍，如嬰投姹。要之乃性命二物。命中有性，性中有命，二物乃一物耳。故紫陽先生曰「震兑非東西，坎離非南北」，人亦可以恍然矣。

儒家、道家，養氣各有不同。養自然之氣，可以得生；養浩然之氣，則可生可死，古來志士仁人見危授命、殺身成仁之類是也。養之之時，純是義理之心，充乎宇宙。故孟子曰：「其爲氣也，至大至剛，以直養而無害，則塞乎天地之間，是集義所生者。」道家養氣，獨葆其真，不必見危而早退，不必殺身而早隱，易所謂「見幾而作，不俟終日」之君子也。「道家初功，須養自然之氣，敢問何爲自然之氣？」曰：「易言也。其爲氣也，至小至柔，以曲養而無害，則聚乎虛空之中，是集精所生者。」

道家還丹，亦是浩然之氣。其氣得手，亦能見危授命，殺身成仁，古來謂之「刀解」。究竟有神奇莫測處，變化莫解處，異乎儒家。或死之後，他處見之，鬚眉轉少，仙客同遊，此乃還丹成就，身外有身者。

至人得道，生亦仙，死亦仙，如留形住世、尸解登真之類是也；仁者能靜，生亦壽，死亦壽，如曾子全身、顏淵短命之類是也。

道有五失：有淺嘗而去者；有浮慕其名者；有始勤終怠者；有心性偏執，未入門牆，妄詆高深者；有資質下愚，喚之不醒，呼之不悟者。

道有三得：有知之者，可爲靈人；有好之者，可爲真人；有樂之者，可爲至人。

附錄二：道情詩詞雜著

道情詩二十四首

人道爲人好，我道爲人忙不了，縱然富貴不關心，也要朝思暮想登仙島。咱家涵虛道人是也，出世不凡，投生又錯，從小兒咿唔幾字，長大來葛藤一身。也要想文名傳世，又要想陸地飛仙，想得我一事無成，算得他五行有準。幸還有茅庵一座，道伴三人，逍逍遥遥高出塵寰之外，喜喜笑笑盤桓水石之中。秋末冬初，山中無事，煮一壺菊花酒兒，賞過早梅，細將道詩吟詠也。

堪歎我生下世來啊！

自記前身是冷生，湖南湖北一舟輕；　為何惹下西方願，雲水煙山浪蕩行。

又歎他生下世的

撞入胞胎寄了魂，一重父母一重恩；　容顔也肖爺娘貌，保抱提攜笑語温。

生成人身，這個就好，但要曉得珍重

萬劫千生得個人，須知浩劫種來因；純陽老祖婆心甚，勸汝當前重此身。

修真的人，一點凡心生不得，聽我誦來

出山泉濁在山清，自悔當年賦遠征；忽見繁華多少事，方知對境不忘情。

修道的人，道心發生，却在何處？

風泉韻繞萬松篁，不及平湖十里鄉；月在天心寒在水，令人心地忽清涼。

修行人，上等的，要從無中生有下手

我家丹法出瀛洲，提個虛無便起頭；不怕全然無影響，要從無裏問根由。

第一要鍊精化氣

陰蹻脈上氣濛濛，多少真元在此中；採入虛無鍊成氣，蓬萊萬里路相通。

第二要鍊氣化神

神氣交加入杳冥，忽聞空處誦真經；五方五氣來環繞，報道生神出始青。

第三要鍊神了性

仙氣須從靜裏尋，紅塵路上少知音；中庭坐得香三月，長得黃芽一寸深。

出家人，鍊精生氣之後，便有幾分效驗

朝朝運氣上泥丸，浸浸甘津長舌端；灌溉三田生百脈，自然精長谷神安。

每日甘津滿口，便生仙心

碧島幽棲賦小山，純陽高坐畫樓間；焚得掃地渾無事，只有花齋一味閒。

生了仙心，便生靜心

煙山深處好盤桓，從此文心想鍊丹；袖捲白雪歸洞府，垂頭閉目坐蒲團。

生了靜心，便生真心

有識有知皆是假，無知無識始生真；一翻觔斗鴻濛破，要往東方做道人。

真心發見，真種常生

金投木汞共徘徊，嬰姹相逢真快哉！昨夜麻姑傳好夢，紅丸一粒遂懷胎。

爲何叫以有生無？

結成玉液作丹財，放入坤家真靜哉！忽見一陽來地下，丹資還我不須猜。

爲何叫無中生有？

真鉛出在太無中，種在離宮出坎宮；我見黃芽開勃鬱，人言白雪滿虛空。

爲何叫相接長生？

汞性輕浮日好飛，鉛情沉重食無違；修丹但得情歸性，定跨青鸞入太微。

爲何叫殺中有生？

鉛投汞窘害中恩，汞受鉛拘死裏生；
妙竇若還無管束，神仙事業不圓成。

如何與青娥相見生下聖胎？

青娥年少好修行，不是孤陰體不生；
自與洞房相見後，同床十月產胎嬰。

如何換鼎移胎，子又生孫？

大道原來步步高，還丹成就見仙曹；
年年火候添門户，放眼蓬山意氣豪。

聽山人道來，養生妙理有許多快活，

不知平時心慕的果係何師何仙？

純陽處士老陳摶，五代逍遥世外仙；
簡板漁筒方外樂，任他離亂自然安。

又師事那位仙師？

大元遺叟號三丰，元末逃亡不見蹤；
直待承平方出世，行雲流水樂喬松。

談咱家

涵虛逸客道情詩，二十四章盡表之；長乙山中無別事，一聲漁鼓一篇詞。

收心法道情自遣

欲造大羅仙，須把心兒鍊，功名休亂想，利慾莫牽纏。縱有游絲來打算，烈火燒除顯性天。一頭起，一頭斷，只見減，不見添。那怕他心猿萬萬，那怕他意馬千千。行內功呼吸丹田，守真息清淨自然。鑽杳冥引出祥煙，冲得我絳宮癢癢，醉得我四體緜緜。這是俺降龍真訣，斬蛇手段。在人間處處相傳，洩天機不賣銀錢。發財的門生封贄見，貧窮的門生盡隨緣，他也率真，我也清廉。俺如今掘井三年，要做些功果因緣。誰知道命途乖舛，時運艱難，家業蕭條，英雄氣短，丹床中一概不管。有朝一日風雲便，撒手逍遥上海山。

心神篇 以下雜體詩十三首

其心明明，其用紛紛，其神冥冥，其體安敦吾無所作爲而氣自凝。是以古人直取不神之神爲神。

養心吟

掃除怨欲不辭難，心既安時身亦安；月吐清光臨止水，風將涼意繞迴欄。佛書參透無煩惱，仙語得來有定觀；長自收心腔子裏，獨行獨坐獨盤桓。

虛空吟三首

行之容易得之難，除了虛空不造丹；舉世若求安鼎處，個中境界比天寬。

好之容易樂之難，除了虛空不造丹；舉世若尋生藥處，壺中原是列仙壇。

得之容易守之難，除了虛空不結丹；舉世若尋立命處，起頭煞尾一團團。

修丹吟

按摩導引術，易遇而難成；金丹大道法，難遇而易行。行之亦不易，然可按長生；模範於天地，煅鍊於性情。性情兩交感，空谷自傳聲；效驗有變化，功夫在靜清。心清而氣靜，地下有雷鳴； 雷鳴震天地，一候合真精。龍虎一場戰，於野定太平； 三陽開萬竅，採藥到中營。從此十個月，文火養胎嬰； 劈破泥丸頂，逍遥上玉京。

與人談不死術

古有不死神，並無不死身； 其神得不死，即是得仙人。人死則亡神，仙死神則存； 存亡隔天壤，仙凡非等倫。世上期頤叟，亦能歷多春； 究其老將至，模糊失性真。茫茫貪欲擾，奄奄志氣昏； 未死身先亂，未生昧前因。並不待來世，眼前早沉淪； 誰能抱奇術，閒居錬元神。縱難逃一死，靈性獨超塵； 逍遥天地間，吹簫隨洞賓。

歎色慾關

千古大癡人，愛色如愛花； 千古下愚人，貪慾無津涯。慾縱色必損，狂飈捲林葩； 國風止於色，稍稍有風華。蕩子酣於慾，其類同豬猳； 色慾兼修者，荒亡盡可嗟； 不如挈美姝，絕欲錬丹砂。奇哉張果老，攜妻種園瓜； 幻哉伊用昌，與妻唱雲霞； 兩賢皆艷色，世外歎情賒。至人無慾念，淫根斷莫邪； 我愛古仙人，仙女爲渾家。

學道者宜絕慾

大丹用爐鼎，乃鍊藥温養喻言，俗人不察，疑謗叢生，此執泥文字之過也。余戲仿其詞，與拘墟者明其意。

兑金十四兩，堪作神仙鼎；取他癸中鉛，補我身中損。紅羅養性真，丹房好器皿；功成悉棄之，選配同修省。有一東家郎，妙年剛修潁；坎離顛倒顛，性情兩相肯。是吾靈父母，同入洞天隱；道成一家仙，大羅來接引。

和麻碧城先生衰中盛體韻

亥盡仍逢子，冬初早見春；一陽來復始，萬物漸含新。雪地山河亮，霜天氣象真；寒園佳果熟，橘酒露全神。

曉起大悟

萬事不如意，歸來復吟詩；此身宜獨善，吾道未盡差。春速燕來早，夜寒雞唱遲；曉星如碗大，天象少人知。

重九後招諸弟子遊臺頤觀

虛空結翠鬱蒼蒼，拍手行歌到上方；我願眾生登壽域，仙泉端爲老人香。

重九寓雷養正家

重陽天氣雨如絲，養正堂中正舉巵；醇酒醉人殊不覺，嘉言待客少相知。惟君與我呼同調，促膝談心出妙詞；何日同騎雙白鶴，青城山下覓靈芝。

滿江紅第一體

拍掌高歌，歎世人宛如燈燭。笑虛生浪死，成何收束？名利場寬空白戰，詩書債滿尋丹訣。問先生，何日海天遊？容吾說。親尚在，家難出；恩最重，情難絕。把名韁解下，且歸茅屋。黍豆承歡耕綠野，山樽介壽栽黃菊。要等我侍白頭人，方纔決。

滿江紅第二體

請問名公，怎麼叫修仙修佛？須要把儒書參透，再同君說。養性存心包妙道，修身立命傳真訣。浩然中養就還丹，騎龍出。　天運泰，賢人育；　君道盛，才臣作。　笑我儕疏嬾，何須獻璞。　天下功名那個盡，人間風浪無邊惡。　到不如奉養山林，早抽足。

滿江紅第三體

制藝文章，盡都是六經糟粕。　況加了油腔滑調，有何真實？　趨時醜態真可笑，出名心，何大急？　靠詩文做個大官兒，興家業。　初學念，先差失；　權到手，因貪得。　把錙銖重看，軍民輕擲。　有個清官明義利，奈無錢奉上成讎敵。　看我輩出山難，忙收拾。

大江西派九字

西道通，大江東，海天空。

呂祖題詞

大江初祖是純陽，九轉丹成道氣昌；　今日傳心無別語，願君個個駕慈航。

呂祖仙跡詩詞合刊目錄

陳攖寧　擬定

呂祖年譜海山奇遇仙跡總目 用李涵虛編輯之本。

第三卷 北宋，凡一百五十一年。

岳陽繪像
戲陳執中
同鍾祖度曹景休附：谷就訛國舅攷。
知來不知去
詩贈東老
度浴室僧
度石王休
度劉跛仙
王鼓刀改業
梳化龍
仙棗亭
石照亭改吕仙亭
贈慧覺禪師
遊黄鶴山
酬筆師

度張仙姑
揑土爲香
東都妓館
宮中治祟
張紫陽前身
昌虛中
度珍奴
警徽宗
題太平寺屏
度孫賣魚
同鍾祖度姚平仲
度譙天授
外記仙跡八則附：稗說二則。

第四卷 南宋，凡一百五十三年。

第五卷 元，凡八十九年。

第六卷 明，凡二百七十六年零四月。

第七卷 清朝。

海山奇遇目錄完。

呂祖編年詩集

陸潛虛　原本　李涵虛　重編　陳攖寧　擬定

今擬再節錄之。

序文

共十二篇。

我家三首
修行法
莫道
喜自然來訪
自幸二首
狂吟
仙品
獨行口占
警世吟
道成後有人問余作麼生者，嗈然書此
得大還丹
詠丹道五律七首，象七返
再詠丹道五律九首，象九還
要言一首，象得一
詠道七律六十四首，象六十四卦

洞庭湖君山頌
赴瑤池仙會留題寺壁二首
浩吟
醉後以道袍戲質酒家，口占大笑
知音難遇，仍還星渚廬阜
日前過洪都西山遇施希聖肩吾別來寄此
答人
下廬山遇軒轅來訪喜贈
法劍
贈古豪俠二首
贈劍客二首
嵩陽小店題壁
贈嵩高上下石室主人
客哂吾詩多天語，書此答之
西遊華嶽遇馬仙湘

贈喬二郎歌

海上贈劍客五首

題全州道士將暉壁

呂祖編年詩集卷二　宋詩

自太平興國起，至南宋祥興止。

贈蓬峯道士

謁宰相不見戲題

潯陽紫極宮留題

贈劍仙二首

與張公泊

岳陽樓

示長沙僧

又示

落魄歌

題永康酒樓

隱語答汴京侯玖及馬善
答巴陵太守
題廣陵妓館
答吕惠卿二首
六言
示兖州儒醫李德成
照福州處士陳季慈烈
哭陳處士
捏土爲香示張天覺臨去書此
出東都妓館徑入棲雲庵留題
書遊蹤示人
徽宗齋會
爲賈師雄發明古鏡，别後書太平寺扉上
會稽道會
宿州天慶寺題扉示寧道士

示嚴州唐仙姑四言
題四明金鵝寺壁
鳳翔天慶觀題壁
或問藍長笑先生衡嶽靜坐頂閒霹靂一聲而化者何故，以此答之
今日憶

呂祖編年詩集卷三　元詩

黄鶴樓與龍江子閒話
遊錦屏山作
再以瓜皮汁題錦屏，時皇慶癸丑之春也
停雲巖訪隱者不遇，以瓜皮汁題石壁而去
至正辛未五月二十日奉天帝詔陞九天採訪使口號
元統甲戌春遊洞庭遇張三丰以詩見贈，起句云「這回相見不無緣」，蓋用予句也，仍就此和之附：三丰真人原作洞庭晤純陽先生
桐鄉示徐通判治疽方詩並註

呂祖編年詩集卷四　明詩

題悟真西江月第十一闋二首

嘉禾詩存並註

呂祖編年詩集卷五　清詩

劍門山間遇張三丰行歌於道，依聲和之，時順治乙酉初秋也

尊生經偈

示蘇威伯並記

戒宰耕牛歌

去塵銘

洗心銘

題像五首

題石

漁舟

示止源

寒暮

呂祖編年詩集卷六　清詩

涵三雜詠前集

涵三雜詠續集

呂祖編年詩集卷七

石室三驗詩

示吕茂林
示張仁榮
齊雲閣詩並引
約齊雲諸子遊卉木林化爲僧像示之，歸壇賦此
再約諸子遊卉木林先示一詩
詠懷
丁巳十月望日約諸生來遊鳳棲寺，獨薊北黄生來遊，歸齊雲賦此
秋曉
八月朔日
癸亥八月十五夜降於黄鶴之仙棗亭與諸子玩月
永寧道署示劉晴帆觀察
題關公訓世真經八首

壺盧草自引

呂祖編年詩集卷八

抱一樓閒吟

呂祖詞曲道情雜鈔卷九

快樂神仙詞
戲作道情詞
山花子書野韻於燕山駐雲堂
道情曲九調
漁家樂曲九調
西江月三首
野航詞示野航和尚
楊柳枝仰觀俯察
如夢令睡仙
思帝鄉遊仙
風流子酒仙
法駕導引詩仙
天仙子飛仙
兩同心詠金丹真夫婦
醉翁操

海山奇遇約一百六十頁，呂祖詩集約二百頁，序文、凡例、目錄約三十頁。版本大小照道竅談一樣，共約三百九十頁，分釘六本，每本約六十五頁。因爲卷數關係，每本頁數不能一律。若嫌頁數太多，尚可把内容減少三分之一，把六本改爲四本。若再爲節省起見，版本字體可以改小。